SIXIANG DAODE YU FAZHI KECHENG JIAOXUE YOUHUA YU TUOZHAN

肖建国　胡晶　编著

思想道德与法治课程
教学优化与拓展

江苏大学出版社
JIANGSU UNIVERSITY PRESS
镇　江

图书在版编目(CIP)数据

思想道德与法治课程教学优化与拓展 / 肖建国，胡晶编著. — 镇江 ：江苏大学出版社，2022.1
ISBN 978-7-5684-1564-4

Ⅰ. ①思… Ⅱ. ①肖… ②胡… Ⅲ. ①高等学校—思想政治教育—教学研究—中国 Ⅳ. ①G641

中国版本图书馆 CIP 数据核字(2021)第 224530 号

思想道德与法治课程教学优化与拓展

编　　著/肖建国　胡　晶
责任编辑/李经晶
出版发行/江苏大学出版社
地　　址/江苏省镇江市梦溪园巷 30 号(邮编：212003)
电　　话/0511-84446464(传真)
网　　址/http://press.ujs.edu.cn
排　　版/镇江市江东印刷有限责任公司
印　　刷/广东虎彩云印刷有限公司
开　　本/710 mm×1 000 mm　1/16
印　　张/15.75
字　　数/266 千字
版　　次/2022 年 1 月第 1 版
印　　次/2022 年 1 月第 1 次印刷
书　　号/ISBN 978-7-5684-1564-4
定　　价/48.00 元

序言

教育是国之大计、党之大计。2019 年 3 月 18 日，习近平总书记在学校思想政治理论课教师座谈会上强调，思想政治理论课是落实立德树人根本任务的关键课程。青少年阶段是人生的‘拔节孕穗期’，最需要精心引导和栽培。我们办中国特色社会主义教育，就是要理直气壮开好思政课，用新时代中国特色社会主义思想铸魂育人，引导学生增强中国特色社会主义道路自信、理论自信、制度自信、文化自信，厚植爱国主义情怀，把爱国情、强国志、报国行自觉融入坚持和发展中国特色社会主义事业、建设社会主义现代化强国、实现中华民族伟大复兴的奋斗之中。思政课作用不可替代，思政课教师队伍责任重大。习近平总书记的重要讲话对新时代学校思政课的地位和作用、办好思政课的根本保证和基础条件、党对思政课教师的要求以及思政课改革创新的原则等重要问题都进行了深刻阐述，对加强新时期思政课建设具有重大的指导意义。如何贯彻落实好总书记系列讲话精神，具体落实十八大以来习近平总书记对思想政治教育的殷切希望和要求，切实提高思想政治理论课立德树人的实际效果，是包括思想政治理论课教师在内的广大高校思想政治工作者重要的历史使命和责任。

2020 年末，中共中央宣传部、教育部联合出台了《新时代学校思想政治理论课改革创新实施方案》（以下简称“20 方案”），为新时代思想政治理论课（以下简称“思政课”）课程教材改革创新提要钩玄。“20 方案”在聚焦于把握新时代、推进一体化、突出创新性、增强针对性与注重统筹性的同时，一个较为显著的变化是将“05 方案”确定的本科阶段必修课

“思想道德修养与法律基础”（以下简称“基础”课）调整为“思想道德与法治”。“基础”课名称的转变，彰显着“20 方案”对大、中、小学思政课一体化的深层聚焦，内在地要求不同阶段的各门课程重新审视所处位域的实然特性及其在课程体系中的应然价值。因此，立足提升思想政治教育质量，围绕新版“思想道德与法治”教材展开课堂教学探讨，对进一步把握思政课的教学规律，发挥“思想道德与法治”课的独特作用，具有十分重要的意义。正是出于这样的宗旨本书应运而生。

《思想道德与法治》（2021 年版）系《思想道德修养与法律基础》（2018 年版）的修订版。其站在新课程方案的现实维度上，关切“思想道德与法治”课的基础性，深入探讨其应发而未尽发的课程价值，注重课程主体要素即教育者与受教育者之间的认知转移，强调课程介体要素的转化，强化教学内容横向贯通的系统性，系统理清了高校思政课的马克思主义理论教育的内容逻辑，将“思想道德与法治”课的内容介体由固化的单一教材内容辐射至高校思政课的整个内容体系中，在教育教学方法上注意渐进式转变，通过对其他思政课程内容的恰当运用与适切转化，更好地呈现思政课程介体的系统价值，更加有力地促进大、中、小学思政课一体化建设。

本书是《思想道德与法治》（2021 年版）教材的配套辅读用书，紧密贴合教材在内容和框架中的变化，从优化教材知识点的角度出发，为教师提供教学参考，提升教学实效性；方便学生阅读理解，促进学生积极学习，提高学习效率。编写过程中着力避免封闭的全知视角、艰涩的理论灌输与夸张的课堂表演，围绕“人的本质”实存，借力日常思想政治教育平台，揭示理论的现实意义，确证理论的道义力量。同时，注重综合运用渗透式、陶冶式与体验式等隐性方法，借助文学艺术等多种审美样式创设接受情境，并适切结合社会实践活动实现理论学习的自觉内化。

本书主要介绍马克思主义的人生观、价值观、道德观、法治观，社会主义核心价值观与社会主义法治建设的关系，帮助学生筑牢理想信念之基，培育和践行社会主义核心价值观，传承中华传统美德，弘扬中国精神，尊重和维护宪法法律权威，提升思想道德素质和法治素养。本书以小故事讲大道理为切入点，以小见大，以领悟、陶冶为手段，求“事”问“道”，以增进学生“四个自信”为目标开展教育教学，注重将难点简单化、知识点生活化、教学法小众化。实施“5S”特色教学法，教授“贴近学情”的教育内容，打造“关爱学生”的教育环境，采用“对话教育”的教育方法。其优化和拓展思想政治理论课堂的具体环节接地气、求精准、寻突破、易操作、重实效，可以规范化、制度化、常态化地有效实施，这是本书的总体特色。

本书的编写充分反映了中国特色社会主义理论与实践的最新成果，以习近平总书记系列重要讲话精神为指引，深刻把握与贯彻落实思政课程改革要求，以思想政治理论课课程建设为依托，以马克思主义理论学科建设为支撑，将教学创新与课程建设融为一体并互为促进。在内容设置上体现“四贴近”的原则，即贴近理论、贴近生活、贴近时代、贴近学生，立足课程内容和学生认知特点，采用“5S”特色教学法，注重问题和目标导向，强化学生主体的自主学习，将课程的教材体系转变为教学体系，最终达到提高高校思想政治理论课教学实效性的目的。本书作者长期耕耘在思想政治理论课教研一线，有着丰富的教学经验和理论研究基础，全书通篇体现出作者对本课程教学工作的热爱，展现出作者力求通过教学创新切实提高教学实效的执着，饱含着作者对教育事业和学生的挚爱。

古人云：“善用者无弃材”。本书针对目前大学生对思想道德修养与法律基础课程不“感冒”、不在乎、不得不的“三不情愿学”状态，以及该课程原有的填鸭式、浅学式、应考式的“三式”传统教学方式问题，而做出创新性、引导性和自我思考性的立体转变。在编写过程中，本着思想教学“宜疏不宜堵”，摒弃“一言堂”和对书本上的知识点“上纲上线”的原则，从既相互独立又有着内在联系的五个方面展开，即从事实切入—激发思考—提炼知识—启发思维—走向实践五个部分并举；教学过程实现由封闭式向开放式的转变，即心灵触动—情感激发—知识凝练—思维启发—实践升华五个环节并进。通过以上方式，使思想政治理论课由全盘灌输、呆板说教向合作互动、探索研究转变，由单纯的理论分析讲解向理论联系实际转变。针对这五个方面的教学创新，本书有以下四个特点：

▶立足新时代。党的十九大报告已经明确指出中国特色社会主义进入了新时代，然而，高校使用的思想政治理论课教材却是一定时间节点的产物，具有相对滞后性，无法全面展现并匹配处于不断发展中的马克思主义中国化的最新成果，这就需要教师在现实教学中根据中国特色社会主义思想的发展情况及时添补，将新时代的发展成果——习近平新时代中国特色社会主义思想融入实际教学。因此，在本书的编写过程中，我们努力站在新时代这一伟大的历史新起点上，来思考和把握新教材要担负的时代使命、表达的时代内容，将其凝练升华，力求做到字里行间体现出中华民族开创中国特色社会主义新时代的接力奋斗，努力将新时代中国特色社会主义思想传递给每一位读者。

▶贯穿新思想。在新时代，随着经济结构的转型，社会文化氛围也有了许多的变化，因而高校思想政治教育也面临着新的挑战。本书努力将马克思主义中国化的最新理论成果——习近平新时代中国特色社会主义思想全面融入，主要体现在整个教学过程中通过"问题聚焦""知识凝练"等环节生动形象地向学生传递这一思想，让学生们切身体会其先进性与真理性，最终实现思政理论课程的思想诠释功能。

▶着眼新要求。身处中国特色社会主义新时代，高校思想政治理论课的完美呈现要求我们遵循课程改革新要求，谋求新教学。党和国家对高校思想政治教育高度重视并抱有殷切期望，然而现阶段课堂的教学效果却并不理想，不能满足高校学生思想发展的受教需求。为了解决这些高校思政教学的实际问题，本书尝试了演讲式教学、对话式教学、辩论式教学、讨论式教学、案例式教学及体验式教学等多种创新教学方法，以替代传统的课堂教学模式，希望能够起到引导学生主动思考、激发学生学习兴趣的目的，使得思想政治教育呈现出更为丰富的内涵，使理论教育的感染力和渗透力得到增强。

▶运用新话语。话语是时代的呼声，是时代的最强音。习近平新时代中国特色社会主义思想更为学科话语提供了科学的方向指引。本书摒弃了传统教辅呆板枯燥、空洞抽象的乏味学术语言，在编写上融入习近平总书记平实质朴、清新自然的语言风格，注重灵活运用习近平总书记的精彩"金句"，采用具有青春特点、时代气息的话语展开叙述。以小故事见大道理，以精致分析见清晰理论，将马克思主义理论讲清、讲活、讲透，努力让学生做到真学、真信、真用。

人才的标准需要满足"德才兼备，以德为先"，而"德"的培养较之知识传递和能力培养更为浩繁，路途更为遥远。在大学生品德培养上，当我的同仁们还没有完全卸去为应试教育"补课"的疲惫时，我们欣喜地看到社会主义核心价值观的旗帜已在全民族的天空高高飘扬，我们欣喜地感到强劲的社会正能量正从四面八方翻卷而来，整个社会业已成为美德培养的大课堂。希望在本书教学创新研究的基础上，涌现出更多更好的重实效、易操作、接地气的成果，以更好地完成思想政治理论课立德树人的神圣使命。

在本书的编写过程中，我们参阅并借鉴了大量的其他研究成果，涵盖书籍教程、线上线下案例与报刊资料等，在此，向这些成果的作者们表示感谢。由于编者水平有限，书中难免存在疏漏或不妥之处，敬请各位同仁和广大读者不吝赐教，以便不断修订完善。

目　录
CONTENTS

绪　论
担当复兴之任

【金句导言】

做好高校思想政治工作，要因事而化、因时而进、因势而新。要遵循思想政治工作规律，遵循教书育人规律，遵循学生成长规律，不断提高工作能力和水平。要用好课堂教学这个主渠道，思想政治理论课要坚持在改进中加强，提升思想政治教育亲和力和针对性，满足学生成长发展需求和期待，其他各门课都要守好一段渠、种好责任田，使各类课程与思想政治理论课同向同行，形成协同效应。

——2016 年 12 月 8 日，习近平在全国高校思想政治工作会议上的讲话

教师是人类灵魂的工程师，是人类文明的传承者，承载着传播知识、传播思想、传播真理，塑造灵魂、塑造生命、塑造新人的时代重任。

——2018 年 9 月 10 日，习近平在全国教育大会上的讲话

【课程导论】

“思想道德与法治”课是以马克思主义理论为指导，以人生观、价值观、道德观教育为主线，综合运用相关学科知识，依据大学生成长的基本规律，教育引导大学生加强自身思想道德修养和法律意识的一门课程。在四年的大学生活中，通过本课程帮助学生认识自己肩负的历史使命，沿着正确的方向和道路修身成才；从课程的理论知识中，从历史和现实的大量素材和生动事例中，汲取有益的精神养料，获得真、善、美的心灵启迪。

【课程目标】

通过教学，帮助学生了解“思想道德与法治”课程的指导思想、性质、任务和内容；理解新时代的科学内涵、明确新时代民族复兴的时代责任；

认识到学习本课程与自己成长成才的密切关系。

引导大学生通过对本课程的学习与思考、修养与实践，树立科学的理想信念，弘扬伟大的民族精神，陶冶高尚的人生情操，提升道德素质修养，增强社会主义法治理念，成长为又红又专、德才兼备、全面发展的中国特色社会主义合格建设者和可靠接班人。

【课程特色】

本课程注重专题理论与案例解析相结合、课本知识与挖掘文化资源作为教学资源相结合、思想道德修养与大学精神教育相结合、理论教学与社会实践相结合，注重发挥教师的主导性作用和学生的主体性作用、注重传统教学手段和现代教育技术的并用，以期达到教学内容、教学方式的基本统一，教学质量检测标准与要求的一致，从而促进该课程整体教学质量的提高。

【课程意义】

一、大学生学习《思想道德与法治》的必要性

“思想道德与法治”是大学生进入大学后学习的第一门政治理论课，其目的在于引导大学新生思考自己的新身份、新角色，逐渐转换自我定位，从而正确认识大学和社会，成为一名合格的大学生，并进一步帮助大学生树立正确的世界观、人生观、道德观、法治观，走上成长成才的正确道路。

那么，学习本课程能够从哪些方面帮助大学生提高自身道德和法律素质呢?

第一，学习本课程有助于大学生了解党和国家对大学生在思想、政治、道德和法律素质等方面的要求，明确自己努力的方向。许多同学对大学学习生活不了解、不适应，产生迷茫和困惑，不知道自己现在要干什么，更没有认真思考过辛辛苦苦考上大学的目的和意义。通过学习本课程，能够帮助同学们认识我们今天所处的时代环境特征，了解党和人民对大学生的期望和要求，认清现实，确立新的正确的人生方向和目标，为大学阶段的学习和发展找到强劲持久的动力。

第二，本课程会带领大学生思考人生目的、人生态度、人生价值等重要人生课题，帮助大学生学会反思生活，追求有意义的生活方式。本课程将提供一个思考和讨论的平台，让大学生能够有机会对身边的事物和社会生活中的有关现象进行分析、思考，建立起认识主客观世界的正确方法，用社会主义核心价值观指导自己的人生实践，为成为合格的社会公民和栋梁之材奠定良好的思想基础。

第三，本课程的学习能帮助大学生提高思想道德素质与法律素养，成为有道德的、遵纪守法的公民。人才素质不仅指文化素质，还包括思想政治素质、法律素质、审美素质等，而道德素质是综合素质的核心。一个有能力、有理想的人，首先必须是一个有道德的、遵纪守法的人，才能确保正确的行为目标和行动方向。所谓现代社会与和谐社会，都离不开完善、有效的社会规则，这就要求社会成员养成自觉遵守规则的意识和习惯。学习道德知识能帮助大学生思考和认识应该做什么样的人以及怎样做人，学习法律知识则能帮助大学生认识应该做什么和不应该做什么。通过本课程的学习，可以了解社会道德、法律规范，并形成正确的道德观和法治观，用以指导约束自己的行为，是大学生走向社会，成为合格建设者和接班人的必备条件。

二、大学新生应当怎样转换角色，以尽快适应新的学习生活？

在进入社会之前，青年学子在大学这个自由、开放、包容的环境中要做知识、能力、社交、经验等方面的储备。大学学习生活与中学有许多不同，大学生需要尽快从中学生式的心理认同转化为大学生式的心理认同，尽快适应大学的学习生活。

大学学习与中学相比具有不同的特点。第一，知识的广度和深度增加，学习更加专业化和多元化。这需要大学生培养学习的主动性和创造性。第二，学习更加自主。大学不再以某种固定的、单一的目标要求所有学生，而是引导大学生按照自己的理想目标自主学习和全面自由发展。在大学，无论是专业设置还是课程设置，大学生都有更充分的自主选择的空间。这要求大学生懂得取舍，学会选择。第三，获取知识的渠道更加丰富多样，如各种学术活动、科学实验、创新实践、图书馆和网络信息平台等。这需要大学生改变应试教育下的学习方式，树立终身学习的观念，灵活学习、主动学习、系统学习，注重培养获取信息、分析信息、运用信息的能力。

大学还拥有更加宽松的学习生活环境。这要求大学生具有一定的独立生活能力；同时，还应当具有集体意识，学会过集体生活。同学们来自祖国各地，生活习惯和文化传统不尽相同。这就要求每个同学既能保持自我个性，又能融入集体，相互理解、体谅、帮助，共同努力营造良好的寝室、班级氛围，积极、主动地建立和谐的人际关系。

大学还有丰富多彩的课余生活。在大学中，学习不再是唯一重要的事情，丰富多彩的校园生活同样是锻炼意志、培养优良品格、增长才干的舞台。校园的社团活动丰富多彩，能提升大学生的审美情趣、交往能力和身体素质。在参加社团活动时，大学生需要注意平衡社会活动与专业学习的关系，避免由于超出个人能力或时间安排不当而造成顾此失彼的现象发生。

大学生活学习的这些特点，要求大学生有意识地培养独立生活、学习的能力。首先，要学会基本的生活技能，不断提高生活自理能力，包括合理膳食、理财、身体健康、生活事务处理、时间管理等；学会照顾自己、管理自己、关心他人。其次，培养自己独立解决实际问题的能力，积累经验，逐步摆脱对父母、老师和同学的依赖。第三，以积极乐观和开放的态度去看待可能遇到的问题，抱着学习的心态，大胆尝试新的事物，敢于迎接新的挑战。从身边的小事做起，培养自己的独立意识和能力。概括起来，大学生就是要树立自立、自强、自信、自律的意识和能力。

三、大学生的成才目标

成为德、智、体、美全面发展的社会主义事业的建设者和接班人，是当代大学生的成才目标。随着社会的发展，德、智、体、美的要求被时代赋予了新内涵。

德是人才素质的灵魂。在大学学习阶段，学会做人比学到知识技能更为重要。大学生做人的基本标准就是社会道德与法律。成为一个独立自主的人不仅意味着能够做自己能力范围内可以做的事，更意味着能够预料到并且愿意承担行为的后果。现代社会中，国家对公民的基本要求有两方面：一方面，要按照社会道德和国家法律行事，不能做超出社会道德和法律边界的事；另一方面，公民应当明白个人对国家的义务，自觉履行义务、承担责任。对大学生而言，按照社会道德准则和法律规范行事，不仅要做到“独善其身”，更要为推动社会文明、和谐、进步做出贡献。

智是人才素质的基础。现代社会对人才智能素质的要求是具备较强的专业能力，能独立解决问题，并具有创新能力。大学生需要在学习过程中打下坚实的专业基础，培养良好的专业素养，提高创新思维水平和创造能力。

体是人才素质的必要条件。一个健康的人不仅要有健康的身体，同时也应该具备健康的心理。这要求大学生不仅要努力锻炼身体，还应当培养良好的心理素质，提高应对压力、抗击挫折的能力。

美是人才素质的重要内容。审美素质的提高有助于大学生更好地理解自然、社会和人类自身，有助于丰富生活、陶冶性情、净化心灵。大学生可以通过学习文化素质课程、学习传统文化、参加各种课外文娱活动等途径，提高自己的审美品位和艺术修养。

大学生的全面发展，是德、智、体、美全面综合的发展，是对思想道德素质、科学文化素质、身体素质以及审美素质的综合要求。当代大学生应当积极提升自己各方面的素质，努力成为全面发展的综合性人才。

四、道德与法律的关系

道德和法律都是调节人们的思想行为、协调人际关系、维护社会秩序的重要手段，它们都属于社会上层建筑。

社会主义思想道德与社会主义法律相辅相成、缺一不可，有着密不可分的联系。社会主义思想道德所体现的价值标准和价值观念为社会主义法律提供了价值准则和道义基础。它是社会主义法律正义性与合法性的基础，为社会主义法律的制定提供价值标准。社会主义思想道德中的自由、民主、平等、公正、和谐、诚信、友善等价值观念，对社会主义法律的制定和实施有重要的促进作用。它还能促进人们自觉守法、维护法律权威和严格遵守法律，弥补法律的不足。

社会主义法律为思想道德建设提供制度保障。它是国家政治、经济、文化及其他管理的重要手段。法律的公布和实施，有力地传播和实践了社会主义思想道德；对违法犯罪的制裁，也表达了对此类行为的否定性道德评价。当国家把社会主义思想道德的核心内容体现在法律中转化为法律原则和法律规范时，就对其在国家和社会生活中的主流地位做了确认，并通过这种确认，为其提供法律支持。

国家和社会治理既需要法律的规范和强制作用，又需要道德的教化和引领作用。

第一节 我们处在中国特色社会主义新时代

【金句导言】

青年兴则国家兴，青年强则国家强。青年一代有理想、有本领、有担当，国家就有前途，民族就有希望。中国梦是历史的、现实的，也是未来的；是我们这一代的，更是青年一代的。中华民族伟大复兴的中国梦终将在一代代青年的接力奋斗中变为现实。全党要关心和爱护青年，为他们实现人生出彩搭建舞台。广大青年要坚定理想信念，志存高远，脚踏实地，勇做时代的弄潮儿，在实现中国梦的生动实践中放飞青春梦想，在为人民利益的不懈奋斗中书写人生华章！

——2017 年 10 月 18 日，习近平在中国共产党第十九次全国代表大会上的报告

【本节导读】

党的十九大作出了“中国特色社会主义进入新时代”的重大政治论断，明确了中国发展新的历史方位。这个新时代是所有青年接续奋斗努力实现中国梦的时代，也是所有青年立足和拼搏的最大背景。青年风华正茂，中国正值青春。当代青年是同新时代共同前进的一代。广大青年既拥有广阔的发展空间，也承载着伟大的时代使命。展望未来，青年一代必将大有可为，也必将大有作为。

【教学情况】

教学目标：通过绪论教学，让学生了解和掌握中国特色社会主义进入新时代的科学论断的依据，掌握实现中华民族伟大复兴中国梦的内涵和要求，了解新时代中国与世界关系的历史性变化，引导学生认清所处的历史方位和肩负的时代使命，激发学生的责任意识，帮助青年学生牢固树立坚持中国特色社会主义道路的信心和决心，增强学生对中国特色社会主义道路的认同。

教学重点：根据十九大报告，了解我国所取得的历史性成就、历史性变革、社会主要矛盾转化等关键点，讲清楚新时代的根据、新时代的特征及

新时代的目标。

【教学课堂】

步骤一　案例介绍

习近平在庆祝改革开放 40 周年大会上的讲话（节选）

40 年来，我们始终坚持以经济建设为中心，不断解放和发展社会生产力，我国国内生产总值由 3679 亿元增长到 2017 年的 82.7 万亿元，年均实际增长 9.5%，远高于同期世界经济 2.9%左右的年均增速。我国国内生产总值占世界生产总值的比重由改革开放之初的 1.8%上升到 15.2%，多年来对世界经济增长贡献率超过 30%。我国货物进出口总额从 206 亿美元增长到超过 4 万亿美元，累计使用外商直接投资超过 2 万亿美元，对外投资总额达到 1.9 万亿美元。我国主要农产品产量跃居世界前列，建立了全世界最完整的现代工业体系，科技创新和重大工程捷报频传。我国基础设施建设成就显著，信息畅通，公路成网，铁路密布，高坝矗立，西气东输，南水北调，高铁飞驰，巨轮远航，飞机翱翔，天堑变通途。现在，我国是世界第二大经济体、制造业第一大国、货物贸易第一大国、商品消费第二大国、外资流入第二大国，我国外汇储备连续多年位居世界第一，中国人民在富起来、强起来的征程上迈出了决定性的步伐！

案例来源：习近平总书记在庆祝改革开放 40 周年大会上的讲话

步骤二　问题聚焦

收看习近平总书记庆祝改革开放 40 周年大会上的讲话，说一说你为祖国哪些发展成就感到骄傲？你认为新时代的时代特征是什么？

步骤三　知识凝练

习近平总书记在党的十九大报告中指出，“中国特色社会主义进入了新时代”，这是对我国发展新的历史方位的科学判断。从这个历史方位往前看，新时代的内涵，在国家层面是决胜全面建成小康社会、进而全面建设社会主义现代化国家；在人民层面是不断创造美好生活、逐步实现全体人民共同富裕；在中华民族层面是奋力实现中华民族伟大复兴；在中国和世界的关系层面是中国日益走近世界舞台中央、不断为人类做出更大贡献。显然，这些内涵和使命是紧扣中国梦包括的国家富强、民族振兴、人民幸福的具体目标来说的。也就是说，新时代是通过努力奋斗更真切地贴近实现中国梦的时代。

步骤四　思维启发

马克思、恩格斯在《德意志意识形态》中曾说过："作为确定的人，现实的人，你就有规定，就有使命，就有任务，至于你是否意识到这一点，那都是无所谓的。这个任务是由于你的需要及其与现存世界的联系而产生的。"青年是时代和社会的产物，青年的使命由特定的时代条件和社会关系决定。

中国特色社会主义进入新时代，意味着中国青年也进入新时代，青年成长成才有了新的历史方位。新时代的中国，迎来了从站起来、富起来到强起来的伟大飞跃，迎来了全面建成小康社会、进而全面建设社会主义现代化强国的光明前景，也为广大青年成长成才提供了千载难逢的历史机遇。

步骤五　实践拓展

实践课题：学校校训

实践步骤：

1. 任课教师提出问题：校训内容是什么？（要求学生马上回答）
2. 任课教师再次提问：你知道的知名大学的校训有哪些？
3. 结合校训，任课教师说明当代大学生的历史使命。

第二节　新时代呼唤担当民族复兴大任的时代新人

【金句导言】

"士不可以不弘毅，任重而道远。"国家的前途，民族的命运，人民的幸福，是当代中国青年必须和必将承担的重任。

——2015 年 7 月 24 日，习近平《致全国青联十二届全委会和全国学联二十六大的贺信》

实现中华民族伟大复兴是近代以来中华民族最伟大的梦想。中国共产党一经成立，就把实现共产主义作为党的最高理想和最终目标，义无反顾肩负起实现中华民族伟大复兴的历史使命，团结带领人民进行了艰苦卓绝的斗争，谱写了气吞山河的壮丽史诗。

——2017 年 10 月 18 日，习近平在中国共产党第十九次全国代表大会上的报告

新时代属于每一个人，每一个人都是新时代的见证者、开创者、建设者。只要精诚团结、共同奋斗，就没有任何力量能够阻挡中国人民实现梦想的步伐！

——2018 年 3 月 20 日，习近平在第十三届全国人民代表大会第一次会议上的讲话

【本节导读】

这个时代风云变幻、催人奋进，以移动互联网、大数据等为特征的新科技革命带来的不仅是“站在风口上，猪都可以飞起来”的“互联网+”时代的创业机遇，还有信息安全、思潮激荡、人际淡漠、矛盾激化等各方面的挑战。梦想在前，使命在肩。放在一代人的角度看，已经不是平地起高楼，而是高原上建高峰，这就是这一代青年人必须肩负起的新时代使命。

【教学情况】

教学目标：通过本节内容的学习，使学生认识到我国进入中国特色社会主义新时代的历史定位，以及新时代对大学生个人成长的意义。引导学生认清自己的价值，树立正确的人生目标，为中华民族伟大复兴努力奋斗，勇作新时代的开拓者，为我国社会主义建设大业增砖添瓦。

教学重点：

1. 引导学生树立做合格时代新人的目标。
2. 引导学生认清学习本门课程对自身成长的重要作用。

【教学课堂】

步骤一　案例介绍

企业家有祖国

为了改变旧中国国弱民贫之境况，清末民初实业家张謇兴办大生纱厂，躬身“棉铁主义”救国实践三十余载；为了支援抗日救亡运动，“华侨旗帜”陈嘉庚投资设立制药厂，为前线供应药品，积极组织捐款献物；创办近代化学厂、带头进行公私合营、毅然投身改革开放大潮；企业家王光英在革命、建设和改革各个历史时期始终与国家发展大势同频共振……爱国是中华民族的精神基因，是中华民族优秀企业家代代传承的光荣传统。

“企业营销无国界，企业家有祖国。”习近平总书记勉励企业家把企业发展同国家繁荣、民族兴盛、人民幸福紧密结合在一起，为社会主义经济建设贡献自己的力量。企业是国民经济的重要构成，企业家是推动经济社会发展的重要力量之一。企业家在实现个人创业抱负的同时应增强爱国情怀，自觉将个人理想、企业发展与国家前途、民族命运结合在一起，有助于推动企业实现更好更快发展，更好造福国家和人民。

常言道，民无商不活，国无商不兴。一个国家走向富强，往往伴随着一批杰出企业的生根开花。新时代中国这片生机勃勃的土地，为各类企业成长创造了前所未有的广阔天地和宝贵机遇。从充分发挥政府作用以及市场在资源配置中的决定性作用，到逐步改善营商环境；从严格依法保障企业家的合法权益，到加强产权和知识产权保护，不断完善的市场体系、不断健全的体制机制为企业家干事创业创造了沃土。有多大的视野，就有多大的胸怀，就能实现多大的发展。只有与国家发展同频共振、与人民需要同心同向，顺应时代趋势、服务市场所需，企业才有机会成长为参天大树，企业家出彩的舞台才会越来越大。

爱国从不是空泛的言语，深厚的爱国情、高远的强国志，落脚点在于务实的报国行。革命年代实业兴国、救亡图存，建设时期勇挑重担、艰苦奋斗，在改革开放大潮中敢闯敢干、锐意进取，在抗震救灾、抗击疫情等重要时刻捐资捐物、奉献报国，一代代企业家脚踏实地、不尚空谈，把深沉的家国情怀倾注在实实在在报效祖国的行动中。习近平总书记深刻指出，“企业家爱国有多种实现形式，但首先是办好一流企业”。企业无论致力于推动科技创新，还是提高国际市场开拓能力，在更高水平的对外开放中实现更好发展，“非常之功”正待“非常之人”。企业家带领企业奋力拼搏、力争一流，心无旁骛创新创造，踏踏实实办好企业，就是在爱国、报国。

“目的只有一个，就是希望国家兴旺、民族富强。我始终没有忘记自己是一个中国人，我愿尽我之所能，为国家的繁荣昌盛多办些实事。”我国香港知名实业家霍英东先生曾这样吐露自己在内地多方投资、捐赠的心声。全面建成小康社会，实现中华民族伟大复兴的中国梦，离不开优秀企业的支撑，离不开更好发挥企业家的作用。牢牢把握新时代爱国主义的内涵，肩负起产业报国、实业强国的重任，在爱国、创新、诚信、社会责任和国际视野等方面不断提升，当代企业家一定能带领企业勇立时代潮头，为实现国强民富作出更大贡献。

案例来源：何娟.“企业家有祖国”. 人民日报，2020-07-28，第 4 版

步骤二 问题聚焦

历史在前进，时代在发展，现在我们处于社会主义新时代，需要祖国青年们立足新起点，融入新时代，推动社会更好更快地向前发展。

步骤三 知识凝练

本案例通过对一代代企业家故事的讲述，展现了企业家们朴素而又高尚的爱国主义情怀。企业家与他们创办的企业有力地推动了中国社会经济的发展，增强了我国的综合国力，推动国家走向繁荣富强，国家也反过来为企业家营造了更好的营商环境，提供更广阔的发展平台。

步骤四　思维启发

很多成功的企业家具有深厚的家国情怀，每个家庭都是国家重要的组成单位，千千万万个家庭合在一起，就构成了我们的国家，所以小家和大国是利益共同体；同样地，企业与国家也是利益共同体，企业的发展推动了国家的富强，而国家的富强反过来保证了企业的生存环境。家国情怀也是中华传统文化的精神内核之一，比如《礼记》提出的“修身齐家治国平天下”，范仲淹在《岳阳楼记》发出的感叹“先天下之忧而忧，后天下之乐而乐”，爱国诗人陆游离世前念念不忘的“家祭无忘告乃翁”，无不彰显了古代先贤的家国情怀。

步骤五　实践拓展

实践课题：调查在校大学生理想信念现状

实践步骤：

1. 通过网络或其他工具，学习研究与大学生理想信念相关的研究报告或问卷调查，初步了解课题。

2. 小范围内进行访谈试验，确定问卷调查的目的和主题范围。

3. 指导学生设计问题，编制问卷。

4. 组织学生分成小组，按照不同专业展开调查。在调查时要注意兼顾年级、性别、政治面貌等因素，尽量保证调查样本的科学性、合理性。

5. 收集问卷，对调查结果进行分析调查，查找原因，讨论对策，并撰写成调查报告。

6. 以 PPT 形式展示调查报告，学生现场问答，任课教师当场点评。

7. 计入平时考核成绩。任课教师按照评价标准对小组进行评价，小组内部根据成员完成课题的情况评定其成绩。

第三节　不断提升思想道德素质和法治素养

【金句导言】

法律规范人们的行为，可以强制性地惩罚违法行为，但不能代替解决人们思想道德的问题。我国历来就有德刑相辅、儒法并用的思想。法是他律，德是自律，需要二者并用。如果人人都能自觉进行道德约束，违法的事情就会大大减少，遵守法律也就会有更深厚的基础。

——《严格执法，公正司法》（2014 年 1 月 7 日），《十八大以来重要文献选编》（上），中央文献出版社，2014 年，第 722 页

【本节导读】

孔子提出“为政以德”。子曰：“道之以政，齐之以刑，民免而无耻；道之以德，齐之以礼，有耻且格。”（《论语·为政》）法律是成文的道德，道德是内心的法律。法律和道德都具有规范社会行为、调节社会关系、维护社会秩序的作用，在国家治理中都有其地位和功能。法安天下，德润人心。法律的有效实施依赖于道德支持，道德践行也离不开法律约束。法治和德治不可分离、不可偏废，国家治理需要法律和道德协同发力。

【教学情况】

教学目标：使学生认识到提高思想道德和法治素养的重要性、必要性

教学重点：

1. 思想道德和法治素养的作用。
2. 提高大学生思想道德与法治素养的价值。

【教学课堂】

步骤一 案例介绍

修养的作用

比尔毕业于世界某知名大学，在他的毕业去向表上，赫然写着华盛顿的白宫某军事实验室。与他同时毕业的几位同学颇感不满地找到导师说：“比尔的学习成绩最多算是中等，凭什么选他而没选我们?”导师看着这几张充满疑问和尚属稚嫩的脸，笑道:“是人家点名来要的。其实你们的机会是完全一样的，你们的成绩甚至比比尔还要好，但是除了学习之外，你们需要学的东西太多了，修养是第一课。”

事情还要从两个月以前说起。毕业前夕，导师带 22 个应届毕业生到华盛顿的白宫某军事实验室参观。全体学生坐在会议室里等待该实验

室主任胡里奥的到来。这时一位秘书给大家倒水，同学们表情木然地看着她忙碌，其中一个还发问："有黑咖啡吗？天太热了。"轮到比尔时，他轻声说："谢谢，大热天的，辛苦了。"

门开了，胡里奥主任走进来和大家打招呼，然而没有一个人回应。比尔左右看了看，开始鼓掌，同学们这才零星地跟着拍手，由于不齐，越发显得尴尬。胡里奥主任挥了挥手："欢迎同学们来到这里参观，我拿了一些我们实验室印的纪念手册，送给同学们做纪念。"大家都坐在那里，很随意地用一只手接过胡里奥主任双手递过来的手册。胡里奥主任走到比尔面前时，比尔礼貌地站起来，双手握住手册恭敬地说了一声："谢谢您！"

两个月后，就发生了本文开头的一幕。

案例来源：托马斯·沃特曼. 让心灵透透气. 北京：民主与建设出版社，2003年（改写）

步骤二　问题聚焦

通过阅读案例，体会道德对人生有什么指导作用。提高思想道德和法治素养对把握人生大方向，走好人生之路的重要意义有哪些？

步骤三　知识凝练

提高思想道德与法治素养，是一个人生存和发展必须要解决的大问题，也是高校思想政治教育的重要内容。案例讲述了一位才华并非出众的大学毕业生，由于良好的思想道德修养获得了优质的就业机会。大学阶段是人生发展的重要时期，是世界观、人生观、价值观形成的重要阶段。通过思想道德与法治的理论学习和实践体验，可以帮助大学生形成崇高的理想信念，弘扬伟大的爱国主义精神，树立正确的人生观和价值观，加强思想道德修养，增强学法、守法、用法的自觉性，全面提高思想道德素质和法律素质。

步骤四　思维启发

思想道德与法治课能帮助大学生从历史和现实的大量素材和生动事例中，汲取有益的精神养料，获得真、善、美的心理启迪，正确掌握思想道德与法治素养的理论和方法，提高综合素质，从而为社会培养有用的栋梁之才。

步骤五　实践拓展

实践课题：撰写对“道德与法治”的认识体会

实践步骤：

1. 阅读“道德与法治”相关资料。
2. 回顾绪论课程要点。
3. 结合自身成长经历，撰写认识体会。

绪论结语

历史车轮不知疲倦地滚滚向前，新旧时代不断地更替，而每个时代的前进路上，都会给生活在这个时代的人们留下鲜明的时代烙印，诉说着这个历史阶段的任务和使命。每个时代有每个时代的特点，每个时代的人也都承担着与时代相关的历史使命。我们现在处于建设中国特色社会主义新时代，时代赋予我们的使命是成为“担当民族复兴大任的时代新人”，“民族复兴”体现了新时代的奋斗目标，“时代新人”指出了新时代的育人指向，“担当大任”提出了实现民族复兴的实践要求。作为时代新人，大学生要努力有所作为，勇担时代使命。

专题一 人生青春之问

【金句导言】

青年的价值取向决定了未来整个社会的价值取向，而青年又处在价值观形成和确立的时期，抓好这一时期的价值观养成十分重要。这就像穿衣服扣扣子一样，如果第一粒扣子扣错了，剩余的扣子都会扣错。人生的扣子从一开始就要扣好。

——2014 年 5 月 4 日，习近平在北京大学师生座谈会上的讲话

【专题导论】

青春要怎样度过才不会荒废？这是叩击每个青年人心弦的灵魂发问。通过大学学习，我们将逐步给出问题的答案。大学时代正是青年社会化的关键时期，是人生观形成及确立的重要阶段。通过本专题的学习，将促使学生树立正确的人生观，把握好个人和社会的辩证关系，以小我之成就助推社会的进步发展，创造出自身独特的人生价值，成就出彩人生，走好人生之路。

【专题概况】

教学目标：通过对本专题内容的学习，引导学生正确认识人的本质，深刻理解人生观的科学内涵，树立积极进取的人生态度，确立高尚的人生追求；学会处理好个人和社会的辩证关系，合理科学地评价人生价值；掌握评价人生价值的标准和实现人生价值的条件；追求高尚的人生目标，了解创造有价值人生的重要意义，提高思想境界和思想素质。

教学重点：

1. 学会用辩证唯物主义和历史唯物主义科学认识人的本质；

2. 掌握正确评价人生的标准；

3. 学会处理好个人和社会的辩证关系。

【专题导图】

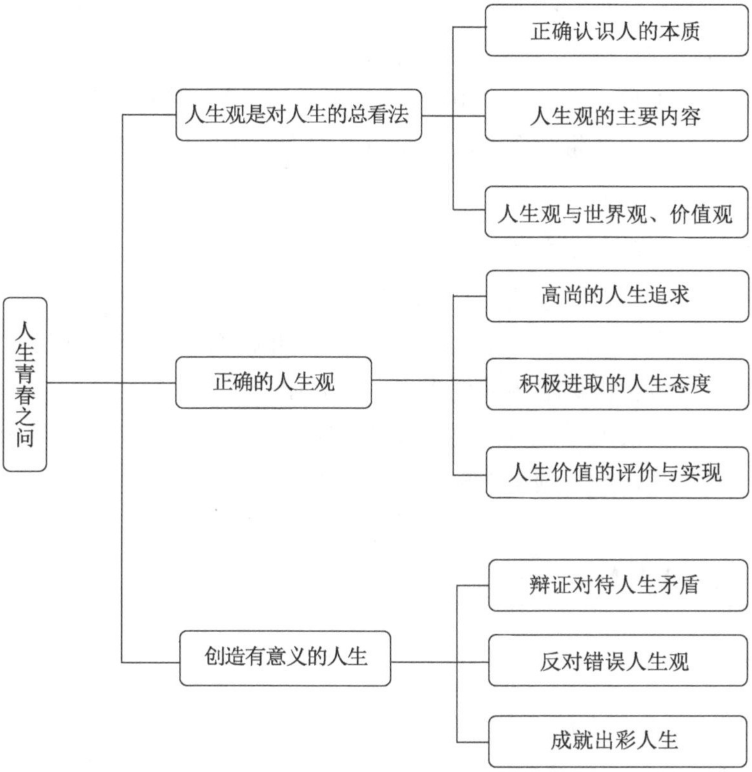

第一节　人生观是对人生的总看法

【金句导言】

大学阶段，“恰同学少年，风华正茂”，有老师指点，有同学切磋，有浩瀚的书籍引路，可以心无旁骛求知问学。此时不努力，更待何时？要勤于学习、敏于求知，注重把所学知识内化于心，形成自己的见解，既要专攻博览，又要关心国家、关心人民、关心世界，学会担当社会责任。

——2014 年 5 月 4 日，习近平在北京大学师生座谈会上的讲话

【本节导读】

活着是件容易的事，但有意义地活却不易。人与动物最根本的区别就在于人有意识，而动物没有。人生观对一个人的人生有着至关重要的作用，它就像人生的导航仪，指导着我们的思想去行动。人能够对自己的存在和活动的内容、方式有所“观”，并且根据一定的“观”做出选择、采取行动，这就是人生观。有什么样的人生观就会走什么样的人生道路，所以，树立正确的人生观，将为今后的人生道路奠定正确的思想基础。

【教学情况】

教学目标：通过本章的学习，学生能够系统地掌握人生观的基本理论。科学地认识“人为什么活着”“人应该怎样生活”“人的本质是什么”“怎样的人生才有意义”等问题，结合个人实际和社会现实，树立科学高尚的人生追求，保持积极进取的人生态度，成就出彩人生。

教学重点：认识个人与社会的辩证关系，掌握人生观的基本理论，明晰人生价值的评价标准，领悟实现人生价值的正确途径。

一、正确认识人的本质

【教学课堂】

步骤一　案例介绍

人的本质的四重含义

人的本质问题是马克思主义理论的重要问题。准确、全面地理解马克思关于人的本质的含义，不仅是正确解读马克思的前提，也是进行马克思主义理论创新的前提。弄清人的本质的内涵，还具有巨大的现实意义。

第一，人的本质是人自身。马克思在《〈黑格尔法哲学批判〉导言》（下称《导言》）中批判了宗教关于人的虚幻本质，马克思认为：人不是脱离尘世的存在物，人就生活在人的世界，人生活在国家、社会中。传统宗教把人的本质归结为上帝，因此其对人的本质的解释，不仅不具有真正的现实性，相反真正现实的人却被忽视。

第二，人的本质是人的需要。马克思在《詹姆斯·穆勒〈政治经济学原理〉一书摘要》中多次提到人的本质就是人的需要。为什么人的本质是人的需要呢？“因为对某种物的需要最明显地、最无可争辩地证明：这种物属于我的本质；物的为我的存在、对它的占有，就是我的本质的属性和特点。”在原始社会，没有私人财产，人也没有异化，这时人的“需要”自然表现为真正的人的本质，生产者生产的物品刚好满足他的需要，就是说需求和供给刚好相等，不存在剥削和奴役，这种需要虽然简单，却反映了原始状态下人与人、人与自然的平等关系，人的本质没有被物所奴役、控制。

第三，人的本质是自由的有意识的劳动。“一个种的整体特性、种的类特性就在于生命活动的性质，而自由的有意识的活动恰恰就是人的类特性。”人的最有代表性的活动，最能体现人与动物区别的活动就是劳动，特别是生产性的实践活动。生产性实践活动，是在有目的、有意识的人的支配下使自然界发生有益于人的变化，使自然界按照人的愿望发生改变，在这一过程中，人确证了自己是主体性、创造性的存在物地位，形成了区别于其他物种的特有本质，即“实践的本质却在于实践过程中表现出来的主体的能动性、自觉性、选择性和创造性等品质。这些品质特性是人之为人、人的活动与动物的无意识本能性活动相互区别的根本标志所在”。

第四，马克思认为，“人的本质不是单个人所固有的抽象物，在其现实性上，它是一切社会关系的总和”。这一观点强调了人的本质的现实性、社会性和受制约性。

案例来源：张国安. 马克思关于人的本质的四重含义及其现实意义. 甘肃社会科学，2015 年第 6 期（节选）

步骤二　问题聚焦

马克思关于人的本质的四个方面的论述是一个有机统一体，马克思界定人的本质的方法，对解决理论和现实问题，具有哪些启发和借鉴意义？

步骤三　知识凝练

认识人的本质，只能立足于具体的、历史的社会关系中从事社会实践的人，而不能从抽象的人性论出发，更不能依靠神的启示。马克思界定人的本质的方法，对解决其他理论和现实问题具有启发和借鉴意义。马克思关于人的本质的论断，在人类历史上第一次科学说明了人的本质，为人们认识人生、形成正确的人生观提供了科学的方法论。

步骤四　思维启发

正确理解马克思的思想，要用唯物辩证法，因为，这一方法“透彻地阐发了贯穿始终的人与自然、人与人的矛盾关系及其历史趋势”。对人的本质的理解，不能离开辩证法。人的本质就是一个矛盾统一体，包含了个别和一般、个体和类、生物性和社会性、理想和现实、自由和强制、肯定和否定等丰富的内涵。人的本质问题不仅处于当代视野中，而且是在既对立又统一的互动中发展变化的。人的本质是一个生成过程，资本主义社会中人发生异化，未来共产主义社会，我们将克服、扬弃异化，使人的本质力量得到全面发展。

步骤五　实践拓展

实践课题：分组讨论——人的本质

实践步骤：

1. 组织学生就“人的本质”这一问题进行分组讨论。
2. 每组选派代表发言。
3. 教师进行点评。

【延伸阅读】

马克思“人的本质”思想解读

在人类思想史上，马克思第一次对人的本质作出科学界定。马克思关于人的本质的思想主要有三个命题：一是“劳动或实践是人的本质”；二是“人的本质是一切社会关系的总和”；三是“人的需要即人的本质”。关于第一个命题，马克思在《1844年经济学哲学手稿》中指出：“人的类特性恰恰就是自由的自觉的活动。”这一思想，提出人的生命活动具有特有的方式，即实践或劳动。实践活动是人和动物最本质的区别，也是产生和决定人的其他所有特性的根据。在马克思看来，作为人的生命活动的物质生产，和作为动物的生命活动的生产之间有着本质的区别。动物只是按照它所属的那个种的尺度和需要来建造，而人却懂得按照任何一个种的尺度来进行生产，并且懂得怎样把自己内在尺度运用到对象上去。因此，人将自然界和自身当作认识和改造的对象，并能够利用自己的智慧创造工具，既改造自然界，也改造自身。关于第二个命题，马克思在《关于费尔巴哈的提纲》中指出：“人的本质不是单个人所固有的抽象物，在其现实性上，它是一切社会关系的总和。”马克思认为，凡是有某种关系存在的地方，这种关系都是为我而存在的；动物不对什么东西发生“关系”，而且根本没有“关系”。人类社会存在两种关系，自然关系和社会关系，人的本质离不开同自然的关系，但更重要的是由社会关系决定的，一切现实的人都是“一切社会关系的总和”。在一切社会关系中，生产关系是主要的社会关系，是“决定其余一切关系的基本的原始的关系”。在生产关系的基础上，人们进一步形成了政治的、法律的、道德的、宗教的以及行业间的等复杂的社会交往，并从不同侧面、不同层次映现着人的本质。关于第三个命题，马克思在《德意志意识形态》中指出：“他们的需要即他们的本性。”这里，马克思不仅赋予需要以前提性，而且赋予它以普遍性、永恒性和能动性。马克思还特别强调指出：“需要的发展是人的本质力量的新的证明和人的本质的新的充实。”人类发展史，就是一部人的需要即人的本性的不断改变和发展的历史。离开了人的需要，人的一切实践活动和一切社会关系都将不复存在。可见，这一命题不仅涵盖了前两个界定的内容，而且揭示了前两个界定的原因。从这个意义上说，人的需要即人的本质这一界定，是对前两个界定的综合。

马克思的这三个命题是相互统一的有机整体。把握人的本质应当贯彻三者统一的原则。一方面，一定的社会关系是人的活动的具体的历史形式，它的性质和变化都是由实践活动的性质和水平决定的；离开实践活动，就不可能产生人的社会关系，也不可能满足人的需要，人就失去了人之为人的具体本质，剩下的只是空洞的“类”的抽象。另一方面，社会关系作为人们活动的组织方式，又是人得以存在和人的活动得以进行的必要条件；

离开一定的社会关系，人和人类活动都是不存在的。在现实的人身上，实践活动是内容，社会关系是形式，人的需要是动力。只有正确地理解三者之间的内在联系，从三者相统一的基础上进行考察，才能全面把握人的本质。如何在马克思思想的基础上进一步对人的本质作出更明晰的界定？这需要澄清对马克思三个命题的误读。

第一，有一种观点认为“劳动或实践是人的本质”的命题，带有人本主义色彩，是不科学的。马克思冲破人本主义的桎梏，明确提出实践性是人与动物区别开来的本质特性。他说，人能够“通过实践创造对象世界，即改造无机界，证明了人是有意识的类存在物，……正是在改造对象世界中，人才是真正地证明自己是类存在物”。可见，把“实践”看作人的本质，是马克思的成熟观点。人的本质离不开“劳动”，但“劳动”本身并不就是人的本质，只有透过劳动现象才能把握人的本质。

第二，关于“人的本质是一切社会关系的总和”的命题，一些学者认为这个命题是马克思对人的本质的科学规定和经典表述。我们认为，人的本质离不开“社会关系”，但“社会关系”本身并不就是人的本质。马克思说：“人的本质……在其现实性上，它是一切社会关系的总和。”我们不能忽视马克思关于在其“现实性上”“总和”的规定。马克思指出，只有从人的一切社会关系入手，系统整体地考察人的本质的复杂结构即社会关系的总和，才能得出正确的结论。这个命题与其说是马克思在对人的本质下的定义，不如说是马克思提出了探究人的本质的科学方法。

第三，关于“人的需要即人的本质”的命题，有学者认为，人的需要与人的本质之间有严格的区别，不能把人的需要理解为人的本质。这里，忽视了马克思提出这一命题的背景和前提，马克思所谈的需要是与人的社会实践紧密联系在一起的。人的需要本质上是自然物质长期进化的产物，是历史地形成的，被社会物质生活条件决定着。人的需要从根本上同人的社会存在相联系，是不依赖于人的主观意志的客观必然性。还有学者把“需要”本身理解为人的本质。人的本质离不开“人的需要”，但“需要”本身并不就是人的本质。譬如，任何人都有衣食住行的需要，这些“需要”本身并没有多大的区别。正如我们无法通过一个人所吃的食物、所穿的衣服、所住的房子、所开的汽车来判定一个人的本质，他们的区别仅仅在于消费水平上的差异。但是，如果进一步分析这些需要内容的占有途径、取得方式和消费态度等，便不难发现人与人之间的巨大差别。

我们认为，人的本质可以界定为：人基于某种需要在一定的社会关系中、在所从事的实践活动过程中不断生成的历史存在物，即为我的、自觉的、社会性的实践活动过程中的生成物。人正是由于在某种动力（需要）的驱使下，在一定的社会关系里所从事的改造世界的实践活动中，才获得人之为人的真正本质，成为具体的、历史的人。根据这一界定，可以这样理解：人之所以为人，而区别于动物的最根本的特征是实践；群体之所以成为群体，而能够相互区别开来的最根本的特征，是实践中形成的不同社会关系的总和；每个人之所以为每个人，而能够彼此区别开来的最根本的特征，是基于一定的需要在不同社会关系和不同社会实践中所形成的独特个性。总之，人的本质只能在实践活动中得到生成、体现和确证。这种实践，是基于某种需要所进行的实践，而离开人的需要的实践是不存在的。

——余永跃，陈曙光. 马克思“人的本质”思想解读. 光明日报，2006-06-26

二、人生观的主要内容

【教学课堂】

步骤一　案例介绍

迷失的天才

1887 年的夏天，在美国南方的一个小镇上生活着一位年老的绅士——伊曼纽尔·尼戈先生。在一个十分炎热的傍晚，这位仪表不凡的老先生走进一家日常光顾的杂货店里买了一包烟，然后掏出 20 美金付账，接过零钱之后，尼戈先生就离开了这家小店。

炎热的空气将女店员的汗水一滴一滴挤压出来，有的流到了刚收的钞票上面，这时，20 美元的钞票上浮现出了令人惊讶的墨水痕迹。女店员不相信这位彬彬有礼的绅士会使用假钞付账，然而墨水的出现令她无法打消心里的疑虑，最终她将这张钞票交给了警察来判断。

警察也疑惑于这张钞票的真伪，毕竟除了墨迹之外，这张钞票与真钞一模一样，可若是真钞，墨迹的出现又没有合理的解释。于是，怀着强烈的责任心，几名警察对尼戈先生的住宅展开了搜查，意外发现了生产假钞的机器和刚刚生产出来的假钞，除此之外，他们还发现了几幅精美的肖像画。原来，这位老先生是一位艺术精湛的画家，也因为他精湛的技艺，所以生产的假钞十分逼真，几乎骗过了所有人，但天网恢恢，最终没能逃脱法律的制裁。

后来，尼戈先生创作的肖像画被拿去拍卖，每幅画作都拍出了5000美元以上的巨款，然而他绘制假钞和创作肖像花的时间几乎相同。

案例来源：本书编写组. 思想道德修养与法律基础（2018年版）. 北京：高等教育出版社，2018年

步骤二　问题聚焦

通过阅读案例，体会什么是人生观？人生观包括哪些内容？

步骤三　知识凝练

人生目的、人生态度、人生价值三者相互影响、紧密关联。其中，人生目的决定着人们对待实际生活的态度和人生价值的评判，人生态度影响着人们对人生目的的持守和人生价值的实现，人生价值制约着人生目的和人生态度的选择。大学生只有深刻认识人生目的、人生态度、人生价值的内涵与意义，科学理解三者的辩证统一关系，才能准确把握人生方向，树立正确的人生观。

步骤四　思维启发

每个人降生到这个世界上，便被赐予了“人生”这份宝贵的礼物。人生是一段时间的旅程，这个旅程里生命会不断地展开，不断地进行创造。人生是一段旅程，从起点到终点经历着生老病死的过程，这也是世间万物都遵循的生命过程；除此之外，人生还会不断地经历创造，这赋予了人生不同于其他生命的意义和价值。人活于世，有丰富的内心感受，有独立的精神世界，有各式各样的人生追求，有永无止境的创造，对自己的人生状

态会做出明确的判断。

人的生命旅程中也可能充满了各种各样的意外，所以人生的长度自己无法掌握，但人生的高度可以自己争取。怎样把生命过得更有意义，活出更大的价值，是每个人都会思考的问题。思考的结果不同，做出的人生选择不同，决定了人生的高度不同：有的高尚荣光，有的无耻卑劣；有的富贵有余、绚丽多姿，有的清贫悲惨、黯淡无光。

步骤五　实践拓展

实践课题：班级班会——活着是为了什么？

实践步骤：

1. 请学生思考“活着是为了什么”，并将自己的答案写出来。
2. 随机抽取几名学生公布答案，全班共同分析讨论。
3. 教师总结点评，点评时注意强调人生目的对人生道路的影响。

【延伸阅读】

蔷薇花折射的人生态度

故事一：一条马路旁边种满了蔷薇花，花团锦簇，美不胜收。一个匆忙赶路的行人经过这里，他没有时间抬头看一看这美丽的风景，就继续脚步匆匆地离去了。又一个行人经过这里，看到了这些美丽的花朵，也看到了花丛中的尖刺，感慨一番之后叹气：“唉，可惜花丛中布满了尖刺。”第三个行人到来时，看到了美丽的花朵和可怕的尖刺，随后发出了惊喜的感叹：“看哪，刺中开满了美丽的花朵！”

故事二：美丽的蔷薇花在路旁怒放，吸引来蜜蜂、蝴蝶在其中翩翩起舞，也吸引了过往行人的目光。一个行人经过这里，忍不住对美丽花朵生出爱慕之情，想伸手摘一朵，然而被花丛中的尖刺伤到手指，疼痛难忍。第二个行人本来也想摘花，看到此番情景连忙把手缩了回来，放弃了摘花的念头。第三个想要摘花的行人看见了，小心翼翼地伸出手指，避开花旁边的尖刺，摘取了其中一朵最漂亮的蔷薇。

故事三：课堂上，老师在声情并茂地讲着蔷薇花的故事，讲完之后让同学们分享自己印象深刻的部分。一位同学觉得可怕的尖刺令人印象深刻；另一位同学对美丽的蔷薇花念念不忘，仿佛看到了它们美丽的身姿；而第三位同学说，既然蔷薇花美丽，但尖刺伤人，那么我们可以培育一种不带刺的蔷薇花品种来解决这一问题。多年之后，学生们都长大了，那位提出培育不带刺的蔷薇花的同学功成名就，成为远近闻名的成功人士。

——路边开满了带刺的蔷薇花.[2021-11-20]. https://wenuen. sogou. com/z/q737682928. htm（改编）

三、人生观与世界观、价值观

【教学课堂】

步骤一　案例介绍

伟大的抱负

全世界无产阶级和劳动人民的伟大导师马克思在年纪很轻时就已经胸怀伟大的抱负。12 岁那年，马克思进入了当地数一数二的特里尔中学，学校里校长和老师都是思想开明、经验丰富的优秀人才，马克思在这所学校里如鱼得水，学习非常勤奋，像一块巨大的海绵一样不知疲倦地汲取知识，并且训练出了强大的独立思考能力。

快乐的学习时光总是过得很快，五年的中学生涯悄悄接近尾声，在毕业考试中，马克思遇到了《青年在选择职业时的考虑》的作文题目。面对这道题，很多同学在职业选择时把对名利的追求看得很重，首先考虑职业带来的收入和社会地位，而马克思则眼光长远。他觉得，一个人的幸福不该建立在个人享受上，青年应该有更崇高的精神追求，应该选择能够为全人类幸福的实现而服务的职业，只有给多数人民带来幸福，自己才能感到幸福，于是马克思在作文中写道："如果我们选择了最能为人类福利而劳动的职业，那么，重担就不能把我们压倒，因为这是为大家而献身；那时我们所感到的就不是可怜的、有限的、自私的乐趣，我们的幸福将属于千百万人，我们的事业将默默地、但是永恒发挥作用地存在下去。"

阅卷老师读了这篇作文非常吃惊，觉得文中表达的思想似乎太过夸张，难以理解，然而文章本身确实是好的，于是留下了"思想丰富，理解深刻”的评语。

那时马克思只有 17 岁，但在社会矛盾十分尖锐复杂、人民迫切要求进行革命的环境下成长起来的马克思，已经具有了为全人类谋福利的伟大抱负。他不但是这样说的，也是这样做的。他的一生，历尽千辛万苦，为自己的崇高理想而奋斗，从不退缩。

案例来源：郑福林. 心灵之窗. 呼和浩特：内蒙古人民出版社，1984 年，第 2-3 页

步骤二　问题聚焦

通过阅读案例故事，思考什么是世界观和价值观？人生观与世界观、价值观三者之间的关系如何。

步骤三　知识凝练

世界观是人们对生活的世界以及人与世界的关系的总体看法和根本观点。一个人思考生活的意义，树立追求的理想目标，确定以怎样的方式对待生活，探讨协调身与心、自我与他人、个人与社会、人与自然的关系，总是以其世界观为根据，受到其世界观的制约和影响。世界观决定人生观，有什么样的世界观，就会有什么样的人生观。价值观是人们关于价值的根本观点，对于人生观的形成和发展有重要的引导作用。价值观为人们在社会生活中判断善恶、美丑、福祸、荣辱、利害提供基本准则，人们对于人生诸多问题的认识和思考，都包含着价值判断，离不开对价值问题的探索。

步骤四　思维启发

人生观、价值观、世界观三者是辩证统一的，三者决定了一个人的人生高度、宽度和深度。一个人有怎样的世界观就有怎样的人生观，有怎样的人生观就有怎样的价值观。人生观决定你想做一个什么样的人；世界观决定了你对世界的认识，从而发展了你对人生的认识与理解，与此同时它决定了你对人和社会的认识，也就确定了你的价值观；而价值观则直接决定了你做还是不做一件事，以及你在这件事上所付出的努力。所以说人生观、价值观、世界观这三观对一个人的影响是巨大的，人生观决定了一个人的人生追求，世界观决定了一个人的思想高度，价值观决定了一个人的行为准则。

步骤五 实践拓展

实践课题：同舟共济

实践步骤：

1. 将全班同学分为人数相同的小组。

2. 按小组数量准备数份相同尺寸的报纸，每组分一张。

3. 同一个小组内的成员站在同一张纸上，尽量多站，比较哪组纸上站立的人数最多。

4. 任课教师给予点评。

【延伸阅读】

尼玛石曲：他把村民的事当自己的事

党的十九大闭幕后，作为人大代表的日喀则市南木林县南木林镇仁欧村党支部书记尼玛石曲回到家乡，却更忙了。作为远近闻名的致富能人，他几乎每周都会被其他乡镇请去宣讲十九大精神，讲带领村民脱贫的奋斗故事……

“国家政策那么好，我们要靠自己的双手来致富。”作为一名敢想、敢干、爱学习的“80后”，尼玛石曲没有满足于自家致富，而是志在改变高原山村的贫穷落后面貌，带领乡亲们集体脱贫。

十几岁时，尼玛石曲和村子里大部分同龄人一样，以放羊为生。“国家给了西藏那么好的政策，外面发展越来越快，公路修到了县里、村里，我不甘心就这样生活下去。”

21岁那年，尼玛石曲离开了羊群，从给人修理自行车开始，几年下来不仅掌握了几门技术，腰包也越来越鼓。他并没有满足于此，又组建了仁欧村施工队，带领村民承接县里的工程，小到盖房子、修仓库，大到修乡村道路、修桥。“以前，我都是外出到那曲一带打工，每年来回奔波。”施工队队员其美朗加感慨道，“在施工队一个月可以拿到4000~5000元收入，还能就近照顾家里的老人小孩。”

2011年底，村民们打电话，希望尼玛石曲担任仁欧村村委会主任，他没有犹豫，回到村里挑起重担。

村民们告诉记者，尼玛石曲上任后带着大家为村里通水、通电、修路、修桥、修水坝，村民的事就是他自己的事。

“那时村里有贫困户 62 户，很多人有手艺有技术，只是没地方经营。”和其他村干部商量后，尼玛石曲决定在县武装部斜对面修建 40 个门面房，作为村集体财产，以低廉的价格租给村民，“这样村里那些会木匠活儿、电焊的人就有了经营场所”。

门面房建好后，为了让村民的生意早点儿做起来，尼玛石曲自己出钱为残疾人尼玛多吉购买焊接工具，并传授焊工技术。压面房、藏餐馆、榨油坊等，在他的帮助下也纷纷开张。

“我现在可以焊制活动房、梯子、大门，每天平均收入 300 元左右，忙起来一天收入就有 1400 元！”在 30 多平方米的店铺里，尼玛多吉告诉记者，在村集体的帮助下，他 2014 年就脱了贫。

2014 年开始，尼玛石曲经多方调研，带领部分村民学习养蜂技艺，建立养蜂合作社，开展养蜂产业。经过几年的摸索，仁欧村的养蜂合作社逐渐红火起来。“蜂越养越多，蜜越产越好。目前，我们有中蜂 150 箱，年产蜂蜜 8000 多斤，年收入近 40 万元。”

2016 年，尼玛石曲通过与驻村工作队沟通，动员全村党员自愿筹资，成立了农牧民党员合作社。“合作社每年销售菜油 2.4 万多桶、面粉 1000 多袋，实现了‘月月有收入，家家有分红’。”尼玛石曲告诉记者，2017 年，他带头成立了仁欧村农民实用技能培训学校，主要培训农牧民种植养殖技术，截至目前已开办了 4 期培训班，培养农牧民技能人才 200 余人。同年，他担任了村党支部书记。

“除了继续投入养蜂产业，还要改造生态林卡园，增加儿童游乐项目，建茶馆、茶园，打造仁欧村乡村特色旅游……”尼玛石曲伸出手，掐算着每户的收入情况和实际困难，满怀信心地对记者说：“现在，村里还剩下 4 户贫困户，共 9 个人，今年一定要实现全部脱贫！”

——袁泉. 他把村民的事当自己的事. 人民日报，2018-05-21. http://www. gcdr. gov. cn/content_ html? id=23512

第二节 正确的人生观

【金句导言】

同人民一道拼搏、同祖国一道前进，服务人民、奉献祖国，是当代中国青年的正确方向。好儿女志在四方，有志者奋斗无悔。

——2014 年五四青年节前夕，习近平给保定学院西部支教毕业生群体代表的回信

【本节导读】

每个人都有自己的人生追求，有人追名，有人逐利，有人希望得到金钱，有人希望得到权力，而有人希望人民幸福，世界和平。人的追求也有高尚与低俗之分，科学与非科学之分，高尚的人生追求往往与奉献社会、服务人民相联系。树立为人民服务的人生观才是最先进的人生追求。

【教学情况】

教学目标：通过学习本节课程，引导学生树立服务人民、奉献社会是科学高尚的人生追求的思想。引导大学生将从事为国家、为社会做贡献的事业作为人生的最高追求，在服务他人与服务社会中获得成长和进步。

教学重点：

1. 什么是科学高尚的人生追求。
2. 怎样才能做一个有高尚追求的人。

一、高尚的人生追求

【教学课堂】

步骤一 案例介绍

铭记！四川 150 名扶贫干部牺牲

2021 年 3 月 2 日，川观新闻记者从四川省扶贫开发局获悉，精准

扶贫工作启动以来，四川已有 150 名扶贫干部牺牲在脱贫攻坚的路上。

全面打赢脱贫攻坚战，是全国人民的共同心声，虽然四川 150 位英雄无法见证这一伟大的历史时刻，但他们的贡献永载史册，国家和人民不会忘记！

我们不会忘记——2017 年 12 月 24 日，那一个平常的星期天，泸州市古蔺县太平镇走马村原扶贫干部余芬为了让贫困老乡尽早收看到电视，丈夫开车带她去村里给贫困户送电视机，途中不幸遭遇车祸，余芬没能挺过这一劫，去世了。她的日记本里记得满满的都是群众和工作。

我们不会忘记——2019 年 12 月 13 日，甘孜州德格县卡松渡乡原党委书记拉巴泽仁突发疾病离开了脱贫攻坚战场；在这之前的几天，德格县竹庆镇档木村刚刚失去了另一位因突发疾病去世的第一书记袁剑。

我们不会忘记——2016 年 3 月 8 日，总揽乐山市公路管理局工作的扶贫干部王川在前往马边彝族自治县勘察路况的路上，不幸遭遇落石而离去。20 年间，王川先后跑了 80 万公里，越野车跑坏 3 辆，他夜以继日地为老乡修路、找路、通路，为的就是让世世代代被大山所困的乡亲们早点走出大山，摆脱贫困。

我们不会忘记——南充市顺庆区大林镇李家坝村原党支部书记李和林去世前一天，让妻子背他上楼最后看一眼村子；美姑县九口乡四峨吉村原驻村第一书记蒋富安，生前曾说自己的快乐就是乡亲淳朴的问候和充满希望的眼神；甘孜州色达县歌乐沱乡原专职纪委副书记兼专武部长八足乌合，在脱贫攻坚普查期间由于过度劳累诱发高血压，引起颅内出血，去世时年仅 35 岁……

青山有幸埋忠骨，绿野无垠伴英魂。以生命赴使命，用精神筑丰碑。这 150 位牺牲的扶贫英雄，用自己的行动践行“全面小康路上，不落一户一人”的郑重承诺，深刻诠释了共产党人的初心使命和对扶贫事业的忠诚担当。

150 名英雄，150 座丰碑，闪闪发亮的名字永远镌刻在巴山蜀水间。

案例来源：侯冲. 铭记！精准扶贫以来，四川 150 名扶贫干部牺牲. 川观新闻，2021-03-03. https：//baijiahao. baidu. com/s? id = 1693177070764513376& wf2 = spider&fo2 = pc

步骤二　问题聚焦

案例中的扶贫干部拥有什么样的人生观？他们是如何用科学高尚的人生追求、积极进取的人生态度创造出有意义、有价值的人生的？

步骤三　知识凝练

人生因奉献而出彩！150 名扶贫干部牺牲在脱贫攻坚战场，把他们的青春奉献给了四川，用他们的精神感动时代，用生命谱写了一首爱国奉献的宏伟乐章，实现了“服务人民，奉献社会”的崇高追求，人生因此焕发别样光彩。当代大学生要担当起时代赋予的历史责任，只有把自己的小我融入祖国的大我、人民的大我之中，与历史同向、与祖国同行、与人民同在，才能更好地实现人生价值、升华人生境界。

步骤四　思维启发

每个人的价值不是由个人决定的，其评判标准来自社会，而社会评判一个人的价值时，衡量的是个人对社会的贡献大小，贡献越大，说明人生价值越大。

步骤五　实践拓展

实践课题：制定新生入学规划

实践步骤：

1. 组织学生会活动，联络高年级学生介绍经验，帮助新生尽快适应大学生活，确立大学目标，制定生活、学习规划。

2. 组织新入学的同学在一个月内制定出自己的生活规划，包括每个阶段的学习目标。

3. 将各自的生活规划寄回家，请家长阅读并提供反馈。

二、积极进取的人生态度

【教学课堂】

步骤一　案例介绍

安放西部的青春与梦想

2000 年，为响应国家西部大开发的号召，河北保定学院的 15 名品学兼优的毕业生毅然放弃多家用人单位的录用及继续深造的机会，带着户口来到万里之遥的新疆维吾尔自治区且末县中学任教。截至 2013 年，这所学校已有 97 名毕业生在新疆、西藏、贵州、重庆、四川等地基层工作。虽然条件艰苦，但十几年来没有一人退缩，全部扎根在西部大地，参与见证了西部的改变和发展。他们的事迹经《光明日报》报道后引起广泛关注。近日，这批西部支教毕业生群体代表给习近平总书记写信，汇报了他们的工作和生活情况：一个人的选择只有契合时代要求、符合人民需要，才会有意义、有价值。

2002 年，保定学院 10 名毕业生来到西藏自治区南木林县时，整个县城也就百十来户。没有宿舍，他们就住在学校河对岸一个废弃的车队院里，两个人挤在五六平方米的狭小空间内。2002 届毕业生、南木林县一中数学教师徐建旺见证并参与了县一中和整个南木林县的发展。他回忆说，当时大家一起去河里打水做饭，一起走过有 500 年历史的铁索桥去学校上课，一起去藏族老师家做客；没有电视，大家就每天晚上聚在一起听收音机，交流新学会的藏语，买到一本好书大家轮流看。至今，在日喀则市任教的保定学院毕业生达 12 人。

新疆维吾尔自治区巴音郭楞蒙古自治州教育局前副局长克尤木·买买提曾这样表达对保定学院的敬意：“从 2000 年到 2013 年，保定学院陆续为巴州输送了 65 名毕业生，他们不是普通的志愿者、援疆人员，而是全部在这里扎了根。这些老师不仅带来了先进的教育理念，更带来了一种无私奉献的高尚境界，为巴州的教育事业作出了很大贡献。”“只有荒凉的沙漠，没有荒凉的人生！”14 年来，正是新疆且末这片沃土滋润了他们的成长，让他们更加坚信那里才是他们实现人生价值的地方。

案例来源：本书编写组. 思想道德修养与法律基础（2018 年版）. 北京：高等教育出版社，2018 年

步骤二 问题聚焦

通过阅读本案例，如何理解“只有荒凉的沙漠，没有荒凉的人生”？保定学院毕业生是如何实现他们的人生价值的？

步骤三 知识凝练

青春在奉献中绽放！保定学院毕业学生，扎根西部十余年，把他们的知识留在了边陲，用他们的精神感动着人民。他们不畏艰难、恪尽职守，展现了当代大学生爱国奉献、勇于担当的高尚情操。当代大学生要把自己的理想与中华民族伟大复兴的中国梦结合起来，确立起契合时代要求，符合人民需要的真正远大目标，才能彰显出人生的真正价值。我们应学习他们践履笃行、乐观向上的思想境界；学习他们自强自立、勇立潮头的进取意识；学习他们淡泊名利、无私奉献的优秀品格。

步骤四 思维启发

一个人具有什么样的价值，从根本上来说是由社会决定的，而社会对一个人的价值判断，主要是以他对社会所做的贡献为标准的。个人对社会和他人的生存和发展贡献越大，其人生价值也就越大。著名哲学家尼采认为“生命的意义不在于活得长久，而在于活得伟大，活得高贵，活得有气魄”。爱因斯坦认为：“一个人的价值，应当看他贡献什么，而不应看他取得什么。”可见，人生的价值由对社会的责任和贡献体现出来。

步骤五 实践拓展

采取问卷调查的形式，在学生中展开随机采访调查，了解高校内大学生所认为的高尚进取的人生态度和人生追求是什么，并汇总结果，开展关于高尚人生追求的讲座。

【延展阅读】

李宗贤：答好人生每一段的考卷

今年9月，李宗贤终于成为北京大学信息科学技术学院的一名研究生。走进北大，他用了4年的时间。

大一时，李宗贤就给自己制定了一份长达 4 年的考卷，今年也是他交卷的日子，在北大开学典礼的礼堂中，他用实力在自己的考卷上考了 100 分。

这份考卷的起因是李宗贤高考失利，没有考入自己理想的学府。李宗贤也是幸运的，他被北京信息科技大学的智能科学与技术专业录取后，正好有机会参与最火的人工智能的研究。

在大学慢慢学习摸索的过程中，李宗贤将主要精力用于自我价值的提升。大学期间，李宗贤必修课平均学分名列自动化学院智能专业 2013 级第一名，荣获了包括全国机器人锦标赛、华北五省机器人竞赛等权威机器人竞赛的一、二等奖，以及华为杯智能设计竞赛全国三等奖在内的各种科技创新奖。他在已有研究的基础上提出一种“基于 RBM 无监督学习的卷积神经网络（CNN）预训练方法”，研究成果论文被 CSIP 2016（国际认知系统与信息处理大会）收录，提交 EI 检索并申请专利权。2015 年，李宗贤代表北京信息科技大学赴武汉参加 2015 中国自动化大会并作大会分组学术报告，还代表自动化学院赴济南参加全国智能制造高峰论坛。这份考卷，他的答案让人满意。

大一时，李宗贤也曾迷茫过。父亲对他说，如果迷茫就去做好眼前的事。高考的失利让他明白，只有每一步都踏实努力才能收获成功。当时他给自己定下一个目标：考研，考入中国最好的学府。

为了让自己学习的知识更扎实，基础更厚重，大一时李宗贤就成了第一批进实验室的学生。“那时候自己还什么都不懂，整天跟在师兄身后问这问那。”回忆起那段时光，李宗贤笑道，“跟着师兄在实验室里学习的日子，是我进步最快的时候。”李宗贤几乎把所有的时间，甚至暑假都用在了实验室和图书馆，他进步很快，慢慢地开始和师兄、同学一起去参加比赛。

2015 年，李宗贤代表北京信息科技大学赴武汉参加 2015 中国自动化大会，所作的分组论文报告得到在场专家们的一致认可。在这次大会上，他结识了很多圈内的教授和老师。会后，他根据资料和实验调试，又对之前的算法做了新的改进，这次申报了国家发明专利，并拿到了软件著作权。

2015 年 12 月，李宗贤代表学校去深圳参加全国青年人工智能创新创业大会并作项目路演时，得到了清华大学智能技术与系统国家重点实验室一位教授的赏识，李宗贤也由此在清华大学国家重点实验室开始了半年的科研实习。这半年，让李宗贤第一次真正感受到世界名校严谨的学术态度和浓厚的学术氛围。

北大的研究生学习也远远没有预想的轻松。由于是跨专业考生，北大的课程进度之快、难度之大、理论之深让李宗贤面临着巨大的挑战。在课后，他又把自己投入到不停的自学和实验中去。他说，自己的天赋不高，只有更加努力才行。

新学期开学，李宗贤的父母也专门到北大看望儿子。这次，李宗贤又给自己制定了一份考卷。他希望3年后，自己仍然以满分交卷毕业。他在朋友圈说："搬砖生活正式开始！新的挑战即将拉开序幕，愿未来的自己，不忘初心、砥砺前行！"

回想起自己从一个实验室"小白"到荣获各类专业技能奖项，再到获得北大研究生录取通知书，李宗贤说："我不知道什么叫优秀，但我尊重所有那些为自己的信念而努力的人；我敬仰那些有着自己的生活，快乐而幸福的人；我崇尚那些在满足自我的过程中不断给同类创造快乐，或分享快乐的人。每一个独特的生命，都值得欣赏。"

——蔡宁宁，樊未晨. 李宗贤：答好人生每一段的考卷，中国青年报，2017-11-06，第12版

三、人生价值的评价与实现

【教学课堂】

步骤一 案例介绍

案例一 卢永根教授人生价值的评价

2019年8月，华南农业大学的卢永根院士病重离世，与世长辞。他把他的一生，奉献给了作物遗传学的教学和研究工作。生前，他保存了华南地区独特的野生水稻基因库，动员了大批优秀学者归国奉献，为教育事业鞠躬尽瘁，并将毕生积蓄无偿捐赠给了自己工作一生的华农，用于奖励贫困学生与优秀青年教师，支持教育事业；离世后，他将自己的遗体无偿捐献给医学科研和教育事业，为国家做出了最后的贡献。他是"到死丝方尽"的春蚕，是"成灰泪始干"的蜡烛，是"更

护花”的春泥，为祖国和人民完完整整地奉献了自己的一生。

对外，卢永根院士慷慨捐赠；然而对于自己，他却坚守了一生的艰苦朴素。卢院士家里几乎没有添置一件昂贵的电器，一直用着几十年前的老式收音机、旧沙发；耄耋之年，卢院士家里没有请过一位全职保姆，吃饭常常自己在学校食堂解决。

他说:“党培养了我，将个人财产还给国家，是我最后的贡献。”卢永根的秘书赵杏娟说：“钱都是老两口一点一点省下来的，对扶贫和教育，两位老人格外慷慨，每年都要捐钱。”

案例来源：根据 2017 年度感动中国人物事迹编写

案例二　“人民英雄”张定宇：追赶时间的人

“我从没想过做英雄。是所有人一起做出了牺牲与贡献，而我仅仅是他们中的一分子。”面对“人民英雄”的国家荣誉称号，张定宇这样说。

1963 年出生的张定宇现任湖北省卫健委副主任、武汉市金银潭医院院长。2018 年，他被确诊患上渐冻症，双腿日渐萎缩。

新冠肺炎疫情暴发后，张定宇以“渐冻”之躯冲锋在前，拖着高低不平的脚步追赶时间，带领医院干部职工救治了 2800 余名患者，其中不少为重症、危重症患者。

武汉市金银潭医院是最早接诊新冠肺炎患者的定点医院，收治的病人全部为重症和危重症患者，是抗击疫情的最前沿。身为院长的张定宇日夜坚守，果断决策，处理得当，带领全体医护人员，为抗击疫情做出重要贡献。在新冠肺炎疫情袭击武汉时，张定宇隐瞒了自己的病情，也无法照顾已感染新冠肺炎病毒的妻子，一直坚守在抗疫一线。从医 30 余年，每一次在患者和自己之间做选择，他都选择了以患者为先。

他曾随中国医疗队出征，援助阿尔及利亚；2011 年除夕，作为湖北第一位“无国界医生”，他出现在巴基斯坦西北的蒂默加拉医院；2008 年 5 月 14 日，四川汶川地震后，他带领湖北省第三医疗队出现在重灾区什邡市……

共产党员、院长、医生，“无论哪个身份，在这非常时期、危急时刻，都没理由退半步，必须坚决顶上去！”张定宇说。

“能够工作是很幸福的，能够帮助到他人也是很幸福的。”张定宇说。他至今还穿着那身白大褂，踩着一深一浅的脚步，每天忙碌于出院患者的跟踪随访工作。

“每个人都在做一些牺牲，牺牲自己小小的自由和利益，来抗击这场疫情。这时候特别能感受到祖国的强大。”他说。

案例来源：侯文坤．追赶时间的人——记“人民英雄”国家荣誉称号获得者张定宇．新华网，2020-09-10．http：//www．xinhuanet．com/politics/2020-09/10/c_1126479209．htm

步骤二　问题聚焦

客观、公正、准确地评价社会成员人生价值的大小，除了要掌握科学的标准外，还需要掌握哪些恰当的评价方法？

步骤三　知识凝练

卢永根教授，终生致力于科研工作，并将毕生积蓄捐出，设立学校教育基金，用于奖励那些贫困学生和优秀青年教师。对于扶贫和教育，他始终慷慨无私，这正是卢老正确人生观的体现。人生观决定着人生道路的方向，也决定着人们行为选择的价值取向和用什么样的方式对待生活。卢永根用其正确的人生观指导着他的实践。他的作为，有益于社会，有益于人民和国家，他为社会奉献出了自己的一份力量。服务人民，奉献社会，这是卢永根的人生信条，也是大学生应有的信念和追求。

步骤四　思维启发

人们常说，态度决定一切，因为一个人的态度决定了他的做事风格和思考问题的角度，进而决定了他的人生走向。虽然每个人拿到的人生剧本各不相同，但每个人的生活多多少少都会出现这样或那样的问题与阻碍，没有谁可以享受一帆风顺的生活。人生在世，总避免不了要承受一定的艰辛，遭遇一定的挫折，这些事情我们没有办法改变，但是我们可以掌控自己，保持积极的人生态度，才能活出精彩的人生。

步骤五　实践拓展

实践课题：演讲比赛——什么样的人生最精彩？

实践步骤：

1. 推选 1 名学生担任主持人。

2. 明确演讲比赛的具体规则和主题要求。

3. 推荐 3~5 名同学担任评委，任课教师担任总评委。

4. 抽签决定比赛同学的演讲顺序。

5. 选手按照顺序进行演讲比赛。

6. 选手比赛结束后，由任课教师对演讲活动进行点评，并做总结性发言。

7. 主持人宣布比赛结果。

【延伸阅读】

“大国工匠”胡双钱：35 年无悔的坚守

我国是一个制造大国、制造强国，而支撑起制造工业脊梁的始终是工匠和工匠精神。如果没有这些令人敬佩的工匠和深入人心的工匠精神，那么我们制造强国的梦想将永远不能实现。

时代发展需要大国工匠，下面我们就来讲述一位大国工匠——钳工胡双钱的故事。胡双钱是中国商飞大飞机制造公司的首席钳工，从业三十余年间，数十万件的飞机部件经他的双手加工成型，没有出现一次质量差错。如今，他已经是车间里年纪最大、资格最老的职工，仍然兢兢业业地工作在生产一线，殚精竭虑地忙于项目技术攻关，尽心尽力地培养年轻工人。精益求精的工匠精神为他带来了各种名誉，“全国劳动模范”“五一劳动奖章”“上海市质量金奖”“全国敬业奉献模范”的荣誉都找上了他。

在中国民用航空工业生产一线，很少有人能比老胡更有发言权。1980 年，从小就喜欢飞机的胡双钱刚刚进厂，就见证了中国人在民用航空领域的第一次尝试——“运十”首飞。然而喜悦还没散去，“运十”由于多种原因最终下马。原本聚集了中国航空精英的上海飞机制造厂突然冷了下来。当时，厂门口停满了上海各大工业企业招聘技术员工的专车。作为航空钳工的胡双钱也收到了邀请，私营企业的老板甚至为他开出了 3 倍工资的高薪，但胡双钱拒绝了。就这样，胡双钱留了下来。2006 年，中国新一代大飞机 C919 正式立项，中国人的大飞机梦再次被点燃，胡双钱也觉得实现自己梦想的时候到了。大飞机的制造让胡双钱又忙了起来，他加工的零部件中，最大的将近 5 米，最小的比曲别针还小。胡双钱不仅要做各种各样形状各异的零部件，有时还要临时"救急"。一次，急需生产一个特殊零件，从原厂调配需要几天的时间，为了不耽误工期，只能用钛合金毛坯来现场临时加工。这个任务交给了胡双钱，他要在价值 100 多万的零件上打 36 个孔，孔的大小不一，精度要求是 0.24 毫米，相当于一根头发丝的直径。这个本来要靠精细编程的数控车床来完成的零部件，在当时却只能依靠老胡的双手和一台传统的铣钻床，连图纸都没有。打完这 36 个孔，胡双钱用了一个多小时，这场"金属雕花"的零件一次性通过检验。

要做好一件事，不难；要做好一天的工作，也不难。但是，要在 35 年间，不出差错，做好每一件事却是难上加难。对于这个令人震惊的纪录，胡双钱很淡定，没有什么豪言壮语，有的只是平淡的两个字：用心。回望走过的路，胡双钱感慨地说："勤奋刻苦为我赢得尊严，技艺精湛让我收获荣誉，我为自己是一名航空技术工人而感到自豪。"

——哲良."大国工匠"胡双钱：35 年无悔的坚守. 大飞机，2015 年第 2 期，有删改

第三节　创造有意义的人生

【金句导言】

只有进行了激情奋斗的青春，只有进行了顽强拼搏的青春，只有为人民作出了奉献的青春，才会留下充实、温暖、持久、无悔的青春回忆。

——2013 年 5 月 4 日，习近平在同各界优秀青年代表座谈会的讲话

【本节导读】

我们的生活中存在很多矛盾体，许多事情有好的一面也有坏的一面，客观事实我们无法改变，但对待这些矛盾体的看法却由我们决定。正确看待人生矛盾是快乐生活的关键。面对生活中的生死、得失、荣辱、苦乐等，

我们应当如何处理，怎样正确地处理都是值得我们思考和学习的内容。

【教学情况】

教学目标：通过学习本节内容，引导学生思考如何正确对待人生中的矛盾。

教学重点：正确处理人生中的矛盾，确立正确的人生态度。

一、辩证对待人生矛盾

【教学课堂】

步骤一 案例介绍

轮椅上“走”出精彩人生

侯晶晶是一位杰出的女性，身后背负了一串金光闪闪的头衔和荣誉：名校博导、残联副主席、中共十九大代表、中国十大女杰……然而，她最为人熟知的身份是我国第一位“坐在轮椅上的女博士”，她对自己身份的定位是一名普通的高校教师。在她心里，自己只是一个普普通通的人，做的是自己分内的工作，所有的荣誉都只是偶然的命运馈赠。

1975 年出生于安徽当涂的侯晶晶，从小就展示出对学习的迷恋。她在 4 岁幼龄时就进入小学读书，之后展现了超强的学习天赋，首次考试就取得语文数学双双满分的成绩。品学兼优的侯晶晶，在学校无忧无虑地度过了几年的幸福时光，然而有一天她被厄运侵袭，双腿永远地失去了自由行动的能力，瘫痪在床。侯晶晶的生活一下子从云端跌落，甚至一度想要放弃生命。

好在侯晶晶挺了过来，父母浓烈的爱给了她坚持的力量，书中的文字唤起了她对生活的热爱，她不再自暴自弃，重新拿起书本在家学习。孱弱的身体给她的学习带来了常人无法想象的困难，坐一会儿就需要把腿放直按摩一会儿，不然就会浮肿；由于双腿没有知觉，冻伤、烫伤成了家常便饭，等发现时可能已经血肉模糊。

克服了重重困难，侯晶晶用了八年时间在家自学完成中学各科课程，坐着轮椅进入了自学考试的考场，高分通过了英语本科十七门课程的自学考试，其中基础英语这门课程更是考取了全市第一名。坚强的侯晶晶并没有满足，她朝着更高的目标继续努力，考取了南京师范大学的研究生，硕士毕业后又考取了博士研究生继续深造，最后留在南京师范大学做了一名高校老师。

了解侯晶晶的人都称赞她有钢铁般的意志力，而在她看来，自己做的无非是朝着正确的方向一直努力。她一直清楚自己的目标方向所在，每天即使只有点滴行动，也一点一点拉近了自己与目标的距离，就是这样的态度，使得她一步一步走到了今天的位置。

人生起起落落是常态，没有谁能保证永远一帆风顺。重要的是，无论处在什么境遇，都要认清自己的奋斗方向，朝着它一直走，最终总会到达目的地。

案例来源：侯冠宇. 侯晶晶：轮椅上“走出”精彩人生. 中国青年报，2007-02-24（改编）

步骤二　问题聚焦

侯晶晶是如何乐观面对人生中所遭遇的苦难的？我们应该如何辩证地对待人生矛盾，树立起正确的顺逆观？

步骤三　知识凝练

人生百态，充满了各种矛盾。面对矛盾，人们展现的人生态度迥异，有积极的，也有消极的。以积极的人生态度面对矛盾的人，不会纠结于矛盾表面，而是透过表象找到矛盾的本质，然后针对本质问题积极化解，消除矛盾双方的对立，在此过程中推动人生继续向前。以消极态度面对矛盾的人，由于害怕矛盾和急于摆脱矛盾，从而表现出两种极端的反应：要么完全回避，不管不顾，把遇到的矛盾归结于命运安排；要么简单粗暴地排斥不同，最后不但没有及时解决矛盾，反而使得矛盾更加激化。所以说，态度决定人生。

步骤四　思维启发

人们形容一个人健康的状态，经常说“身心健康”，也就是身体和心理都很健康。身体健康，指的是身体机能正常，生理组织无恙。心理健康，指的是情绪稳定，精神状态积极向上。二者相辅相成，共同影响人的生活。

步骤五　实践拓展

实践课题：学会与他人和谐相处——个人与他人和谐状况调查

实践步骤：

1. 组建小组，由 3~5 名同学组成调研小组。
2. 通过讨论确定小组分工、确定调查方案和步骤。
3. 讨论确定调查问卷。
4. 按照分工实施调查。
5. 对调查内容进行分析讨论，提出与他人和谐相处的建议，撰写调查报告。
6. 提交约 3000 字的调查报告和汇报演示稿（PPT）。
7. 学生做课堂展示汇报。
8. 任课教师点评总结，并评定成绩。

【延伸阅读】

研究生背不动“小偷”的包袱

2003 年一个闷热的暑假夜晚，距离开学日期还有十几天，学生们尚未返校，此时，空无一人的某高校宿舍发生了一起盗窃案。这是一个研究生宿舍，住在里面的三名研究生分别是赵某某、王某某和李某。

几天以后，赵某某第一个返校，发现自己的钥匙无法打开宿舍的锁，而且房门上贴了一张莫名其妙的留言条，写着：“某某，如果我不在，到实验室找，我 8 月 20 日回去，昨刚回来。”落款是自己的名字。疑惑的赵某某找到了值班员撬开门锁，然后惊讶地发现屋内被翻得一片狼藉，抽屉、柜子纷纷被撬开，清点物品发现自己的毕业证书、英语证书、食堂的就餐卡全部被盗。他连忙联系了学校保卫处和剩下的两位室友。

室友回来后也发现了证书、餐卡、衣物等的损失，室友李某的失物中还有一张银行存折，然而奇怪的是，李某去银行挂失时发现存折里的钱被取出了，说明存折的密码已经被盗贼成功破译了。这个发现让他们把怀疑的对象指向了内贼，因为李某的存折密码只有熟人才知道，再加上署名赵某某的留言条，以及赵某某最早返校的事实，大家开始怀疑赵某某就是盗贼。

被怀疑的赵某某感受到了巨大的压力，被压得坐立不安，精神紧张，而这些更引起了大家的怀疑，觉得他做贼心虚了。越紧张越被怀疑，越被怀疑就越是紧张，恶性循环之下，赵某某很快承受不住，开始变得精神恍惚，疑神疑鬼。就这样，日子很快来到了开学的前一天。

这天下午，室友李某回到宿舍发现门被反锁，喊人发现室内无人应声，无奈只好破门而入。然而门后的可怕景象让人目瞪口呆：赵某某已经双眼紧闭，脑袋低垂着悬挂于床梁，以这种憋屈的方式结束了自己短暂的人生旅程。然而，以死自证清白的赵某某肯定没想到，他的做法让人们更加相信自己的猜疑，因为赵某某“畏罪自杀”了。

开学后，人们对赵某某自杀事件议论纷纷，有的认为他是因为盗窃畏罪自杀，有的则提出疑问说他没必要偷取同学的证书，没有犯罪动机呀，然而谁都没有证据证实自己的猜测。事情就这样沉寂了下去，直到两年之后，民警在为一位名叫李某的年轻人办理身份证时，发现他与档案中的照片判若两人，随后继续侦查，终于揪出了赵某某宿舍盗窃案的真凶。原来这名青年也是该高校的学生，当年因为挂科太多毕业不了，于是想要偷取别人的毕业证书冒名顶替，作为同一个学校的同学，他也认识那个宿舍里的同学，知道他们的名字……这，就是那场盗窃案的真相。

赵某某无辜冤死，成为他家人心中永远的伤痛。

——刘强. 研究生背不动小偷的包袱. 大学生·中国校园，2006 年 5 月，有删改

二、反对错误人生观

【教学课堂】

步骤一　案例介绍

富与贫之间，他用追求践行初心

李向群，男，汉族，海南省海口市琼山区人。1978 年 9 月出生，

1996 年 12 月入伍，1998 年 8 月加入中国共产党，上等兵军衔。

李向群的家庭拥有百万资产，他在优越的生活环境中长大。受到父母、老师的良好教育和影响，从小爱学习，爱劳动，能吃苦，守纪律，品学兼优，多次被评为“三好学生”和优秀班干部。他家富不忘报国，立志献身国防事业。1998 年长江流域抗洪抢险战斗中，他主动参加抢险突击队，带病顽强拼搏，4 次晕倒在大堤上，因劳累过度壮烈牺牲，被中央军委授予“新时期英雄战士”荣誉称号，全军挂像英模。

案例来源：根据网络资料编写

步骤二　问题聚焦

请结合李向群事迹谈谈你对人生观、价值观的认识?

步骤三　知识凝练

抗洪英雄李向群，家有百万资产，但他却放弃舒适的生活条件和经商赚钱的机会，毅然从军入伍，接受部队的磨炼。追寻烈士成长的轨迹，思考烈士英勇的人生，我们清楚地看到：这一切是英雄李向群正确的人生价值观使然。正确的人生观指导着人们的生活方向，影响着人们的道德品质和道德行为，对一个人的成长成才与社会进步发展有着重要影响。一个人如果“养成”错误的人生观，就会事业无成，碌碌无为；就会失去敬畏与善良，思想卑鄙邪恶……但是在现实生活中，因为种种原因，还存在着拜金主义、享乐主义和极端个人主义等种种错误的观念和看法。我们必须坚决抵制和反对错误的人生观，树立正确的人生观。

步骤四　思维启发

某年《非诚勿扰》节目中，一位女嘉宾“金句”频出，其中一句“我宁愿坐在宝马车里哭，也不愿坐在自行车后面笑”引起了社会的轩然大波，引发了全社会的关注和批判。而造成此“雷人”言语产生的根本原因在于其本人已经被拜金主义所侵蚀，把金钱作为衡量人生价值的唯一标准。

步骤五 实践拓展

实践课题：请举例说明身边一些错误人生观，并发表自己的观点。

实践步骤：

1. 任课教师总结归纳课程要点。
2. 任课教师再次提问：你能列举出事例吗？
3. 结合正反面事例，任课教师说明树立正确人生观的重要性。

【延伸阅读】

利己主义再精致，也是粗鄙的模样

五四运动100周年之际，引发了人们对风云激荡时代的回望，也带来了人们对一代代青年历史责任的再思考。

一段时间以来，当80后、90后的新生代登上历史舞台，人们就一直有着年轻人成为“精致的利己主义者”的忧虑，而这个词也进入了公共话语的“词典”。高智商、世俗、老到，这是精致利己主义者的画像。在社会生活中，把个人利益当作人生唯一驱动力，原则、信念都可以为了利益让路，一味追求做事的性价比，这样的人生能走多远？这样的人生会有多累？

不利他，无以利己。社会关系是建立在交往协作基础上的，这是社会能称之为社会，能够庇护所有个体的前提所在。真正的社会化，不是在社会中获得个人利益最大化，而是已经充分明了个体命运与社会命运存在深切的关联。

速生林终究长不高，抄近路终究走不远。精致利己主义的问题，就在于不问“该不该”，只想个人名利“值不值”。一个人如是，一个群体如是，整个社会如是，就很容易造成道德的滑坡与倒退。这是聪明的羁绊，也是利益的陷阱。人是需要一点信仰的。现实生活中，一些党员、干部出现这样那样的问题，说到底是因为信仰迷失、精神迷失，迷失在一己私利中。

习近平总书记在中共中央政治局第十四次集体学习时强调，要回答好为什么当代中国青年运动的主题是为实现中华民族伟大复兴的中国梦而奋斗，为什么当代中国青年必须把个人理想融入中华民族伟大复兴的理想和中国特色社会主义思想中，找准当代中国青年运动在党和国家工作大局中的着力点，激励广大青年在各行各业发挥生力军和突击队作用。

如果能将个人的生涯与历史的嬗变、时代的进步融为一体，这既是个人的幸运，也事关公众福祉。这就要求青年有一个足够长远的时间观和足够全面的世界观。光盯着眼前的一草一木、一城一池，收获也就仅此而已；然而将个人小梦与民族复兴之梦串联汇聚在一起，把国家与人民真正连为一体，所能实现的成就、所能体会的幸福就将无限大。

今天，我们重温100年前那段激情燃烧的岁月，重新省思五四精神，就是要更加正确地树立自己的社会观，将远大理想与脚踏实地统一起来，用坚定的信仰书写奉献的青春。

——张炎. 利己主义再精致，也是粗鄙的模样. 光明日报，2019-04-23

三、成就出彩人生

【教学课堂】

步骤一　案例介绍

任正非穷苦出身，43岁创业，如今为国争光！

1944年10月25日，任正非出生于贵州省镇宁县的一个贫困山村。他的父母是农村中学教师。任正非家里有六个兄弟姐妹。任正非小时候家里很穷，成年后，他考入重庆建筑工程大学（现并入重庆大学），毕业后就职于建筑工程单位。为了建设从法国引进的辽阳化纤总厂，他应征入伍，加入基本建设工程师的行列。

1983年，国家调整建制，撤销基建工程兵。任正非从军队调到了我国改革开放试验田深圳，担任南友集团电子公司的副总经理，南友集团是当时深圳最好的企业之一。但是他的工作并不顺利，任正非工作中被骗，导致公司200万贷款收不回来，结果被炒了鱿鱼，失去了经济来源。

1987年，43岁的任正非由于生活所迫，找朋友凑了2.1万元在深圳注册成立了华为技术有限公司，任正非将公司起名为“华为”，寓意“中华有为”！

创立初期，华为靠代理香港某公司的程控交换机获得了第一桶金。

任正非凭借深圳特区信息方面的优势，从香港进口产品到内地，以赚取差价——这是最常见的商业模式，对于身处深圳的公司而言，背靠香港就是最大的优势。

在销售设备的过程中，他看到了中国电信行业对程控交换机的渴望，同时也看到整个市场被跨国公司所把持。此时，国内在程控交换机技术上基本处于空白。任正非敏感地意识到了这项技术的重要性，他将华为的所有资金投入研制自有技术中。从此任正非摆脱了“代理商”头衔，踏上了企业家的道路。

1991 年 12 月，首批 3 台 BH-03 交换机包装发货。1992 年，华为交换机批量进入市场，产值达到 1.2 亿元，利润超过 1000 万元。1999 年，华为员工达到 15000 人，销售额首次突破百亿，达 120 亿元。自 2000 年起，华为开始在海外市场全面拓展，包括泰国、新加坡、马来西亚等东南亚市场以及中东、非洲等区域市场。2018 年至今，华为的发展越发“凶猛”，在电子科技行业的地位已经位列世界前三。

华为是我们国家的自主品牌，华为的科技实力名列世界前茅，像任正非这样的民营企业家，他们在创业的同时，依然保持着高度的爱国情怀，华为是国企的领头羊，是国人的骄傲！

案例来源：任正非与华为的故事！穷苦出身，43 岁创业，如今为国争光！洋洋财经. 2019-06-02，https：//baijiahao. baidu. com/s？id=1635154459487747680&wfr=spider&for=pc

步骤二　问题聚焦

通过案例，明白什么是精彩人生？用什么样的人生态度和信念追求以及不懈实践才能创造出有益于社会的、有意义的人生？

步骤三　知识凝练

人生在世，要活出自己的价值。任正非的成功昭示当代大学生，一个人创造自己的出彩人生不在于他的起点和背景，也不在于学历和专业，更不在于外在形象，只要努力拼搏奋斗，就一定能实现梦想。

步骤四　思维启发

无论是身家过亿的老总还是生活平凡的清洁工，他们都有自己的人生价值。人生价值不分高低，只论是否充分地实现。人们是在实践中根据一定的主客观条件去实现人生价值的，我们既要认清自己实现人生价值的条件，也要学会正确评价自己的人生价值，努力提高自身的综合素质，为实现自己的人生价值打好基础。

步骤五　实践拓展

实践课题：做有价值的人

实践步骤：

1. 教师在课堂播放“感动中国”视频，请学生讨论什么是人生的价值。
2. 将学生按座位分出小组，每组派代表阐述小组讨论的结果。
3. 教师对学生的发言进行总结，引导学生建立正确的人生价值观。

【延伸阅读】

在繁花似锦之中，能向万里无寸草处行

——中南大学法学院优秀学生标兵尹玉涵

尹玉涵，女，中共预备党员，汉族，1996 年 10 月出生，江苏南京人，现为中南大学法学院 14 级卓越法律人才试验班学生。曾担任校团委湘港澳台办公室主任、校志愿者、班级团支书、团学会干事。2015-2016 学年加权成绩排名年级第 3，综合测评成绩排名年级第 1。尹玉涵说，她一直在追求成为一个卓越法律人。卓越，是因为这个班所带来的外部期待，更是她想要突破自我、升华人生的内在要求。

卓越是什么？

志向宏大也不忘体察细微　关注现实也不失赤子之心

她是第一批成为预备党员的，从《马克思恩格斯选集》读起，读书笔记已达万字，参加中南大学第三次学生代表大会献言献策。她严格要求自己，18 项各类荣誉是对她的努力最好的佐证。她的心被法学牵绊着，北大教授苏力老师当初说：“我们如果不为弱势群体而疾呼，那么作为知识分子

我们的责任感何处安放？”她立志学好本专业，未来能够成为法学学者，更多地为弱势群体发声。她无时无刻不关注着国际时政与中国新闻，从法学到政治，从社会到经济，她与老师、同窗探讨辩论。

尹玉涵总提醒自己，留心身边事，留住真诚与善良。在校青年志愿者协会担任志愿者期间，她参与过大大小小二十余次志愿活动。

潜心钻研也积极投身实践　出类拔萃也一直砥砺前行

尹玉涵始终记得当初进入大学时对自己的要求——学好专业是立身之本。这种好，既在成绩上有所体现，她入学以来专业成绩排名第一；而更多则表现在法学之知识体系、法学之思维逻辑、法学之表达书写上，她既可与老师争锋讨论，亦可就任何问题阐述法学观点。一切源于衷心的热爱，她读完教科书又去找其他专业书籍研究，完成课内要求又自己设置任务去做。于是你常可以看到，她在课堂上发表超出学习范围的观点，她学到新知识、接触新观点时闪光的眼神和奋笔疾书的身影。

尹玉涵也注重参与各种实践活动，加入各类学生组织。模拟法庭、案例分析她总是抢最重的担去挑，因为可以学到最多；院辩论赛她参与班级组建的团队，一路打进决赛摘得冠军；创业项目获得国家级立项、创新项目获得校级立项。她坚信，人生的精彩绝非是某段时间的无限风光，而是在成功与失败交叠转换下的自我推翻与重新来过。追求卓越永无止境，唯有不断反思、修正不足，才能大步前行。尹玉涵说，她的经历看起来平淡无奇，但她并不汲汲于荣誉。她明白自己想要的不是那一张张闪亮奖状所带来的短暂欢喜，而是经由时间淘洗仍能沉淀出的人文素养与丰厚内涵。

关于她的座右铭，尹玉涵说：在繁花似锦之中，能向万里无寸草处行。——勿要被花花世界遮蔽明眸，勿要被横流物欲冲淡本心，勿要被荒芜前路磨灭雅趣，勿要被无涯学海打乱阵脚。

心有世界，前行有光。

——根据中国大学生社会主义核心价值观践行网“优秀典型事迹展”编写

专题结语

本专题讲述的是关于人生观和如何创造人生价值的相关知识，目的是让大学生树立正确的人生观。通过学习，把服务人民，奉献社会作为自己的最高人生追求。树立正确的人生观、世界观和价值观，是大学生成为祖国栋梁的重要前提条件。在正确科学的人生观指导下，大学生才能走出自己的康庄大道，才能为社会、为中华民族伟大复兴做出贡献。出彩人生，需要“撸起袖子加油干”才能实现。时代青年应不断进取拼搏，做这大好时代的弄潮儿！

专题二 理想信念之"钙"

【金句导言】

形象地说，理想信念就是共产党人精神上的"钙"，没有理想信念，理想信念不坚定，精神上就会"缺钙"，就会得"软骨病"。

——2012 年 11 月 17 日，习近平在十八届中共中央政治局第一次集体学习时的讲话

广大青年一定要坚定理想信念。"功崇惟志，业广惟勤。"理想指引人生方向，信念决定事业成败。没有理想信念，就会导致精神上"缺钙"。中国梦是全国各族人民的共同理想，也是青年一代应该牢固树立的远大理想。中国特色社会主义是我们党带领人民历经千辛万苦找到的实现中国梦的正确道路，也是广大青年应该牢固确立的人生信念。

——2013 年 5 月 4 日，习近平在同各界优秀青年代表座谈的讲话

【专题导论】

理想信念作为一种特殊的人类精神，主宰人的心灵世界，制约人的价值取向和行为选择，它是人们世界观、人生观和价值观的集中体现，对于个人优秀品德的培育和国家民族的繁荣富强，具有方向指引和动力支撑的重要作用。在理论和实践的结合上，正确理解理想信念的科学含义，对于我们在新形势下进一步加强和改进以理想信念为核心的思想政治教育，树立社会主义核心价值体系，具有重要而深远的理论和实践意义。新时代大学生应坚定理想信念，自觉把个人理想追求融入为实现中华民族伟大复兴中国梦的奋斗当中。

【专题概况】

教学目标：通过对本部分内容的学习，学生能够正确理解理想信念的内

涵和特点，认清理想信念对自身成长的重要意义，理解中国特色社会主义共同理想的本质和含义，正确认识理想和现实之间存在的矛盾，树立科学的奋斗目标，将个人理想与国家的前途、民族的命运相结合，融入民族复兴的伟大目标，志存高远、脚踏实地、艰苦奋斗，在民族复兴的伟大实践中成就自己的精彩人生。

教学重点：

1. 明确理想信念的含义，明确为何要坚定理想信念。

2. 坚定信仰马克思主义伟大思想，投身中国特色社会主义共同理想的实现。

3. 厘清个人理想与共产主义远大理想、中国特色社会主义共同理想三者之间的关系，在实现中国梦的实践中放飞青春梦想。

【专题导图】

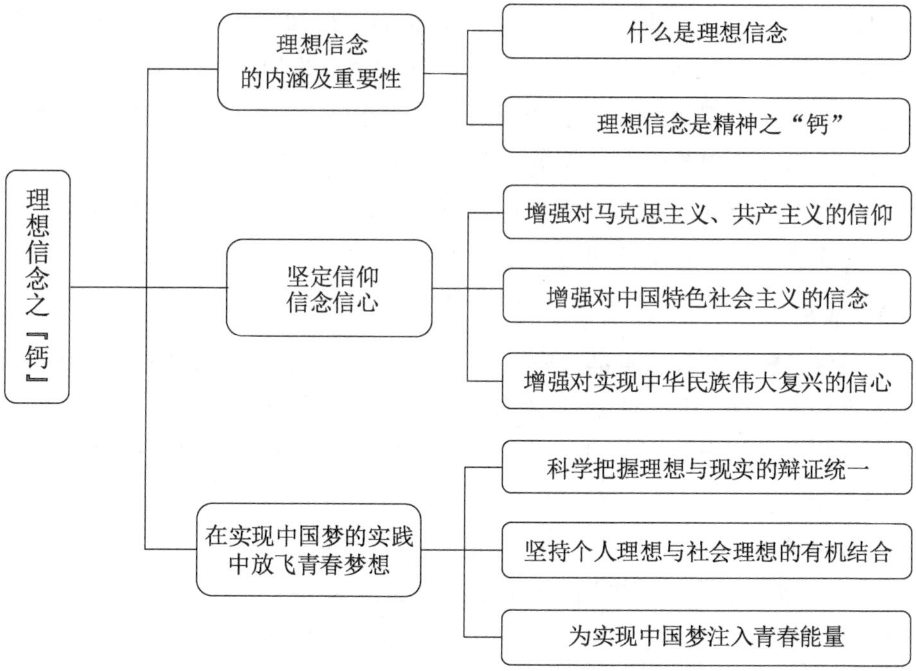

第一节 理想信念的内涵及重要性

【金句导言】

理想信念是"主心骨"，纪律规矩是"顶梁柱"，没有了这两样，必然背离党的宗旨，做人做事就会走偏走邪，思想就会百病丛生，人生就会迷失方向。

——2015 年 12 月 28 日，习近平在中央政治局"三严三实"专题民主生活会上的讲话

【本节导读】

坚持正确的世界观、人生观、价值观，关键是坚持正确的理想信念。理想信念是思想和行动的"总开关"。崇高的理想和坚定的信念，始终是激励和鼓舞中华民族为早日实现民族复兴而不懈奋斗的精神动力。现今受西方思潮影响所出现的种种问题的影响，追溯根源是由于动摇和丧失了理想信念。在新的历史条件下，青年一代要肩负起实现"中国梦"、实现中华民族伟大复兴的重任，必须要率先明确理想信念的内涵、认识理想信念的重要性、着力解决理想信念问题。

【教学情况】

教学目标：通过对本部分内容的学习，引导学生认识理想信念对自身成长的重要性，加深对马克思主义伟大思想的理解和认同，认清理想与现实之间的矛盾，将个人理想融入社会的共同理想，为实现中华民族伟大复兴而努力奋斗。

教学重点：

1. 明晰理想信念的内涵，认识其重要性。

2. 增强对马克思主义、共产主义信仰、对中国特色社会主义的信念以及对实现中华民族伟大复兴的信心。

3. 明确在实现民族复兴的历史使命中大学生所肩负的责任。

一、什么是理想信念

【教学课堂】

步骤一　案例介绍

人因梦想而伟大

雷军，人称雷布斯，如今他的名字已经随着小米手机的普及走进千家万户，变得无人不知，无人不晓。他的身后跟着一长串的头衔：小米科技创始人、董事长兼首席执行官，金山软件董事长，中国杰出贡献企业家，著名天使投资人，中国经济年度人物，北京市工商联副主席……名字常年稳居各大富豪榜前列。

雷军的成功，源于其早期树立的梦想。还在大学读书的时候，雷军对未来的规划里就有了做世界一流公司的蓝图。为了实现梦想，他对自己严格要求，刻苦学习，仅用了两年时间就修完了所有学分，大一时编写的计算机程序被老师挑中用于教学，大三时凭借自己开发的软件赚取了“第一桶金”，这些都使得他的梦想蓝图更为清晰。毕业之前，他还联合志同道合的伙伴创办了一家公司。

毕业之后，雷军顺利入职国内最好的软件公司“金山”，并自己带领团队完成了金山快译、WPS、金山毒霸、金山网游等项目。正是雷军及其团队对梦想的坚持，才成就了如今已成为民族软件企业龙头的金山软件公司。

2007 年的冬天，“金山软件”刚刚上市成功，正该躺在功劳簿上享受赞誉的雷军却转身离开，辞去总裁兼 CEO 的职位，开启了新的创业征程。之后的时光，被他称作是真正梦想舞台的开始：“我十八岁时就有个理想——世界因我而不同，今天我是不是还坚持这个理想？是不是还想做一个与众不同的人？我特意查了一下，柳传志是四十岁创业，任正非是四十三岁创业，我觉得我四十岁重新开始也没有什么了不起的。”2010 年的春天，万物生长，年逾四十的雷军创办了小米科技，这家世界一流的公司由此诞生，雷军带着大学时的梦想扬帆起航。

案例来源：蔡艳鹏. 雷军：人因梦想而伟大. 武汉：武汉出版社，2012 年（节选）

步骤二　问题聚焦

通过阅读案例，想一想雷军的理想信念是什么，对他产生了什么样的影响？分析青年大学生应该有什么样的理想信念。

步骤三　知识凝练

理想的产生基于现实，并且可能会在未来某一天变成现实。在这个过程中，要坚定不移地为之努力，这种心理状态就是信念。理想信念，为大学生追求成功提供了源源不断的力量，也正是理想信念的鞭策使雷军成为成功人士。古人云：人贵有志，有志则可富贵，无志枉活百年！理想信念是促进人生奋斗的动力，是引领人生前进的灯塔。作为新时代的大学生应该追求远大理想，坚定崇高信念，这是大学生自身成长成才的现实需要，也是祖国和人民的殷切期盼。

步骤四　思维启发

随着社会的不断发展，人们的物质生活已经日渐丰富，人们更重视追求精神生活，丰富自己的精神世界。理想信念是人们精神生活的核心内容和重要组成部分，它能够充实人们的精神生活，提高人们的精神境界。

步骤五　实践拓展

实践课题：辩论会主题：一个人的成功，是现实的物质基础更重要，还是树立科学的理想信念更重要？正方：一个人的成功，物质基础更重要。反方：一个人的成功，理想信念更重要。

实践步骤：

1. 第一次课开始布置，做好筹备工作。

2. 由班委组织，遴选参与积极性高、组织能力强的同学组成活动筹备小组，班长或团支书为组长。

3. 选拔 8 位辩手，2 名主持人，4 名评委，2 名计时员。

4. 评委由任课教师和学生干部担任（可邀请其他哲学社会科学相关专业教师担任评委）。

5. 辩论结束后评委代表对辩论赛进行点评。

6. 任课教师宣布辩论结果，并结合教学内容作活动总结。

【延伸阅读】

汽车大王的故事

在全世界，被称作“汽车大王”的只有亨利·福特一人，他创立的福特汽车公司是世界最大的汽车企业之一。这位汽车大王曾提到，自己之所以能取得如今的成功，最早的根源是在一家餐厅发生的一件小事。

据他回忆，当初自己还是一名普通修车工人的时候，有一次领到了薪水想犒劳犒劳自己，就兴致勃勃地进入一家高级餐厅吃饭，但是，兴高采烈的亨利却在这家餐厅遭到了难堪的冷遇。他进入餐厅已经超过了一刻钟，然而来来往往的服务人员却都当他是空气一样，没有一个人过来为他服务。他等了又等，终于等到了一个傲慢的服务生来到桌旁，问他要不要点菜，亨利连忙点头说是，并向其索要菜单。得到明确答复的服务生粗鲁地将菜单丢在了亨利桌上，并催促他赶快点菜。

拘谨的亨利刚刚打开菜单看了几行，就听到服务生不耐烦地催促，让他光看价格就可以，不用费神挑选菜色了。服务员傲慢的态度毫不掩饰，认定亨利是个消费不起的穷鬼，这使得亨利非常生气，不由自主地想要点一份昂贵的大餐来挣回面子。但是，摸摸自己口袋里薄薄的钞票，亨利只能忍下这口气，只点了一个最便宜的汉堡。

看到亨利寒酸的点餐，服务生从鼻孔中“哼”了一声，傲慢地收回亨利手中的菜单，脸上的表情清清楚楚地表达出对亨利的不屑。

在服务生离去之后，亨利没有长久地困在气愤和难堪之中，他很快冷静下来，反思自己的处境：为什么自己辛苦工作，仍然只能买最便宜的汉堡，为什么自己吃不起丰盛的大餐？这段经历让亨利立下了出人头地的梦想，然后开始向着自己的梦想努力奋斗，最终由一个平凡的修车工人，蜕变成了叱咤风云的汽车大王。

——汽车大王的故事. 人民日报，2019-06-01，第 4 版

二、理想信念是精神之“钙”

【教学课堂】

步骤一 案例介绍

在信念中诞生的生命奇迹

袁和原本是一名普通的上海姑娘，然而到了三十多岁的时候，这个姑娘却做出了出国留学的决定。她白天努力打工赚钱，夜晚挑灯读书备考，终于功夫不负有心人，袁和凭借顽强的毅力通过了考试，收到了美国马萨诸塞州蒙特·荷里亚女子学院的研究生录取通知。

赴美读书打开了袁和生命的新篇章，她把自己投入紧张的学习之中，努力朝自己的理想迈进，然而命运却对她展露出无情的恶意。袁和在美国的求学生涯仅仅过去两个月，她就发现自己得了癌症。病魔张牙舞爪地向这个独自在异乡求学的女孩扑来，面对死亡的恐惧，袁和展开了剧烈的思想斗争。一个声音跟她说赶紧回国吧，得了绝症自己撑不下来的，回去寻求亲人的庇护，不要客死他乡了；另一个声音劝说她留下来继续学业，毕竟这是自己的理想，难道现在打道回府让之前的努力都白费了吗？

尽管医生已经下了最后通牒，断言她只剩下半年时间，但坚强的袁和仍然选择了坚持自己的理想，留下来继续攻读硕士学位。无论逃到哪里，癌症始终如跗骨之疽，既然无法摆脱，那就坦然面对吧。袁和把癌症当成自己的拐杖，拄着它艰难前行。随着病情的恶化，她曾无数次晕倒在上课的教室、自习的图书馆，然而每次醒来之后，她都坚决地走了回去；她曾无数次地将刚入口的饭食吐进了马桶，然而漱口之后，她又毅然回到饭桌，一口一口地努力下咽……半年之后，袁和仍然坚强地活着；一年之后，她还在用生命读书；两年之后，她终于穿上了梦想中的黑色长袍，出现在隆重的毕业典礼现场。她用颤抖的双手捧起了与死亡共舞赢得的硕士学位证书。

病魔并没有因为这个女孩的坚强而放她一马，心愿达成之后不久，袁和还是永远地离开了这个她热爱的世界。然而，这个世界并没有忘记她。袁和的故事登上了当地四家报纸的头条，它们用大幅的版面向人们介绍了这位可敬的女性，将她短暂的一生描述为人类“关于勇气的一课”。袁和就读的学校也为她降下半旗，并在茵茵草地上为她刻了一块碑，以这种庄严的方式展示对她的敬意；还以她的名字设立了专项助学基金，用以支持中美文化的交流。袁和这位独身赴美求学的姑娘，用她无与伦比的勇气和毅力，塑造了不朽的形象。

案例来源：北京大学马克思主义学院组. 思想道德修养与法律基础案例及分析. 北京：北京大学出版社，2006年

步骤二　问题聚焦

通过阅读本案例，举例说明历史上以信念创造奇迹的事例，并分析坚定理想信念对当代大学生成长成才的积极作用。

步骤三　知识凝练

理想信念是提高人生境界的保障，没有理想信念，一个人就会丧失核心和灵魂。理想信念鼓励着人们向着目标奋斗。理想信念具有能动性作用，为人们提供前进的动力，对大学生树立远大目标，端正生活态度，丰富知识储备，克服困难具有积极的作用。坚定理想信念可以不断提升大学生的思想境界，增强自身的责任感和使命感，使自己成为国家之栋梁，民族之希望。

步骤四　思维启发

如果一个人有了理想，并且愿意为了实现自己的理想而努力奋斗，那么他就会拥有强大的动力，推动他朝着自己的目标努力。动力的大小取决于目标价值的大小，以及对目标抱有的期望大小。人生如爬山，最终爬到什么样的位置取决于动力是否强大和持久。

步骤五　实践拓展

实践课题：“我的职业理想”设计演讲大赛

实践步骤：

1. 课前推选 2 名学生担任主持人。
2. 明确设计大赛的具体规则和主题要求。
3. 推选 3~5 名同学担任评委，任课教师担任总评委。
4. 抽签决定比赛同学的演讲顺序。
5. 选手按照顺序进行演讲比赛（演讲过程中，选手可播放 PPT 展示）。
6. 比赛结束后预留 10 分钟由同学们自由发言讨论。
7. 主持人宣布比赛结果。
8. 任课教师对演讲活动进行点评，并作总结性发言（时间 5 分钟）。
9. 活动结束后，每人上交一份“我的职业理想与职业生涯规划”设计方案，任课教师评定后，计入课程期末成绩。

【延伸阅读】

理　想

流沙河

理想是石，敲出星星之火；
理想是火，点燃熄灭的灯；
理想是灯，照亮夜行的路；
理想是路，引你走到黎明。
饥寒的年代里，理想是温饱；
温饱的年代里，理想是文明。
离乱的年代里，理想是安定。
安定的年代里，理想是繁荣。
理想如珍珠，一颗缀连着一颗，
贯古今，串未来，莹莹光无尽。
美丽的珍珠链，历史的脊梁骨，
古照今，今照来，先辈照子孙。
理想是罗盘，给船舶导引方向；
理想是船舶，载着你出海远行。
但理想有时候又是海天相吻的弧线，
可望不可即，折磨着你那进取的心。

理想使你微笑地观察着生活；
理想使你倔强地反抗着命运。
理想使你忘记鬓发早白；
理想使你头白仍然天真。
理想是闹钟，敲碎你的黄金梦；
理想是肥皂，洗濯你的自私心。
理想既是一种获得，
理想又是一种牺牲。
理想如果给你带来荣誉，
那只不过是它的副产品，
而更多的是带来被误解的寂寥，
寂寥里的欢笑，欢笑里的酸辛。
理想使忠厚者常遭不幸；
理想使不幸者绝处逢生。
平凡的人因有理想而伟大；
有理想者就是一个"大写的人"。
世界上总有人抛弃了理想，
理想却从来不抛弃任何人。
给罪人新生，理想是还魂的仙草；
唤浪子回头，理想是慈爱的母亲。
理想被玷污了，不必怨恨，
那是妖魔在考验你的坚贞；
理想被扒窃了，不必哭泣，
快去找回来，以后要当心！
英雄失去理想，蜕作庸人，
可厌地夸耀着当年的功勋；
庸人失去理想，碌碌终生，
可笑地诅咒着眼前的环境。
理想开花，桃李要结甜果；
理想抽芽，榆杨会有浓荫。
请乘理想之马，挥鞭从此起程，

路上春色正好，天上太阳正晴。

——流沙河．流沙河诗集．上海：上海文艺出版社，1982 年，第 232-234 页

第二节　坚定信仰信念信心

【金句导言】

只有理想信念坚定，心中有党、对党忠诚才能有牢固思想基础。理想信念动摇了，那是不可能心中有党的。大家要把学习掌握马克思主义理论作为看家本领，深入学习马克思列宁主义、毛泽东思想，深入学习邓小平理论、“三个代表”重要思想、科学发展观，深入学习十八大以来党的理论创新成果，不断领悟，不断参透，做到学有所得、思有所悟，注重解决好世界观、人生观、价值观这个“总开关”问题，真正做到对马克思主义虔诚而执着、至信而深厚。

——2015 年 1 月 12 日，习近平在中央党校县委书记研修班学员座谈会上的讲话

不忘初心，方得始终。对马克思主义的信仰，对社会主义和共产主义的信念，是共产党人的政治灵魂，是共产党人经受住各种考验的精神支柱。只有理想信念坚定的人，才能始终不渝、百折不挠，不论风吹雨打，不怕千难万险，坚定不移为实现既定目标而奋斗。

——2016 年 11 月 29 日，习近平在纪念朱德同志诞辰 130 周年座谈会上的讲话

【本节导读】

人的成长需要靠理想来指引方向，而理想的实现则需要信念来作为精神支撑。青年的人生方向大多确定于大学阶段，所以这个阶段确立科学的理想信念尤为重要。人生的理想信念应该如何确定？如果理想与现实之间，或者个人的理想与全社会的共同理想之间出现了矛盾，或者起了冲突，大学生应该如何选择？怎样才能实现自己的美好理想？这些都是本节重点讨论的内容。

【教学情况】

教学目标：通过讲述“崇高的理想信念”的含义，依据马克思主义、社会主义、共产主义的知识逻辑，引导大学生树立科学的理想信念，认清并正确处理中国特色社会主义共同理想与共产主义远大理想二者之间的关系，将个人理想融入共同理想之中，自觉走好新时代的长征路。

教学重点：

1. 了解马克思主义、共产主义的科学信仰，分析马克思主义、共产主义的特点及信仰马克思主义、共产主义的意义。

2. 学习中国特色社会主义共同理想的相关知识，认清中国特色社会主义理想与共产主义理想二者之间的关系。

3. 了解实现中华民族伟大复兴的历史必然性。

一、增强对马克思主义、共产主义的信仰

【教学课堂】

步骤一　案例介绍

树立崇高的信仰

济宁人徐川是一名标准的 80 后党员。还在攻读华东师范大学硕士学位时，徐川就有了优秀的职业履历，他在上海某知名教育机构任教两年，成为学生评分最高的优秀教师；曾在多所国外大学教授过中文、书法，担任过女足世界杯翻译……然而，到了 2008 年，春风得意的徐川厌倦了这种功利性的生活环境，转身投入南京航空航天大学做了一名普通的辅导员。

尽管薪水缩水了十余倍，成为辅导员的徐川仍然非常满足，因为“想从事真正的教育，陪着学生从大学毕业”。他在南航兢兢业业地工作，陪伴学生发现并认清自己的天赋和特长，慢慢成长为更加优秀的自己。他的付出得到了学生和学校领导的认可，短短八年时间，他就从辅导员走到了学生处处长助理的位置，又成长为校团委的副书记，以

及南京航空航天大学能源与动力学院的党委副书记，徐川在学生思政事业上越走越远。徐川很满意自己的工作，他说这是自己最喜欢的工作。

徐川与思政的结缘之初并不顺利。初入大学的徐川也曾挂科，成绩很不理想，因此他的入党申请频频被拒。到了大三，努力将自己成绩提高上来的徐川才得以成功入党。徐川由此开始认真思考，大学生为何要入党，成为一名共产党员到底意味着什么。

到了2015年，徐川经过深思熟虑开通了自己的微信公众号“南航徐川”，这个微信号上曾发布了多篇阅读量破千万的正能量文章，比如《青年节里谈中国》《今天，我们究竟该怎样读大学》等，他也因此成为全国网络正能量的榜样。在2016年发表的一篇文章里，徐川回答了大学时认真思考的问题，这篇名为《我为什么加入中国共产党》的文章被多次转载，阅读量迅速超过十万。徐川通过这样的形式将自己的感悟分享出来，为大学生群体讲述了党员需要的素质，为学生、也为自己寻求一个答案。

对徐川来说，带给他最强烈震撼的共产党员是大学时期学院的党委书记。当时徐川班上有位品学兼优的女同学是这位书记的亲侄女，但她并没有因为与书记的关系而被保研，因为这位书记不会为任何人谋捷径。后来，徐川偶然得到一次采访这位书记的机会，他在采访中表达了自己的疑惑。书记的回答令他印象深刻，书记说加入中国共产党不是为了给自己谋利，如果党员的个人利益与他人利益发生冲突，身为党员理当让步，理当牺牲自己的利益。正是这位书记的回答，令徐川坚定了自己入党的决心，因为他愿意跟书记这样的人站在一起，成为并肩作战的伙伴。

案例来源：根据中青在线等新闻编写

步骤二　问题聚焦

通过阅读本案例，概括出徐川信仰马克思主义、共产主义，信仰中国共产党，以及加入中国共产党的原因，分析当代大学生为什么要拥护党的领导，为什么要学习马克思主义，信仰共产主义？

步骤三　知识凝练

马克思主义信仰是先进的信仰，是科学的信仰，是我国革命、建设和发展的精神依靠。生活在同一社会的每个人都是构成这个社会的细胞，每个细胞的幸福都源于整个社会大环境的稳定富强，如果社会大环境出了问题，那么个体细胞的幸福将无法保全。从这个意义上讲，马克思主义信仰就是中国社会稳定富强的根源所在，在价值多元化的时代，大学生要确立马克思主义的科学信仰。

步骤四　思维启发

“哲学家们只是用不同的方式解释世界，而问题在于改变世界。”这句话是镌刻在伟大人民导师马克思墓碑上的名言，也是最能代表马克思主义基本特征的表述。有了马克思主义伟大精神的指导，社会主义从思想走到了现实，从原本的空想成为被证实了的科学理论。社会主义成为现实，社会主义制度在多个国家被建立起来，改变了整个世界的局势，对人类历史的走向产生了深刻的影响。

尽管社会主义世界的发展并非一帆风顺，尤其是20世纪的东欧剧变对世界社会主义的发展造成了严重的损失，但是这并没有改变社会主义的总体发展趋势。道路是曲折的，但前途是光明的。中国特色社会主义道路的成功，用事实证明了马克思主义的先进性和科学性，证明了社会主义的发展趋势是前进的，是向上的，是有光明未来的，是人们认识和改造世界的先进武器。

步骤五　实践拓展

实践课题：追寻先进党员的足迹

实践步骤：

1. 组建若干采访小组，每组10人左右，推选小组长1人。

2. 通过校宣传部、学工部、团委或任课老师推荐，确定要走访的先进党员，采访对象要与所学专业相对应。

3. 收集要采访的先进典型的有关资料，制订好采访计划。

4. 小组成员根据采访对象的实际情况拟订好采访提纲，包括要提出的问题。

5. 持学校介绍信与被采访对象交谈。

6. 采访结束后，撰写采访总结或调查报告，制作 PPT 在课堂上展示采访成果，并与其他采访小组交流心得体会。

7. 任课教师根据学生参与采访及任务完成情况认真考核，并记入学生平时考核成绩。

二、增强对中国特色社会主义的信念

【教学课堂】

步骤一 案例介绍

雪域高原，正是奉献的起点

出生于 1963 年的胡春华是一名地地道道的湖北人，16 岁的他以高分考入了北京大学，成为一代天之骄子。毕业那年，刚满 20 岁的胡春华成为了一名光荣的共产党员，择业时，年轻的党员胡春华放弃了留在大城市发展的机会，跟一群志同道合的伙伴一起响应党的号召，义无反顾地奔赴西藏，为祖国的西部大开发事业奉献了自己的青春年华。人生最珍贵的十几年时光，胡春华将之奉献给了西藏这片广袤的土地。

在林芝行署任职时，胡春华需要经常下基层指导工作，而当地基层的交通非常不便，给他的工作造成了常人难以想象的困难。比如挂在喜马拉雅山南面的墨脱县城，号称中国大陆的陆地孤岛，整个县城没有一条公路，必须翻越险峻的雪山才能到达，雪山气候条件和路况十分恶劣，一年之中只有夏季的几个月可以勉强通行，最好的情况下也必须马不停蹄地在路上花费四天三夜才能到，并且能凭借的只有两条腿，因为路上的绝壁和气流使得骡马也无法通过。这样的困难也阻挡不了胡春华工作的脚步，他带领同事去墨脱时，一路上靠压缩干粮和泉水续命，休息只能依靠路上的岩洞，一来一回走了足足半个月。他们在齐腰深的积雪中翻越雪山，互相鼓舞着翻越绝壁，完成了对墨脱县经济、教育、交通等多个方面的艰难考察。

回顾自己身后的道路，胡春华没有一丝抱怨和后悔。对于大学生涯带给自己的影响，他这样分享自己的感悟：“大学生活仅仅是你们走入社会的最后准备，远不是你的事业本身。跟社会的需要比，我们拥有的很少。学校只能培养你基本的素质，给你一个良好的基础。你可以不安于不伟大，但你不可蔑视平凡。”

案例来源：张菁. 雪域春华. 北京大学校刊，1995-03-30，第4版，有删改

步骤二 问题聚焦

通过阅读本案例，寻找并解释胡春华及热血青年们的共同理想。

步骤三 知识凝练

中国特色社会主义共同理想是我们国家的共同理想，也是我国核心价值体系的重要组成。共同理想具体包括三个方面的要求，第一个方面是坚定信任党的领导，第二个方面是坚定走中国特色社会主义道路，第三个方面是坚定实现中华民族伟大复兴的梦想。中国特色社会主义是我国建设和发展的基础，是实现共同理想的前提，是整个社会进步的旗帜，是党和人民团结奋斗的精神核心。没有中国特色社会主义，社会主义核心价值体系就无从谈起。

步骤四 思维启发

中国特色社会主义的构成需要集齐三个要素，即理论、道路和制度，理论是中国特色社会主义的行动指南，制度是实现中国特色社会主义的根本保证，道路则是实现中国特色社会主义的正确途径，三者相辅相成，缺一不可。

步骤五 实践拓展

实践课题：我们的梦想

实践步骤：

1. 浅谈我的梦、你的梦、我们大家的梦。
2. 浅谈当代大学生如何实现自己的梦想。

3. 以小组为单位，结合当今大学生对人生价值、目标、理想的认识，写出不少于1000字的总结，并选出一名代表在课堂上宣读。

三、增强对实现中华民族伟大复兴的信心

【教学课堂】

步骤一　案例介绍

初心如雪　一生为民

——焦裕禄

1922年出生于山东淄博的焦裕禄在党的领导和教育下成长为一名干部楷模，为祖国无私奉献了一生后被追认为一名光荣的革命烈士。他在河南省兰考县担任县委书记的短短两年时间里，表现出了可歌可泣的“亲民爱民、艰苦奋斗、科学求实、迎难而上、无私奉献”的精神，党和国家肯定了他的奉献，将这种精神以他的名字进行了命名，这就是“焦裕禄精神”。

1962年，在一个寒风怒号的冬日，焦裕禄从开封市尉氏县调任兰考县委书记，当时的兰考正遭遇万分严重的灾荒，内涝、风沙、盐碱三害齐聚，给整个县城的农业生产带来了毁灭性的打击，全县的粮食产量刷新历史下限，人民生活无以为继。为了让人民群众吃上饱饭，焦裕禄亲自吹响了灭除“三害”的号角，他带领干部群众走上田间地头，长期战斗在生产一线。他选择了小面积试验、成功后推广经验的做法，先在一小块范围内试验了翻压碱、压沙，封闭沙丘等多种办法，认真总结各种方法的优缺点，然后形成整治“三害”的具体策略，大面积进行推广，最终取得了显著成效。

焦裕禄同志在实际工作中坚持走群众路线，带领全县人民群众一起战斗在灾害一线；他坚持实事求是的工作方针，按照当地实际情况不断进行试验探索、实践总结，摸索出适合当地的真正有效的方法。功夫不负有心人，在他的科学带领和实干精神鼓舞下，兰考三害“内涝、风沙、盐碱”得到有效治理。焦裕禄带领群众为了防风固沙栽种的

泡桐树，已培植成了河南的一个特色产业。

在兰考工作期间，在艰苦的工作环境和呕心沥血的工作中，焦裕禄同志不幸身患肝癌，但他没有在病魔面前低头，也没有退下来去医院休养，而是选择忍着剧痛坚持工作在一线，直到生命的最后一秒。他燃烧了自己的生命，凝结成厚重的“焦裕禄精神”。1964 年，正值壮年的焦裕禄病逝于郑州，他在弥留之际留下唯一的遗愿：死后把他埋在兰考的沙堆上，即便是死了，他的灵魂也要看着这片土地，看着灾害被人们打败。

焦裕禄是所有为官参政者学习的优秀楷模，他的精神成为我国为官参政者最基本的道德坚守，鼓舞着一代又一代的党员干部保持党员本色不褪色。

案例来源：根据共产党员网材料编写

步骤二　问题聚焦

通过阅读本案例，分析焦裕禄的精神品质，并列举出为实现民族复兴的仁人志士的一些事迹，感受胸怀远大理想对当代大学生的积极作用。

步骤三　知识凝练

实现民族复兴，绝不是轻轻松松、敲锣打鼓就能实现的，必须付出艰苦的努力。百年来，为了实现这一历史使命，无数像焦裕禄这样的共产党人初心不改、矢志不渝，团结带领人民历经千难万险，付出巨大的牺牲，敢于面对挫折，勇于修正错误，攻克了一个又一个看似不可攻克的难关，创造了一个又一个彪炳史册的人间奇迹。进入新的发展阶段，是中华民族伟大复兴历史进程的大跨越。中国人民实现中华民族伟大复兴的愿望和信心无比强烈，中华民族伟大复兴的前进步伐势不可当。

步骤四　思维启发

共产主义社会是人类历史上最美好的社会，符合人类社会的发展规律，代表人类文明发展的必然趋势。以毛泽东同志等为代表的中国共产党人在马克思主义理论的指导下，坚定认为共产主义明确了人类文明进步的方向，共产主义社会是人类进步的“必由之路”。当代大学生既要坚定信念走中国特色社会主义道路，也要胸怀共产主义的崇高理想，为民族复兴铺路架桥，为祖国建设添砖加瓦。

步骤五　实践拓展

实践课题：聆听习语 追寻足迹

实践步骤：

1. 布置任务。要求每个同学认真学习习近平总书记围绕改革发展稳定、内政国防、治党治国治军发表的一系列重要讲话，观看改革开放四十周年央视推出的一系列专题片，关注国家未来的发展，把握时代的脉搏。

2. 交流体会。以学习小组为单位，交流学习体会，可以以 PPT 或者微视频等各种形式展示学习结果。

3. 点评与反馈。任课教师点评，同学互评，现场反馈。

4. 同学们的综合表现计入考核成绩。

第三节　在实现中国梦的实践中放飞青春梦想

【金句导言】

青年最富有朝气、最富有梦想。近代以来，我国青年不懈追求的美好梦想，始终与振兴中华的历史进程紧密相连。在革命战争年代，广大青年满怀革命理想，为争取民族独立、人民解放冲锋陷阵、抛洒热血。在社会主义革命和建设时期，广大青年响应党的号召，向困难进军，向荒原进军，保卫祖国，建设祖国，在新中国的广阔天地忘我劳动、艰苦创业。在改革开放历史新时期，广大青年发出团结起来、振兴中华的时代强音，为祖国繁荣富强开拓奋进、锐意创新。

——2013 年 5 月 4 日，习近平在同各界优秀青年代表座谈会时的讲话

延安是革命圣地，你们奔赴延安，追寻革命前辈伟大而艰辛的历史足迹，学习延安精神，坚定理想信念，锤炼意志品质，把激昂的青春梦融入伟大的中国梦，体现了当代中国青年奋发有为的精神风貌。

——2017 年 08 月 15 日，习近平给第三届中国“互联网+”大学生创新

创业大赛“青年红色筑梦之旅”的大学生的回信

【本节导读】

个人的理想和全社会的共同理想可以充分融合于伟大的中国梦中。社会主义共同理想有着强大的号召力，它能将广大人民群众的力量凝聚在一起。万众一心共同奋斗，理想的实现就能更早一步。个人的理想融入中华民族伟大复兴的中国梦之后，理想和为之努力的空间就得到了强力拓展。生活在实现中国梦的伟大时代，我们每一个人都可以与祖国共同进步，一起体会梦想成真，体验出彩人生。我们拥有共同的梦想，也享有平等的机会，再加上坚持不懈的努力奋斗，伟大的梦想就一定能够实现。

【教学情况】

教学目标：通过讲述如何实现理想、理想与现实、个人理想与社会理想的关系，从国家、民族发展和个人成长关系角度，明晰“青年一代有理想、有本领、有担当，国家就有前途，民族就有希望”，从而将理想信念教育落实到青年大学生个体的成长实践中，引导大学生认清共同理想与个人理想的关系，从而让理想信念教育可感知、可体验、能行动。

教学重点：

1. 正确理解理想与现实的关系，了解个人理想与社会理想的关系。
2. 青年大学生如何在实现中国梦的过程中放飞青春梦想。

一、科学把握理想与现实的辩证统一

【教学课堂】

步骤一 案例介绍

屠呦呦与青蒿素

2015 年 10 月，屠呦呦这个名字突然传遍了世界，火遍了网络。这位数十年埋首祖国医药研究的中医研究院研究员，凭借发现青蒿素的科学功绩获得了当年的诺贝尔生理学或医学奖，由此开创了中国人获得科学类诺贝尔奖的历史。这次获奖是诺贝尔奖对我国本土科学研究的首次肯定，屠呦呦不仅是第一位获得诺贝尔科学奖的中国科学家，也成为世界华人中获得诺贝尔医学奖的第一位。这次获奖，也将长期低调的祖国医药推到了世界舞台，绽放出璀璨光芒。

20世纪60年代，疟疾这种传染性极强的疾病还在全球肆虐，全球半数人口都暴露在疟疾风险之中，发达国家也在对抗疟疾的项目中投入了大量的人力和财力，然而无一例外地败下阵来。要想攻破疟疾这一全人类的共同难题，似乎是痴人说梦。

就在这个时期，永不服输的中国人民也毅然加入了抗疟战场。1967年，39岁的屠呦呦临危受命，在实验设备落后、科研条件艰苦的情况下，带领一众科研人员进行抗疟药物的研发工作。在毛主席“中医药学是一个伟大的宝库，应当努力发掘加以提高”的指示下，屠呦呦将研究方向放在了中草药上，经过重重筛选，最后锁定了抗疟常用的青蒿作为研究对象。

1971年10月，第191次青蒿素的抗疟实验正在进行，一众研究员们在紧张与期待之中等待着最后结果，终于，这次通过低温提取、乙醚冷浸方法提取出的青蒿素在抗疟实验中表现出了100%的疟原虫抑制率！这一天，将永远地记录在青蒿素的发现历史中。

屠呦呦团队克服重重困难，经历了近两百次失败，一次次从失败中汲取教训，总结经验，屡败屡战，最终取得了研究的胜利，帮助数百万人逃离了疟疾的折磨。然而，屠呦呦并没有躺在功劳簿上享受荣光，而是继续投身青蒿素的研究，立志将其应用于更广阔的范围，为人类社会创造更大的价值。

疟疾，一个肆意摧残人类生命健康的恶魔，被一位中国女性科学家制服了。屠呦呦，以百折不挠的拼搏精神在中华科技史上谱写了一部精彩的人生传奇。

案例来源：佟颖春．思想道德修养与法律基础案例教程．北京：科学出版社，2016年

步骤二　问题聚焦

通过阅读本案例，分析屠呦呦的远大理想对现实的意义，并概括出理

想与现实二者之间的关系，找寻理想与现实之间的桥梁。

步骤三　知识凝练

理想起源于现实，但是理想的高度又超越了现实。理想是因为现实需要而产生的，它通常比现实更美好，比现实更高，是一种美好的目标，指明了现实的发展方向。由于理想通常是美好的，所以能够吸引人们去努力追求理想的实现，从而影响了现实的发展。人们的努力奋斗可以将理想变为现实。

步骤四　思维启发

理想高于现实，比现实更美好。理想通过不懈的努力可能转变为现实，也可能不会变成现实，所以有些人容易将理想和现实割裂开来，认为人应该脚踏实地活在现实之中，不要有太多关于理想的“幻想”。这种将理想和现实割裂的观点，本质上反映的是安于现实、不思进取的消极思想。理想源于现实，是更美好的、未来的现实，是可以实现的现实。人们因为对现实有所不满，所以才会产生理想；又因为理想的指引，所以才会不断地努力改造现实，推着现实的世界与自己不断向前，将理想变成现实，这也是人的伟大之处。如果没有理想的激励，整个社会和个人的发展都将停滞，止步不前，那么人的价值也将大打折扣。

步骤五　实践拓展

实践课题：“顺境成才 Vs 逆境成才”辩论赛

实践步骤：

1. 任课教师事先布置辩题、选拔辩手，并要求选手针对辩题搜集资料，准备参与辩论。

2. 任课教师主持辩论赛的开展，请正反方辩手发言。

3. 辩论结束后教师进行点评，指导学生参与讨论通往理想的道路的特点，引导学生正确对待现实，不要放弃理想。

二、坚持个人理想与社会理想的有机结合

【教学课堂】

步骤一 案例介绍

杂交水稻之父

被誉为“世界杂交水稻之父”的袁隆平院士，看起来并不像一位科学家的样子，这个老人总是穿梭在田间地头，像哺育幼子的母亲一般关怀着地里的幼苗，他的双手常常沾满泥土，裤腿溅满了泥点，脸和脖子被太阳晒成了深深的古铜色，初次见面的人都会毫不犹豫地把他认成一个地地道道的普通农民。

这位农民形象的科学家，是我国杂交水稻研究领域的开创者和带头人，也是世界上第一个成功利用水稻杂种优势的科学家，受聘为联合国粮农组织首席顾问。他为我国乃至世界的粮食生产发展做出了重要贡献，并因此获得了“世界杂交水稻之父”的美誉。袁隆平院士培育的杂交水稻种植面积，已经占据国内全部水稻种植面积的一半以上，这些水稻比常规的水稻增产高达 20%，每年的产出能够多喂饱 6000 多万人的肚子。他的稻种还走出国门，在全球 80 多个国家和地区的土地上生根发芽，种植面积已高达 700 万公顷，仅在印度就种植了超过 200 万公顷。毫不夸张地说，杂交水稻不仅解决了中国人的吃饭问题，同样正在解决全世界人口的吃饭问题。

袁隆平院士之所以能够取得今天的成就，与他数十年的艰苦研究密不可分。自踏入西南农学院的大门，袁隆平就一头埋进了农学知识的海洋，像一块海绵一般不知疲倦地汲取知识的养分。四年的大学时光转瞬即逝，作为中华人民共和国成立之后的第一批高才生，袁隆平有很多条职业道路可供选择，但是他把祖国的需要放在了首位，立志将自己的个人理想融入祖国的共同理想之中，到祖国最需要的地方去，为全中国的共同理想而艰苦奋斗。

怀揣着满满的革命热情和报效祖国的志愿，大学毕业后的袁隆平来到了偏远落后的湘西雪峰山麓，在一所农校扎根下来为国家培养农学人才。1959年开始，祖国的大地上爆发了严重的自然灾害，粮食产量骤减，人民群众整天挣扎在饥饿之中。与农民群众生活在一起的袁隆平目睹也亲身经历了这一切。他深切感受到了农民对土地和种子的深情，也意识到了水稻对于人民群众的重要意义，从而更加坚定了自己研究水稻良种的决心。经历了重重困难、数不清的失败与痛苦之后，袁隆平终于成功孕育出了产量更高、抗病更好的杂交水稻品种，解决了中国人民的吃饭问题。

案例来源：根据网络有关报道改编

步骤二 问题聚焦

通过阅读本案例，辨别袁隆平的做法体现出的是个人理想还是社会理想，袁隆平的付出体现了二者什么样的关系，分析大学生应怎样对待个人理想和社会理想。

步骤三 知识凝练

个人的小理想存在于社会的大理想之中，只有将个人理想融入社会理想，让个人理想符合国家的需要，时刻跟祖国和人民站在一起，才能顺应国家大势，在为社会理想的实现、并为之奋斗的路上成就自己的理想，这也是当代大学生实现个人抱负的必经之路。个人理想融入社会理想，就如同个人融入社会之中，二者是相互依存、共同发展的关系。只有大家都投身于社会理想的实现，并为之努力奋斗，个人理想的实现才有更好的条件、更多的可能。作为社会未来中坚力量的大学生群体，要遵循社会理想的指引，奋发图强，在社会理想的实现路上完成自己的理想。

步骤四 思维启发

我国传统文化中有很多关于矛盾对立统一的论述，比如“祸兮福之所倚，福兮祸之所伏”“塞翁失马，安知非福”等。矛盾的双方是对立的关系，然而矛盾双方又可能相互转换，“祸”可能会带来“福”，“福”又可能会产生“祸”，因此矛盾双方又是统一的。

步骤五　实践拓展

实践课题：演讲“祖国在我心中”

实践步骤：

1. 任课教师说明演讲的目的和意义，进行动员。
2. 学生在45分钟内撰写1000字左右的文章。
3. 按组（5人一组为宜）选派代表进行演讲。
4. 学生评委打分，任课教师点评。

三、为实现中国梦注入青春能量

【教学课堂】

步骤一　案例介绍

年轻的航空航天科研人员

2007年10月，我国发射了第一颗绕月人造卫星“嫦娥一号”。令人惊叹的是，这颗卫星背后的科研队伍全由年轻人构成，平均年龄不到30岁；三年以后，“嫦娥二号”绕月人造卫星成功发射，负责这颗卫星测控总体方案设计的团队成员平均年龄不满33岁，很多成员都来自三年前的“嫦娥一号”科研队伍。2011年9月，我国第一颗空间实验室“天宫一号”发射升空，完成这项伟大工程的科研团队与“嫦娥一号”的团队同样年轻。

随着我国航天事业的稳步发展，航天队伍已经逐步壮大到15万人，其中三分之二都出生在20世纪80年代，大部分年龄都在35岁以下；而世界航天大国的同行研究人员年龄普遍超过45岁，超过50岁的也大有人在。相比之下，我国的航天事业起步虽晚，但我们的中坚力量是能吃苦、有技术、有无限未来的年轻队伍，这比具体的某个科研成果重要得多。

这种情况不仅仅出现在航天队伍，我国整体科研队伍都比较年轻，以中科院为例，整个研究院的全部科技人员之中，年龄不足35岁的面孔占据了大半江山。

案例来源：冯秀军，柳建营．“思想道德修养与法律基础”问题链教学详案．北京：中国人民大学出版社，2016（节选）

步骤二 问题聚焦

通过阅读本案例，概括凝练出什么是“青春之中国”，并阐述作为青年大学生如何为实现中国梦做出贡献。

步骤三 知识凝练

历史赋予当代大学生的时代任务是投身于中国特色社会主义共同理想，为实现中华民族伟大复兴的中国梦而努力奋斗，以及在这个过程中努力实现个人理想。中国梦的存在，赋予了每个大学生实现个人理想与国家共同理想的机会，与国家一起迸发人生光彩的机会，与祖国一起成长成才的机会。只有融入社会主义共同理想中，个人的理想才能更好地实现，人生才能焕发光彩，活出光彩人生。

步骤四 思维启发

大学生正处在人生最重要的青年时期，也是树立理想和人生目标的关键时期。古人云，“志当存高远”。广大青年要树立远大的志向，这样的志向像太阳一样永不枯竭，像灯塔一样照亮前程。

步骤五 实践拓展

实践课题：辩论会——“知易行难”还是“知难行易”？

实践步骤：

1．任课教师公布辩论主题。

2．按照辩论赛的程序组织学生进行辩论。

3．请学生进行辩论总结发言。

4．任课教师小结知与行的关系，说明学生应如何为中国梦的实现做出努力。

专题结语

“人生、理想、信仰”这一永恒的主题在大学校园里掀起了一股又一股强大的冲击波，震撼着成千上万莘莘学子那颗不安的心灵。因为：理想是大学生心灵的灯塔。在本专题教学中，任课教师应本着“贴近生活、贴近学生、贴近实际”的原则，以具有感召力、说服力的语言和案例，全面阐释理想信念对大学生成长成才的作用。同时，任课教师始终要以自己的学识、理想、信念和人格魅力感染教育学生，教师“言之有物”，学生“听之有悟”，有效引导大学生成为实现中国梦的重要力量。

专题三 中国精神之魂

【金句导言】

有这样伟大的人民，有这样伟大的民族，有这样的伟大民族精神，是我们的骄傲，是我们坚定中国特色社会主义道路自信、理论自信、制度自信、文化自信的底气，也是我们风雨无阻、高歌行进的根本力量！

——2018 年 3 月 20 日，习近平在第十三届全国人民代表大会第一次会议上的讲话

爱国，是人世间最深层、最持久的情感，是一个人立德之源、立功之本。孙中山先生说，做人最大的事情，“就是要知道怎么样爱国”。我们常讲，做人要有气节、要有人格。气节也好，人格也好，爱国是第一位的。

——2018 年 5 月 2 日，习近平在北京大学师生座谈会上的讲话

【专题导论】

德国前总理施密特在 2013 年说：“一个高度文明的国家，存在了四千年以上，而且现在依然生机勃勃，这样的国家世界上只有一个。古罗马、古希腊、古埃及都已成过眼云烟，拉丁美洲文明也已经逝去——早已不再有印加人或者阿兹特克人——可是中国还在。”

一个人如果缺少精神的支撑则无法立身于世，同样的，一个国家如果没有坚强的民族脊梁则无法变得富强。中华民族之所以能够在五千多年的历史中绵延不绝，屹立不倒，关键在于中华民族拥有伟大的中国精神，它是保障我们伟大祖国振兴和强盛的灵魂，是实现民族复兴的精神保障。只有传承和弘扬中华民族的中国精神，才能使中国成为一个富有生机与活力的有机体。

【专题概况】

教学目标：通过学习本专题的内容，使学生对中华民族的优秀传统文化及其不同方面的表现有深刻的了解；同时帮助学生明确中国精神的含义，明确民族精神和时代精神的概念和内涵，以及两者的辩证统一关系；此外，深刻认识到中国精神对实现中国梦的重要作用以及中国共产党在继承和弘扬中国精神上做出的努力。

教学重点：

1. 中国精神对我们意味着什么？
2. 中国精神的精神核心和时代要求是什么？
3. 新时代大学生如何弘扬中国精神？

【专题导图】

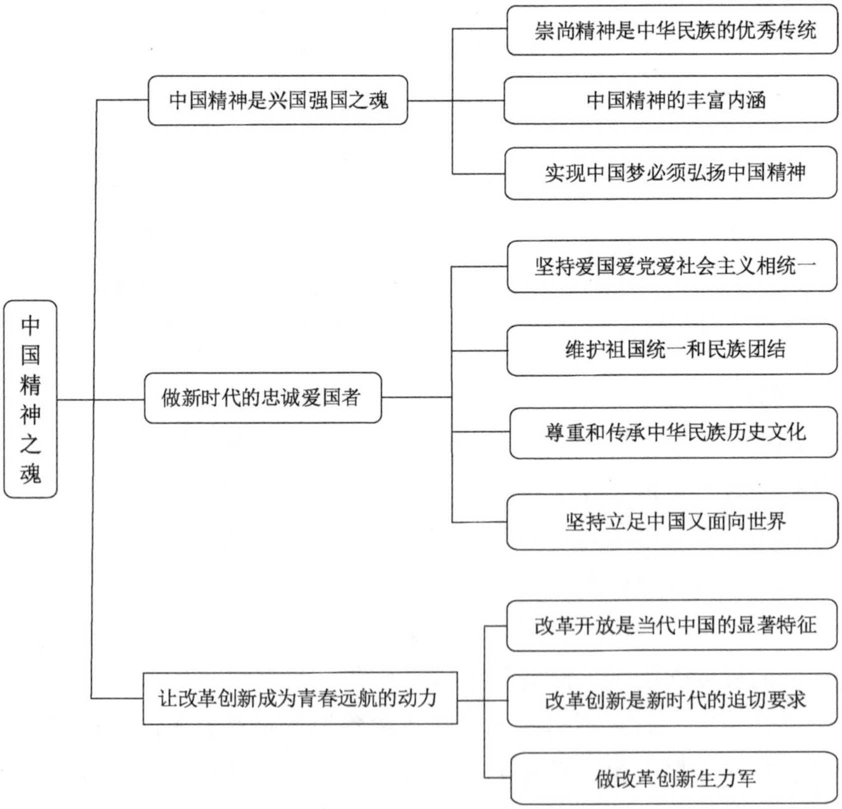

第一节　中国精神是兴国强国之魂

【金句导言】

只有实现中华民族伟大复兴的中国梦，家庭梦才能梦想成真。中国人历来讲求精忠报国，革命战争年代母亲教儿打东洋、妻子送郎上战场，社会主义建设时期先大家后小家、为大家舍小家，都体现着向上的家庭追求，体现着高尚的家国情怀。

——2016 年 12 月 12 日，习近平在会见第一届全国文明家庭代表时的讲话

【本节导读】

本节主要讲述的是关于中国精神的相关知识，重视精神、崇尚精神是中华民族自古以来的优秀传统，青年大学生要重视精神生活，要做有理想有信念的人，我们强调用道德理性和精神品格对欲望进行引导和控制，在这个物质资源丰富的时代，我们不能忽视精神的重要性。想要做优秀的大学生，一定要有精神动力，做有灵魂的大学生，谨防自己成为行尸走肉般的个体。

【教学情况】

教学目标：通过学习本节知识，引导学生了解和掌握爱国主义的内涵和意义。明确爱国主义不仅仅是传统美德，也是中华民族精神的核心所在，它与时代精神一起构成了实现我国民族复兴的精神支撑。

教学重点：

1. 引导学生了解中国精神与爱国主义，理解它们的内涵与时代价值，尤其是新时代中这两种精神的重要意义。

2. 培养当代大学生的民族自豪感，保持民族自尊心，懂得用实际行动拥护党的领导和国家统一，为实现民族复兴而努力奋斗。

3. 引导学生认清改革创新时代精神的重要意义，身体力行将其发扬光大。

一、崇尚精神是中华民族的优秀传统

【教学课堂】

步骤一　案例介绍

习近平考察沂蒙老区

2013年11月，习近平总书记到临沂革命老区走访慰问，并在华东革命烈士陵园向烈士纪念塔敬献花篮，带领人们缅怀长眠于此的革命烈士，随后参观了沂蒙精神展。在“人民抗日武装起义示意图”“沂蒙人民支前统计表”等展示前，习近平同志详细地向展馆人员询问了沂蒙地区的革命战争历史。他表示，历史不能忘记，回想当年峥嵘岁月，我们很受教育。习近平同志在展厅会见了“沂蒙母亲”王换于的孙女于爱梅等模范人物。他表示，这次来沂蒙就是看望老区人民，重温沂蒙精神。革命胜利来之不易，主要是党和人民水乳交融，党把人民利益放在第一位，为人民谋解放，人民跟党走，无私奉献，可歌可泣啊！沂蒙精神要大力弘扬。

案例来源：习近平瞻仰华东革命烈士陵园　强调历史不能忘记. 新华网，2013-11-25. https：//china，huanqiu. com/articlel9CaKmJDir5

步骤二　问题聚焦

通过阅读案例，探讨中国精神从何而来？感受中国精神的力量，思考中国精神有哪些现实意义？

步骤三　知识凝练

人与动物的差别在于思想，人在精神上是有追求的。中华民族是一个崇尚精神的民族，具有崇尚精神的优秀传统。中国人自古以来就对理想、道德、高尚品格有所追求，这是我们的传统，是我们骨子里的精神。习近平总书记对于沂蒙精神的重视就体现了我们国家对精神力量的重视。从沂蒙精神中，我们也可以体会到这种中国精神在中华民族发展中所起到的重要作用。

同样地，崇尚精神的传统还表现在我国人民对于理想的追求，对于道德教化的追求，以及对于崇高人格的追求。从儒家追求的道德理想到中国共产党弘扬的中国精神，中华民族对于精神的崇尚贯穿于几千年的民族历史之中。对精神的崇尚支撑着中华民族几千年的绵延兴盛、薪火相传，实现中华民族伟大复兴，必须继承中华民族创造的精神财富，以朝气蓬勃的状态走向光明未来。

步骤四　思维启发

世界上曾经诞生过许多文明，它们都经历过辉煌的时刻，然而很多文明都随着历史车轮的滚滚向前而逐渐败落，消失于历史长河之中。古埃及、古巴比伦王国、波斯帝国、马其顿王国，以及大名鼎鼎的罗马帝国，这些曾经强盛一时的文明古国都悄无声息地消亡于历史长河，而中国却得以存续数千年，并一直保持着进化的趋势。生活在这个伟大国家之中的人民以勤劳和智慧著称，他们创造了璀璨夺目的文化瑰宝，给后世留下了丰富而宝贵的自然遗产。一个民族的文化传统就如同这个民族与生俱来且伴随一生的胎记，是民族延续和凝聚的精神根源，是哺育民族精神的温柔摇篮。中华民族的文化传统是我国重要的精神文化遗产，它蕴含着一代代中国人民的共同记忆，赋予了整个国家丰富的文明内容和蓬勃向上的生命力量。

步骤五　实践拓展

实践课题：参观爱国主义教育基地

实践步骤：

1. 遵守纪律，认真听讲解员讲解。
2. 活动结束后，各小组撰写活动总结及活动感受。
3. 将活动成果制作成 PPT 或视频相册，在课堂上进行汇报交流，分享学习心得。

【延伸阅读】

中国人的精神

我曾听一位外国朋友这样说过：在中国居住的时间越长，就越发喜欢中国人。中国人身上有种难以形容的东西。尽管他们缺乏卫生习惯，生活不甚讲究；尽管他们的思想和性格有许多缺点，但仍然赢得了外国人的喜爱，而这种喜爱是其他任何民族所无法得到的。我已经把这种难以形容的东西概括为温良。如果我不为这种温良正名的话，那么在外国人的心中它就可能被误认为中国人体质和道德上的缺陷——温顺和懦弱。这里再次提到的温良，就是我曾经提示过的一种源于同情心或真正的人类的智慧的温良——既不是源于推理，也非产自本能，而是源于同情心——来源于同情的力量。那么，中国人又是如何具备了这种同情的力量的呢?

我在这里冒昧给诸位一个解答——或者是一个假设。诸位愿意的话，也许可以将其视为中国人具有同情力量的秘密所在。中国人之所以有这种力量、这种强大的同情的力量，是因为他们完全地或几乎完全地过着一种心灵的生活。中国人的全部生活是一种情感的生活——这种情感既不来源于感官直觉意义上的那种情感，也不是来源于你们所说的神经系统奔腾的情欲那种意义上的情感，而是一种产生于我们人性的深处——心灵的激情或人类之爱的那种意义上的情感。

下面让我们看看中国人是否过着一种心灵的生活。对此，我们可以用中国人实际生活中表现出的一般特征，来加以说明。

首先，我们来谈谈中国的语言。中国的语言也是一种心灵的语言。一个很明显的事实就是：那些生活在中国的外国人，其儿童和未受教育者学习中文比成年人和受过教育者要容易得多。原因在于儿童和未受教育者是用心灵来思考和使用语言。相反，受过教育者，特别是受过理性教育的现代欧洲人，他们是用大脑和智慧来思考和使用语言的。有一种关于极乐世界的说法也同样适用于对中国语言的学习：除非你变成一个孩子，否则你就难以学会它。

其次，我们再指出一个众所周知的中国人日常生活中的事实。中国人具有惊人的记忆力，其秘密何在?就在于中国人是用心而非脑去记忆。用具同情力量的心灵记事，比用头脑或智力要好得多，后者是枯燥乏味的。举例来说，我们当中的绝大多数儿童时代的记忆力要强过成年后的记忆力。因为儿童就像中国人一样，是用心而非用脑去记忆。

接下来的例子，依旧是体现在中国人日常生活中，并得到大家承认的一个事实——中国人的礼貌。中国一向被视为礼仪之邦，那么其礼貌的本质是什么呢？这就是体谅、照顾他人的感情。中国人有礼貌是因为他们过着一种心灵的生活。他们完全了解自己的这份情感，很容易将心比心推己及人，显示出体谅、照顾他人情感的特征。

我们举的中国人特性的最后一例，是其缺乏精确的习惯。这是由亚瑟·史密斯提出并使之得以扬名的一个观点。那么中国人缺少精确性的原因又何在呢？我说依然是因为他们过着一种心灵的生活。心灵是纤细而敏感的，它不像头脑或智慧那样僵硬、刻板。实际上，中国人的毛笔或许可以视为中国人精神的象征。用毛笔书写绘画非常困难，好像也难以准确，但是一旦掌握了它，你就能够得心应手，创造出美妙优雅的书画来，而用西方坚硬的钢笔是无法获得这种效果的。

……

现在我们可以回答最初提出的问题了——什么是真正的中国人？我们现在已经知道，真正的中国人就是有着赤子之心和成年人的智慧、过着心灵生活的这样一种人。简言之，真正的中国人有着童子之心和成年人的智慧。中国人的精神是一种永葆青春的精神，是不朽的民族魂。……如果说中华民族之精神是一种青春永葆的精神，是不朽的民族魂，那么，民族精神不朽的秘密就是中国人心灵与理智的完美谐和。

——辜鸿铭. 中国人的精神，上海：生活·读书·新知，三联出版社，2010 年

二、中国精神的丰富内涵

【教学课堂】

步骤一　案例介绍

做属于中国的全世界最好的搜索引擎

创业是这个世界的潮流之一，但并不是人人都适合创业。创业的人很多，成功者固然令人羡慕，但更多的失败者也令人同情。创业并不是怀着一腔热情就能成功，更重要的是需要一颗冷静的头脑为之保驾

护航。在如今经济全球化的大环境中，创业更需要冷静地选好自己的方向。

我国最大的搜索引擎“百度”的创始人，就是一个成功的创业者。他具备狂热的热情与冷静的头脑，能够冷静地选择并且执着推进。他在选择创业项目时，选择了创新民族品牌。他创立的百度事业为新时代的知识分子创业树立了一个典范楷模。

北大毕业后的李彦宏去了美国攻读计算机硕士学位，之后去了华尔街从事信息系统设计，后又转战硅谷钻研搜索引擎技术。在美国的8年时间里，国内互联网世界经历了日新月异的变化，李彦宏经过认真考察，当他判断时机成熟之后果断回国创办了百度搜索。当时的李彦宏虽然手握专利技术，也很快拿到了风险投资，并且迅速占有了市场份额，但是好几年时间里始终无法盈利，一直面临资金问题的困扰。一直到2005年成功上市后，百度才一朝翻身，一跃跻身于全球资本市场最受关注的上市公司队列。李彦宏成功的因素很多，他自身出众的智慧与才华、冷静的头脑、执着的态度、投资方向的选择都发挥了巨大的作用，除此之外还有一项不容忽视的因素，就是他的爱国情怀和创新民族品牌的宏伟抱负，用他自己的话来说，就是“做属于中国的全世界最好的搜索引擎”。

纵观百度从创立至今的发展历程，我们很容易发现这家公司的市场定位一直非常明确，他的掌舵人专研搜索业务，不盲目跟风。在互联网世界一窝蜂地“烧钱”抢夺用户时，李彦宏就料定这种做法不能持久，必定会损失投资人的利益；在互联网行业整体低迷的时候，他也不气馁，而是鼓励员工关注长远目标。他就是这样一个敢于创新又心系国家的有胆识的优秀人才。

案例来源：唐山雨. 李彦宏的专注智慧. 杭州：浙江大学出版社，2010年

步骤二 问题聚焦

通过阅读案例体会李彦宏展现出中华精神的基调和底色是什么？有哪些时代特征？

步骤三　知识凝练

中国精神的基本内容就是以爱国主义为核心的民族精神和以改革创新为核心的时代精神，其中民族精神包括创造精神、奋斗精神、团结精神、梦想精神，我们必须将这些精神同爱国精神相结合，努力弘扬伟大的民族精神。李彦宏在获得巨大成就之前，首先是具有强烈的爱国精神，并不是单纯地为了个人利益而奋斗，而是为了做出属于中国自己的、全世界最好的搜索引擎。创新是民族进步的灵魂、国家兴旺发达的动力，以改革创新为核心的时代精神是当代中国人民精神风貌的集中写照，是激发社会创造活力的强大力量。民族精神与时代精神紧密关联，是一个民族赖以生存的精神支撑，二者是我们实现民族复兴的强大精神力量。

步骤四　思维启发

一百年来，中国共产党在领导革命、建设、改革的实践中，带领中国人民进行了伟大斗争，披荆斩棘，实现了中华民族从站起来、富起来到强起来的伟大飞跃，锻造出了具有鲜明特色与时代特点的中国共产党人精神，形成了井冈山精神、长征精神、遵义会议精神、延安精神、西柏坡精神、红岩精神、抗美援朝精神、“两弹一星”精神、特区精神、抗洪精神、抗震救灾精神、抗疫精神等伟大精神，构筑起了中国共产党人的精神谱系。

步骤五：实践拓展

实践课题：爱祖国，唱红歌

实践步骤：

1. 事先制作好演唱要求的纸条，如“请演唱带‘红’字的歌曲”等，放在纸盒内。

2. 任课教师将学生分组。

3. 宣布比赛开始，任课教师抽出盒内纸条，宣读演唱要求，各组轮流演唱，规定时间内唱不出规定曲目的小组即被淘汰，坚持到最后的组为获胜组。

4. 任课教师点评。

【延伸阅读】

科学泰斗——钱伟长

钱伟长院士（1912—2010年），世界著名的科学家、教育家，杰出的社会活动家。他是我国力学的重要奠基者，为我国的力学事业做出了突出贡献，因此被称为“中国近代力学之父”。

1931年，手捧“清寒奖学金”的钱伟长凭借中文和历史两门的绝对高分进入了清华大学历史系就读，当时他的理科成绩非常的差，物理只取得了可怜的五分，数学、化学也是同等水平，英语则完全没有接触过。

入学不久后，“九一八事变”爆发，听到这个惨痛消息的钱伟长大受触动，他决定放弃自己心爱的历史转投更加实用的物理，好为中国的军力振兴贡献自己的力量。可是，钱伟长的物理成绩实在太差，物理系主任并不肯接受这个学生。后来经过钱伟长的不断努力，物理系终于向他敞开大门，给了他试读一年的机会。基础很差的钱伟长非常珍惜这个来之不易的机会，为了追上同学们的脚步，他每天废寝忘食地投入学习之中，披星戴月地往返于教室和图书馆之间。功夫不负有心人，一年之后的期末考试中，钱伟长的数理分数终于达标，同时他的英语也不再成为求学的阻碍。等到大学毕业时，钱伟长的成绩已经在班里名列前茅，成为同学们学习的榜样。

毕业后，钱伟长留在清华攻读硕士学位，之后又赴海外深造。完成学业后，钱伟长进入美国加州理工从事博士后科学研究，研究火箭、导弹等实用的军事物理问题，并发表了世界上第一篇关于奇异摄动的理论，成为该领域的奠基人。

1946年，钱伟长放弃在美国的一切，借着探亲的名义悄然回国，回到母校清华大学机械系从事教学工作。1970年，由于我国严重缺乏高能电池，已经58岁的钱伟长从零开始学习电池知识；几年之后，钱伟长以64岁的高龄投身于计算机技术研究，甚至创造了一种全新的汉字宏观字形编码方案，使编码方法无限贴近于汉字的识字规律，这种编码方案被冠以他的名字，叫作“钱码”……

学无止境，这句话在钱伟长身上被发挥到了极限。他在科学领域的成就无人能及，同时在政治、教育等与自己专业无关的领域里也硕果累累，甚至在年老后自学的领域里，也能做出普通人难以企及的成绩。他简直是个无所不能的学霸，涉猎范围实在太过广博。对于自己的十项全能，钱院士解释说："我没有专业，国家的需要就是我的专业；我从不考虑自己的得与失，祖国和人民的忧就是我的忧，祖国和人民的乐就是我的乐。"正是在这种浓烈的爱国精神鼓舞下，钱院士走出了一条出彩的人生路。无论工作在哪个领域，他都坚持自己的爱国精神不动摇。他说："回顾我这一辈子，归根到底，我是一个爱国主义者。"

——根据2010年感动中国十大人物事迹编写

三、实现中国梦必须弘扬中国精神

【教学课堂】

步骤一 案例介绍

"中国鲁滨孙"翟墨

20世纪60年代，翟墨出生于山东泰安一个地道的山民家庭，对于他来说，大海只是泰山背面的一个梦。

大学毕业后，翟墨成了一名出色的油画家，而因偶然接触了帆船，从此对大海的向往一发不可收。2000年，翟墨开始了他的自驾航海生涯。2007年，翟墨从家乡附近的港口城市日照启航，驾驶着一艘无动力帆船，单枪匹马地开启了一场环球旅程；途中经历了无数的磨难，跨越了15个国家和地区，还有无数个不知名的岛屿，总共航行了28300海里，花费了两年半的时间，最终平安回到了出发地。一人，一船，一桨，完成了环球航行，结束了郑和下西洋之后600多年无人航海的漫长历史，这是翟墨个人的荣耀，也是中华民族的荣耀。翟墨也因为这次无动力帆船环球航海的壮举，得到了"中国鲁滨孙"的称号。

翟墨的航行充满惊险和艰辛，对个人的海外生存能力提出了巨大的挑战：翟墨在印度洋航程内遭遇了持续五天的暴风雨，五天里他不敢眠不能休，必须保持舵不离手；他曾被风浪冲到了一处军事基地，被守岛的海军士兵关押进小岛的监狱；他也曾与海盗狭路相逢，被一路追踪了数个小时……除了变幻莫测的风浪、危险的海洋生物、不知何时就会遇见的敌人，翟墨的航程中还充满了一个人的孤独，无人守望，然而凭借自己坚强的意志、超人的智慧、过人的胆量，以及为国争光的坚定信念，最终翟墨战胜了所有的困难。

在路过拿破仑的流放之地时，翟墨在他墓地前的留言簿上留下了第一段中文："你曾经说过，中国是一头睡狮，一旦睡醒，世界将为之震动。这次我来，就是告诉你，中国这头睡狮，睡醒了。"

案例来源：本书编写组. 思想道德修养与法律基础（2018 年版）. 北京高等教育出版社，2018 年

步骤二 问题聚焦

通过阅读案例，想想翟墨为什么要坚持如此艰苦的单人环球旅行？从中可以体会到什么精神？

步骤三 知识凝练

翟墨单枪匹马完成了无动力帆船环球航海的壮举，向世界展示了中国人面对海洋的勇气、豪情、信念和智慧，以及百折不挠、自强不息的伟大民族精神。中华民族伟大复兴的实现正需要这种精神力量的支撑，中国精神就是推动伟业复兴的精神定力。

步骤四 思维启发

中华文明延续千年而保持年轻，永不衰退，原因可能在于人口众多而且具有同一种奇妙的文化；或许也因为中国文化具有的强大包容性，它十分擅长同化外来的文化；或许是因为中国具有独特的语言和汉字；或许是因为中华民族具有强大的耐力，它坚不可摧，经得起时间的摧残，在历史长河的冲刷下历久弥新。

步骤五 实践拓展

实践课题：回顾中国历史上的这一天

实践步骤：

1. 上网收集或到图书馆查阅"中国历史上的这天"曾经发生过什么重大事件。

2. 填写历史事件调查表。

3. 撰写心得体会。

历史事件调查表

名称	时间	内容	体会和感受
“七七”事变			
南京大屠杀			
……			

第二节　做新时代的忠诚爱国者

【金句导言】

以爱国主义为核心的伟大民族精神是中国人民抗日战争胜利的决定因素。古往今来，任何一个有作为的民族，都以自己的独特精神著称于世。爱国主义是中华民族精神的核心。

——2014年9月3日，习近平在纪念中国人民抗日战争暨世界反法西斯战争胜利69周年座谈会上的讲话

祖国的命运和党的命运、社会主义的命运是密不可分的。只有坚持爱国和爱党、爱社会主义相统一，爱国主义才是鲜活的、真实的，这是当代中国爱国主义精神最重要的体现。今天我们讲爱国主义，这个道理要经常讲、反复讲。

——2015年12月30日，习近平在中共中央政治局第二十九次集体学习时的讲话

【本节导读】

中华民族延续千年、生生不息的根源在于爱国主义精神的支撑。爱国

主义是一种优秀的民族传统，在社会主义新时代的今天仍然具有十分重要的时代价值。大学生作为国家未来的主人翁，应高举爱国主义伟大旗帜，身体力行维护祖国利益。

【教学情况】

教学目标：通过对本部分内容的学习，引导学生深刻理解爱国主义的时代价值，以及它的科学内涵，清楚爱国主义精神应该如何表达，并理解改革创新的重要意义。

教学重点：

1. 爱国主义的基本内涵。
2. 新时代爱国主义的基本要求。

一、坚持爱国爱党爱社会主义相统一

【教学课堂】

步骤一　案例介绍

万水千山爱国心

1947 年 8 月 28 日出生于上海的汪明荃是我国著名的女演员、歌手、主持人。她幼年移居香港，20 世纪 80 年代初因主演了两部现象级电视剧《京华春梦》《万水千山总是情》而名声大噪、红遍全国，之后一直活跃在舞台上，参演影视作品、粤剧、话剧、综艺节目，开演唱会，做主持，获奖无数，在香港演艺界奠定了不可动摇的地位。她还经常代表香港演艺界参加与内地交流的文艺活动。

汪明荃在演艺事业取得的成就无人可及，在政治领域的表现也同样精彩。

汪明荃的政治生涯开始于 1988 年，她当选为全国人大第七届港澳区代表，第八届继续连任，卸任之后又担任了香港特别行政区筹备委员会委员及推选委员会委员，后又连续担任全国政协第九届和第十届委员。2006 年，汪明荃当选为中国文学艺术界联合会第八届全国委员会委员；2007年担任香港八和会馆第三十三届理事会主席；2008年担任西九文化区管理局董事局辖下表演艺术委员会成员；2009年担任香港八和会馆第三十四届理事会主席，同年，获委任为香港西九文化区管理局非董事局成员；2013年，连任香港八和会馆第三十六届理事会主席；2016年当选中国文学艺术界联合会第十届全委会委员；2017年参加第十三届人大代表选举第一次会议……

人们说，汪明荃之所以能取得这样耀眼的政治成就，应该归功于她的政治远见，一早就看清了香港回归的大势。汪明荃自己却解释说，她早期积极参加与内地的各种交流活动，只是出于对祖国和家乡的热爱。

汪明荃在上海家乡度过了自己的童年时光，移居香港后也经常听妈妈哼唱国语歌曲，耳濡目染下生出了浓烈的思乡爱国之情。1984年，已成为香港演艺圈代表人物的汪明荃目睹了《中英关于香港问题的联合声明》签字仪式，那时她对祖国的概念、对香港和内地的关系有了更加深刻的理解。她感受到了香港回归祖国怀抱的激动，感受到了祖国的强大。在1997年香港回归的庆典上，汪明荃看着五星红旗在香港的天空冉冉升起，听着《义勇军进行曲》响彻香港大地，激动得热泪盈眶，内心的激荡久久无法平静。

案例来源：根据中国文联网相关报道材料改编

步骤二　问题聚焦

通过阅读案例思考祖国有哪些象征和标志？普通人在日常生活中应该如何表达爱国情感？大学生爱国主要表现在哪些方面？

步骤三　知识凝练

爱国并不是用嘴说说而已，它需要有实际的行动支持；爱国不是靠一腔热情就行，它还需要理性的认知支撑。爱国者应该集情感、理性和行动于一身，始终把国家利益放在首位。爱国者要在思想和行动上与国家、与党保持一致，像汪明荃女士这样的爱国者就很典型，她在思想上始终坚持认为自己是国家的一分子，应当为国家做出贡献，实际行动上她与祖国同呼吸、共命运，这才是真正的爱国者。

步骤四　思维启发

随着人类社会的进步和科技的发展，人与人之间、国与国之间的距离被无限度拉近，全世界的经济、产业也突显出了不可阻挡的全球化趋势。然而，经济可以全球化，政治文化却不能混为一谈。每个国家的国家主权和尊严不容侵犯，每个国家的价值观念与政治制度不容染指。世界是丰富多彩的，需要不同的文化填充，不同的制度支撑。我们在参与经济全球化的进程中，一定要保持头脑清醒，坚定维护祖国的主权和文化价值观念。

步骤五　实践拓展

实践课题：我为祖国献青春

实践步骤：

1. 布置任务：以宿舍为小组，利用课余时间，自主到学校附近的红色教育基地参观、考察、学习、调研，每个小组至少到三个地方参观调研。

2. 成果展示：提前在教室宣传栏展示照片、观后感、调研报告。

3. 集中汇报：以宿舍为小组播放视频，讲解展示 PPT，学生主持、摄影、摄像、打分、计分等，任课教师指导组织管理。

4. 学生打分：根据班级人数，现场指定学生评委，明确评分规则，现场打分，公布分数，选出最佳团队、最佳个人。

5. 任课教师点评，同学互评，现场反馈。

6. 考核评价：计入期末考核总成绩。

【延伸阅读】

让爱国主义的伟大旗帜在心中高高飘扬

爱国，是人世间最深沉、最持久的情感。在纪念五四运动 100 周年大会上，习近平总书记勉励广大青年热爱伟大祖国，胸怀忧国忧民之心、爱国爱民之情，不断奉献祖国、奉献人民，让爱国主义的伟大旗帜始终在心中高高飘扬。总书记的谆谆嘱托、殷殷期待引发强烈共鸣，为广大青年培养爱国之情、砥砺强国之志、实践报国之行指明了前进方向、注入了强大动力。

作为五四精神的核心，爱国主义始终是推动中国发展进步的强大精神动力。100年来，一代代热血青年满怀对祖国和人民的赤子之心，积极投身党领导的革命、建设、改革事业，把最美好的青春献给祖国和人民，谱写了一曲又一曲青春壮歌。历史深刻表明，只要高举爱国主义的伟大旗帜，广大青年就能和人民一道，在改造中国、改造世界的拼搏中迸发出排山倒海的历史伟力。

当代中国，爱国主义的本质就是坚持爱国和爱党、爱社会主义高度统一。弘扬爱国主义精神，新时代中国青年要坚持听党话、跟党走。80年前，毛泽东同志就曾指出："共产党从诞生之日起，就是同青年学生、知识分子结合在一起的；同样，青年学生、知识分子也只有跟共产党在一起，才能走上正确的道路。"中国共产党是爱国主义精神最坚定的弘扬者和实践者，中国特色社会主义道路是通往国家富强、民族振兴、人民幸福的必由之路。祖国的命运和党的命运、社会主义的命运息息相关。只有坚持爱国和爱党、爱社会主义相统一，坚定不移跟党走，奋力建功新时代，爱国主义才是鲜活的、真实的。

弘扬爱国主义精神，树立远大理想是基础。青年理想远大、信念坚定，是一个国家、一个民族无坚不摧的前进动力。立大志、做大事，就是要把自己的小我融入祖国的大我、人民的大我之中，与时代同步伐、与祖国共命运，更好地实现人生价值、升华人生境界。热爱祖国是心之所系、情之所归，也是立身之本、成才之基。离开了祖国需要、人民利益，任何孤芳自赏都会陷入越走越窄的狭小天地。坚定理想，心怀大我，到人民群众中去，到新时代新天地中去，才能让理想信念在创业奋斗中升华，让青春在创新创造中闪光。

刀在石上磨，人在事上练。弘扬爱国主义精神重在行动，要以一生的真情投入、一辈子的顽强奋斗来实现爱国情怀。"不经一番寒彻骨，怎得梅花扑鼻香。"无论是实现中华民族伟大复兴，还是成就人生梦想，都不是轻轻松松就能实现的。唯有激发奋斗力量、扬起实干风帆，踏踏实实做好每一件事情，兢兢业业干好每一项工作，才能创造无愧于国家和人民的业绩。

"我和我的祖国，一刻也不能分割……"五四青年节到来之际，神州大地洋溢着浓浓的爱国情怀。不负韶华、勇挑重担，高擎爱国主义伟大旗帜的中国青年，必将在奋进新时代的征程上唱响更加嘹亮的青春之歌！

——新华社评论员. 让爱国主义的伟大旗帜在心中高高飘扬. 央广网, 2019-05-02. https://baijiahao.baidu.com/s?id=1632398869702394975&wfr=spider&for=pc

二、维护祖国统一和民族团结

【教学课堂】

步骤一 案例介绍

不忘赤子心

复旦大学的英文教授卢丽安，生长于我国台湾地区的高雄市。受家庭教育的耳濡目染，卢丽安从小就对隔岸相望的大陆产生了深厚的感情。1997 年，卢丽安夫妇在国家人事部的安排下来到上海，以“返国定居专家”的身份进入复旦大学任教，短短几年，讲话温柔的卢教授已经在学校广受欢迎。学校里还有其他来自台湾的老师，他们一起在人文哲社、理工医卫等不同领域辛勤地播撒着汗水。

2015 年，已在复旦大学任教多年的卢丽安光荣地加入了中国共产党，两年后，她又被推举为十九大代表，作为台湾地区的代表出席了第十九次全国人民代表大会。在十九大会议上，卢丽安发言提到：“我以台湾的女儿为荣，我以生为中国人为傲。”这番言论随后在互联网上传播开来，得到了很多台湾朋友的点赞支持，她教过的学生们也积极留言支持，她的家人也表示，只要所作所为俱是有利于国家和民族的，能够促进大陆和台湾两岸的和平发展的，都会得到他们无条件地支持。

案例来源：根据 2017 年度感动中国十大人物主要事迹及颁奖辞编写

步骤二 问题聚焦

通过阅读案例，思考爱国主义的内涵和表现，爱国主义是爱什么，为什么爱，怎么爱？以上案例对你有什么启发？

步骤三 知识凝练

祖国的统一，民族的团结，都是当代社会弘扬爱国主义精神的基本要求。台湾籍党代表卢丽安的爱国是跨越海峡两岸的，她以清醒的头脑清楚地认识到两岸同胞之间血浓于水的亲情，以强烈的归属感回归到祖国的怀抱。爱国主义精神是维护国家统一、民族团结的核心力量，在新时代仍然具有重要的时代价值。

步骤四 思维启发

中华民族是一个宽容友善的民族，是一个以礼待人不求回报的民族。如果中华民族想要称霸世界，那么中国早已经成为世界霸主，之所以没有这么做，是因为中华民族追求全世界的平等和自由，而不是高高在上地支配他国。这种与生俱来的民族特点决定了中国必将坚定不移地走和平发展道路。

步骤五 实践拓展

实践课题：我的故乡，我的情

实践步骤：

1. 布置任务：在班级内根据学生来源情况，以地市（或省市）为单位组成学习小组，利用课余时间搜集资料、下载视频、制作 PPT，内容包括家乡的历史沿革、地域特色、名人、名胜、名小吃等。

2. 家乡美展示：提前在教室宣传栏展示家乡图片，以地市（或省市）为小组播放视频，讲解展示 PPT，说家乡话，表演家乡才艺等。

3. 学生打分：根据班级人数，现场指定学生评委，明确评分规则，现场打分、公布分数，选出最佳团队、最佳个人。

【延伸阅读】

我国宪法对维护祖国统一和民族团结的规定

坚持各民族大团结，维护祖国统一，是我国民族工作的一项根本任务，也是我们在民族问题上坚持四项基本原则的必然要求。为了更好地维护祖国统一和民族团结，我国宪法特作了明确规定：

（1）中华人民共和国是全国各族人民共同缔造的统一的多民族国家。平等、团结、互助的社会主义民族关系已经确立，并将继续加强。

（2）中华人民共和国各民族一律平等。国家保障各少数民族的合法的权利和利益，维护和发展各民族的平等团结互助和谐关系。禁止对任何民族的歧视和压迫，禁止破坏民族团结和制造民族分裂的行为。

（3）各少数民族聚居的地方实行区域自治，设立自治机关，行使自治权。各民族自治地方都是中华人民共和国不可分离的部分。

（4）中华人民共和国公民有维护国家统一和全国各民族团结的义务。

（5）在维护民族团结的斗争中，要反对大民族主义，主要是大汉族主义，也要反对地方民族主义。国家尽一切努力，促进全国各民族的共同繁荣。

——我国宪法对维护祖国统一和民族团结的规定. 中国共产党新闻网，[2021-08-10]. http://cpc.people.com.cn/GB/64107/65708/66066/66078/4468619.html

三、尊重和传承中华民族历史文化

【教学课堂】

步骤一　案例介绍

“国”字的演化

什么是国？从字形上看，国字有一个演化过程，繁体字的“國”，中间一个口字代表人口，口下边一横代表土地，在它们右边是一个戈字，代表军队、武装、武力，而外围的大方框代表国家的疆域，四部分合起来就构成了一个繁体的“國”字，意思就是用军队、武装、武力捍卫有一定范围的人口或土地。到了宋元时期，出现了今天常用的简化国字，也就是一玉口中国，什么意思呢？这里边的玉不仅仅代表我国地大物博，宝藏丰富，而且玉是中国传统文化的一个重要组成部分。玉是珍宝，是美好事物的象征，所以在国字当中又蕴含着一层含义：

让我们像爱护珍宝一样来热爱自己的国家。当然，在玉文化中也包含有“宁为玉碎”的爱国民族气节；“化干戈为玉帛”的团结友爱风尚；“瑕不掩瑜”的清正廉洁气魄。

案例来源：根据资料编写

步骤二　问题聚焦

通过阅读案例，思考中华民族优秀传统文化有哪些？传承优秀传统文化有什么意义？

步骤三　知识凝练

文化是一个国家、一个民族的灵魂，文化兴国运兴，文化强民族强。中华优秀传统文化博大精深、源远流长，是中华民族不断发展壮大的精神命脉，是我们最深厚的文化软实力，是中国特色社会主义植根的沃土，是我们在世界文化激荡中站稳脚跟的根基。当前，中华民族伟大复兴呈现出光明的前景，我们比历史上任何时期都更接近、更有信心和能力实现中华民族伟大复兴的目标。传承和弘扬中华优秀传统文化，推动中华优秀传统文化的复兴，是中华民族伟大复兴的应有之义，也是中华民族伟大复兴的精神动力和精神支撑。

步骤四　思维启发

弘扬中华文化，不仅自己要从中汲取精神力量，而且要积极推动中外文明交流互鉴，讲述好中国故事、传播好中国声音，促进中外民众相互了解和理解，为实现中国梦营造良好的国际环境。

步骤五　实践拓展

实践课题：诵国学经典，涵素养修为

实践步骤：

1. 推荐书目：《弟子规》《三字经》《百家姓》《千字文》《诫子书》《孝经》《诗经》《论语》《孟子》《大学》《中庸》《道德经》《唐宋诗词选》《少年中国说》等国学经典。

2. 以宿舍为单位进行分组，自行选择推荐书目进行背诵。

3. 小组 PK：小组同学以抽签方式确定 PK 对手，进行上下连句、填空组词、看图说成语等趣味比赛。

4. 根据班级人数，现场指定学生评委，明确评分规则，现场打分、公布分数，选出最佳节目、最佳宿舍、最佳个人。

5. 任课教师给予点评。

【延伸阅读】

传承历史印记 培育家国情怀

以“修身齐家治国平天下”为核心的家国情怀，是中华民族历史文化最深厚的积淀，是植根于中华儿女心中最神圣的印记。培育家国情怀既是新时代大学生传承优秀传统文化的需要，也是职业教育落实立德树人、培育担当精神的需要，更是实现中华民族伟大复兴的需要。新时代思想政治工作的一个重要任务，就是要传承历史印记，培育青年人的家国情怀。

培育家国情怀，要传承和发扬历史文化精神。习近平总书记强调，“弘扬爱国主义精神，必须尊重和传承中华民族历史和文化”。家国同构始于夏商，家是国的原型，国是家的放大，自此就有了“家是最小国，国是千万家”之说。家国情怀对中华民族影响至深，尤其是当民族、国家处于危难之时，一座座家国情怀的精神丰碑屹立在每个中国人的心中，激励中华民族不断抗争奋进。中华民族历来期盼家国平安，但历史的进程从来不是一帆风顺的。五千多年来，饱经沧桑的华夏疆土上，战争与灾难从未真正远离，在血与火的洗礼下，和平与战争交织的历史砥砺前行。每个时代都涌现出彪炳史册的典范，从“持节牧羊”的苏武到“精忠报国”的岳飞，再到近现代数不胜数的英烈先贤，每一个名字就是一座家国情怀的精神丰碑。对于处于价值多元时代的大学生来说，铭记、传承历史和文化，便是唤醒对历史最深沉的记忆，培育民族共同的思想基础，增强对国家、民族的认同感、归属感。

培育家国情怀，要勇担立德树人的时代使命。中华民族高度重视立德树人，推崇修齐治平。家的温情与国的担当是中国人心底最易拨动的弦，家国情怀是中国人家与国之间情感的纽带，也是中国人的价值体现。古往今来，每个时代都有其时代的担当与奉献，以“天下兴亡，匹夫有责”“家事国事天下事事事关心”，甚至“向我开炮”的精神，激励一代代中国人舍生取义、舍己为国。在社会主义新时代，更要弘扬践行社会主义核心价值观，把国家、社会、公民三个维度的价值要求融为一体。要着力培育大学生的家国情怀，涵养他们勇于担当的内驱力，培育他们对国家和民族高度的责任感，达到“先天下之忧而忧、后天下之乐而乐”的境界。

培育家国情怀，执着追求实现中华民族伟大复兴梦想。习近平总书记指出，“广大家庭都要把爱家和爱国统一起来，把实现家庭梦融入民族梦之中”。实现伟大梦想，必须进行伟大斗争，建设伟大工程，推进伟大事业。民族复兴是每个中国人的使命，是对中国梦的执着追求。职业教育更是要明晰发展的路线图，把培育“工匠精神”、培育“大国工匠”作为发展的使命，引导新时代技能型人才积极投身现代化强国的各项建设当中，增强使命感，为实现“两个一百年”奋斗目标和中华民族伟大复兴的中国梦提供坚实的人才保障。

——曾朝锋，邹俊平. 传承历史印记　培育家国情怀. 华声在线，2019-11-02. https：//baijiahao. baidu. com/s？id = 1649051202385165250&wfr = spider&for = pc

四、坚持立足中国又面向世界

【教学课堂】

步骤一　案例介绍

《瓷上中国》讲好中国故事

作家胡平的新作《瓷上中国》将景德镇置于历史与现实、中国与世界等多重坐标系中，从政治、经济、文化、工艺等多个角度探寻这个千年瓷都，为世人了解瓷文化、了解中国打开了一扇窗。《瓷上中国》立足景德镇，反映的是中国特色、中国价值、中国奇迹，体现出作者高度的文化自觉和文化自信。胡平这本书有思辨色彩，有思想的力量，他注意了话语体系的转换。通过讲述容易被世界接受的中国瓷器的故事，传播了中国人的美学观念、价值观念以及当代创新。

案例来源：姚亚平.《瓷上中国》讲好中国故事. 人民日报，2014-08-26（改编）

步骤二　问题聚焦

通过阅读案例，谈谈新时代爱国主义的弘扬如何做到既坚持立足中国又面向世界？

步骤三　知识凝练

当今世界越来越成为你中有我、我中有你的命运共同体。弘扬新时代的爱国主义，要求我们正确处理立足中国与面向世界的辩证统一关系，维护国家发展的主体性，自觉维护国家安全，推动构建人类命运共同体。既要尊重各国的历史特点、文化传统，尊重各国人民选择的发展道路，从不同文明中寻求智慧、汲取营养，增强中华文明生机活力，又要积极倡导求同存异、交流互鉴，促进不同国度、不同文明相互借鉴、共同进步，共同推动人类文明发展进步。

步骤四　思维启发

要注重塑造我国的国家形象，重点展示中国历史底蕴深厚、各民族多元一体、文化多样和谐的文明大国形象，政治清明、经济发展、文化繁荣、社会稳定、人民团结、山河秀美的东方大国形象，坚持和平发展、促进共同发展、维护国际公平正义、为人类作出贡献的负责任大国形象，对外更加开放、更加具有亲和力、充满希望、充满活力的社会主义大国形象。对那些妖魔化、污名化中国和中国人民的言论，要及时予以揭露和驳斥。做这项工作，要大音希声、大象无形，坚持不懈、久久为功，让当代中国形象在世界上闪亮起来。

步骤五　实践拓展

实践课题：国家名片设计制作

实践步骤：

1. 分组讨论设计方案。
2. 选取有代表性的中国元素用于设计制作国家名片。
3. 确定制作方案，分工协作制作完成名片。
4. 每组选派代表进行名片展示和创意介绍。

【延伸阅读】

深化文明交流互鉴　共建亚洲命运共同体（节选）

——习近平在亚洲文明对话大会开幕式上的主旨演讲

女士们、先生们、朋友们！

文明因多样而交流，因交流而互鉴，因互鉴而发展。我们要加强世界上不同国家、不同民族、不同文化的交流互鉴，夯实共建亚洲命运共同体、人类命运共同体的人文基础。为此，我愿提出 4 点主张。

第一，坚持相互尊重、平等相待。每一种文明都扎根于自己的生存土壤，凝聚着一个国家、一个民族的非凡智慧和精神追求，都有自己存在的价值。人类只有肤色语言之别，文明只有姹紫嫣红之别，但绝无高低优劣之分。认为自己的人种和文明高人一等，执意改造甚至取代其他文明，在认识上是愚蠢的，在做法上是灾难性的！如果人类文明变得只有一个色调、一个模式了，那这个世界就太单调了，也太无趣了！我们应该秉持平等和尊重，摒弃傲慢和偏见，加深对自身文明和其他文明差异性的认知，推动不同文明交流对话、和谐共生。

我访问过世界上许多地方，最吸引我的就是韵味不同的文明，如中亚的古城撒马尔罕、埃及的卢克索神庙、新加坡的圣淘沙、泰国的曼谷玉佛寺、希腊的雅典卫城等。中国愿同各国开展亚洲文化遗产保护行动，为更好传承文明提供必要支撑。

第二，坚持美人之美、美美与共。每一种文明都是美的结晶，都彰显着创造之美。一切美好的事物都是相通的。人们对美好事物的向往，是任何力量都无法阻挡的！各种文明本没有冲突，只是要有欣赏所有文明之美的眼睛。我们既要让本国文明充满勃勃生机，又要为他国文明发展创造条件，让世界文明百花园群芳竞艳。

文明之美集中体现在哲学、社会科学等经典著作和文学、音乐、影视剧等文艺作品之中。现在，大量外国优秀文化产品进入中国，许多中国优秀文化产品走向世界。中国愿同有关国家一道，实施亚洲经典著作互译计划和亚洲影视交流合作计划，帮助人们加深对彼此文化的理解和欣赏，为展示和传播文明之美打造交流互鉴平台。

第三，坚持开放包容、互学互鉴。一切生命有机体都需要新陈代谢，否则生命就会停止。文明也是一样，如果长期自我封闭，必将走向衰落。交流互鉴是文明发展的本质要求。只有同其他文明交流互鉴、取长补短，才能保持旺盛生命活力。文明交流互鉴应该是对等的、平等的，应该是多元的、多向的，而不应该是强制的、强迫的，不应该是单一的、单向的。我们应该以海纳百川的宽广胸怀打破文化交往的壁垒，以兼收并蓄的态度汲取其他文明的养分，促进亚洲文明在交流互鉴中共同前进。

人是文明交流互鉴最好的载体。深化人文交流互鉴是消除隔阂和误解、促进民心相知相通的重要途径。这些年来，中国同各国一道，在教育、文化、体育、卫生等领域搭建了众多合作平台，开辟了广泛合作渠道。中国愿同各国加强青少年、民间团体、地方、媒体等各界交流，打造智库交流合作网络，创新合作模式，推动各种形式的合作走深走实，为推动文明交流互鉴创造条件。

第四，坚持与时俱进、创新发展。文明永续发展，既需要薪火相传、代代守护，更需要顺时应势、推陈出新。世界文明历史揭示了一个规律：任何一种文明都要与时偕行，不断吸纳时代精华。我们应该用创新增添文明发展动力、激活文明进步的源头活水，不断创造出跨越时空、富有永恒魅力的文明成果。

激发人们创新创造活力，最直接的方法莫过于走入不同文明，发现别人的优长，启发自己的思维。2018 年，中国国内居民出境超过 1.6 亿人次，入境游客超过 1.4 亿人次，这是促进中外文明交流互鉴的重要力量。中国愿同各国实施亚洲旅游促进计划，为促进亚洲经济发展、增进亚洲人民友谊贡献更大力量。

女士们、先生们、朋友们！

中华文明是亚洲文明的重要组成部分。自古以来，中华文明在继承创新中不断发展，在应时处变中不断升华，积淀着中华民族最深沉的精神追求，是中华民族生生不息、发展壮大的丰厚滋养。中国的造纸术、火药、印刷术、指南针、天文历法、哲学思想、民本理念等在世界上影响深远，有力推动了人类文明发展进程。

中华文明是在同其他文明不断交流互鉴中形成的开放体系。从历史上的佛教东传、“伊儒会通”，到近代以来的“西学东渐”、新文化运动、马克思主义和社会主义思想传入中国，再到改革开放以来全方位对外开放，中华文明始终在兼收并蓄中历久弥新。亲仁善邻、协和万邦是中华文明一贯的处世之道，惠民利民、安民富民是中华文明鲜明的价值导向，革故鼎新、与时俱进是中华文明永恒的精神气质，道法自然、天人合一是中华文明内在的生存理念。

今日之中国，不仅是中国之中国，而且是亚洲之中国、世界之中国。未来之中国，必将以更加开放的姿态拥抱世界、以更有活力的文明成就贡献世界。

——习近平在亚洲文明对话大会开幕式上的主旨演讲. 新华社，2019-05-15. https：//baijiahao. baidu. com/s？id = 1633571248379083991&wfr = spider&for = pc

第三节　让改革创新成为青春远航的动力

【金句导言】

综合国力竞争说到底是创新的竞争。要深入实施创新驱动发展战略，推动科技创新、产业创新、企业创新、市场创新、产品创新、业态创新、管理创新等，加快形成以创新为主要引领和支撑的经济体系和发展模式。

——2015年05月27日，习近平在浙江召开华东7省市党委主要负责同志座谈会上的讲话

抓创新就是抓发展，谋创新就是谋未来。不创新就要落后，创新慢了也要落后。

——2015年7月17日，习近平在长春召开部分省区党委主要负责同志座谈会上强调

【本节导读】

时代精神形成于某一个特定的时代，是生活在那个时代里的人们创造

社会文明过程中展现的品格和精神。时代精神是同一个时代里精神文明建设的重要构成部分，是激励人民投身于祖国建设的重要推力，是衡量一个社会文明进步的重要标准。

【教学情况】

教学目标：通过对本部分内容的学习，帮助学生认识改革创新的重要意义，培养学生的创新能力和责任感，提高大学生将改革创新的思想理念转化为实际行动的能力和本领。

教学重点：

1. 当代中国的显著特征。
2. 改革创新的时代意义。
3. 做改革创新的生力军的具体要求。

一、改革开放是当代中国的显著特征

【教学课堂】

步骤一　案例介绍

习近平在庆祝改革开放40周年大会上的讲话（节选）

40年来，我们始终坚持在发展中保障和改善民生，全面推进幼有所育、学有所教、劳有所得、病有所医、老有所养、住有所居、弱有所扶，不断改善人民生活、增进人民福祉。全国居民人均可支配收入由171元增加到2.6万元，中等收入群体持续扩大。我国贫困人口累计减少7.4亿人，贫困发生率下降94.4个百分点，谱写了人类反贫困史上的辉煌篇章。教育事业全面发展，九年义务教育巩固率达93.8%。我国建成了包括养老、医疗、低保、住房在内的世界最大的社会保障体系，基本养老保险覆盖超过9亿人，医疗保险覆盖超过13亿人。常住人口城镇化率达到58.52%，上升40.6个百分点。居民预期寿命由1981年的67.8岁提高到2017年的76.7岁。我国社会大局保持长期稳定，成为世界上最有安全感的国家之一。粮票、布票、肉票、鱼票、油票、豆腐票、副食本、工业券等百姓生活曾经离不开的票证已经进入了历史博物馆，忍饥挨饿、缺吃少穿、生活困顿这些几千年来困扰我国人民的问题总体上一去不复返了！

案例来源：习近平. 在庆祝改革开放40周年大会上的讲话. 新华网，2018-12-18. https：//baijiahao. baidu. com/s? id=1620190600415331993&wfr=spider&for=pc

步骤二　问题聚焦

收看习近平总书记庆祝改革开放40周年大会上的讲话，你认为改革开放对人民的生活有哪些改变？

步骤三　知识凝练

习近平总书记在改革开放40周年大会上讲话指出："必须坚持以人民为中心，不断实现人民对美好生活的向往。改革开放40年的实践启示我们：为中国人民谋幸福，为中华民族谋复兴，是中国共产党人的初心和使命，也是改革开放的初心和使命。"改革开放的最终目的是为了百姓的幸福安康，而创新是改革开放的生命。我国改革开放创造的奇迹不是从天上掉下来的，而是中国共产党和千千万万中国人民共同努力得来的。如今进入新时代，改革创新是新时代的迫切要求，作为当代大学生，我们更要努力提升自身的创新能力，让创新意识在全社会蔚然成风。

步骤四　思维启发

闯关夺隘拓新局，正是扬帆搏浪时。党的十九届五中全会将"坚持深化改革开放"纳入"十四五"时期经济社会发展必须遵循的原则，把"改革开放迈出新步伐"作为"十四五"时期经济社会发展的主要目标之一。立足新发展阶段，坚持新发展理念，构建新发展格局，坚定不移全面深化改革，坚定不移扩大对外开放，我们就一定能抢抓发展机遇、实现互利共赢，为全面建设社会主义现代化国家新征程注入不竭动力。

步骤五　实践拓展

实践课题：创新精神

实践步骤：

1. 任课教师提出问题：创新体现在哪些方面？
2. 任课教师再次提问：你知道关于大学生创新的比赛有哪些？
3. 结合新时代对青年的要求，任课老师说明当代大学生的使命。

【延伸阅读】

穷则变，变则通，通则久

习近平：今年是我国改革开放40周年。新时代全面深化改革决心不能动摇、勇气不能减弱。科技体制改革要敢于啃硬骨头，敢于涉险滩、闯难关，破除一切制约科技创新的思想障碍和制度藩篱，正所谓“穷则变，变则通，通则久”。

陕西师范大学国学研究院院长曹胜高解读“穷则变，变则通，通则久”：

“穷则变，变则通，通则久”这句话出自《周易·系辞下》。《周易》是五经之一，记载了中国人对自然规律的理解和探索。其中提到的“穷则变，变则通，通则久”概括了自然变化的一个基本特征，即万事万物发展到一定阶段，都会遇到瓶颈，原先曾经有利的条件也会成为进一步发展的障碍。这时要主动调整、主动变化，在调整和变化中寻求新的发展路径，通过不断地动态调整，保证工作、事业能够持续稳定地发展。

习近平总书记在谈到科研体制创新时引用这句话，是要求我国的科研体制机制的管理能够跟上全球快速发展的科技创新，这就要敢于突破原有体制的束缚，按照《深化科技体制改革实施方案》的要求，解放思想，打破部门壁垒，消除机制弊端。通过科技管理体制的创新来保证科技的创新，从而为我国成为世界科技强国提供有力的组织管理保障。

“穷则变，变则通，通则久。”变通而图存是从古至今的中国智慧，司马迁著《史记》旨在“通古今之变”；王安石变法也推崇“变通”精神，出台措施不是基于“祖宗成法”，而是根据现实提出革新策略；清末的资产阶级维新派为了变法维新，也以“穷则变，变则通，通则久”为依据，提出了“变者，古今之公理也”，阐述变法图存的道理，在近代中国起到了一定程度的启蒙作用。

习近平总书记在多个场合引用过“穷则变，变则通，通则久”这句典故。2014年在纪念中国人民抗日战争暨世界反法西斯战争胜利69周年座谈会上的讲话中，习近平总书记指出："近代中国由盛到衰的一个重要原因，就是封建统治者夜郎自大、因循守旧，畏惧变革、抱残守缺，跟不上世界发展潮流。'穷则变，变则通，通则久。'改革开放是决定当代中国命运的关键一招，也是实现中华民族伟大复兴的关键一招。"

2015 年在接受美国《华尔街日报》书面采访时，他指出，"'穷则变，变则通。'无论是一个国家还是世界都需要与时俱进，这样才能保持活力"。

在今年的两院院士大会上，习近平总书记在讲话中近 30 次提到了"改革"。他用"穷则变，变则通，通则久"的道理提出希望，要坚持科技创新和制度创新"双轮驱动"，最大限度解放和激发科技作为第一生产力所蕴藏的巨大潜能，才能建设世界科技强国，实现中华民族的伟大复兴。

——倪艳楠．［习近平最新用典］穷则变，变则通，通则久．央广网，2018-05-31，http：//china．cnr．cn/yaowen/20180531/t20180531_ 524252815．shtml

二、改革创新是新时代的迫切要求

【教学课堂】

步骤一　案例介绍

民族要精神，国货当自强

1997 年创立的奇瑞汽车股份有限公司是一家从事汽车生产的国有控股企业，这家总部位于安徽省芜湖市的汽车公司是我国自主创新创办的民族品牌，其影响力在全国自主品牌汽车企业之中名列前茅。

这个芜湖政府低调成立的汽车公司自诞生以来，长期秉承着自立自强的创新创业精神，在把握自主知识产权的基础上努力打造国际知名品牌。凭借对技术和人才的把控，奇瑞汽车在激烈的市场竞争中屹立不倒，不断增强着品牌的核心竞争力。

经过二十余年的艰苦努力，奇瑞公司实现了跨越式的发展，现已成为国内最大的自主品牌汽车制造企业，同时也是最大的乘用车出口企业。奇瑞公司集汽车整车、动力总成和关键零部件的研发、试制、生产和销售为一体，可年产 90 万辆整车、90 万台套发动机及 80 万台变速箱，有 A00、A0、A、B、SUV 五大乘用车产品平台，上市产品覆盖十一大系列共二十一款车型。2019 年，奇瑞汽车响应国家号召，发力 5G，联手中兴通讯共同研究基于 5G 的车联网、智能制造、智慧园区等业务领域的应用场景，打造 5G 行业应用示范。

案例来源：张剑，姚才来.《思想道德修养与法律基础》教学案例. 北京：北京理工大学出版社，2011 年（缩编）

步骤二　问题聚焦

通过阅读案例思考创新创造对企业、社会、国家的作用有哪些？

步骤三　知识凝练

我国正处于中国特色社会主义建设的新时代，新时代的时代精神核心在于改革创新，它是推动当代社会更好更快发展的核心动力，也是激发中华民族创造活力的力量源泉。新时代的大学生应当牢记自己背负的时代使命，敢于改革，勇于创新。

步骤四　思维启发

中华优秀传统文化中所蕴含的中国精神可以用以下四十八个字来概括：自强不息、道法自然、天人和谐、居安思危、诚实守信、厚德载物、以民为本、仁者爱人、尊师重道、和而不同、日新月异、天下大同。

步骤五　实践拓展

实践课题：以“爱我中华”为题，在班级举办一场小型演讲

实践步骤：

1. 全班同学按人数分成若干小组，每个小组围绕演讲主题进行组内讨论，形成一篇简短的演讲稿。

2. 每个小组推选代表当众演讲，然后通过全班投票的方式，选出前几名给予奖励。

3. 任课教师给予点评。

【延伸阅读】

华为的创新和成功

成立于1987年的华为技术有限公司，现已成为全球领先的信息与通信技术（ICT）解决方案供应商，旗下的产品和解决方案已经应用于全球170多个国家，服务的人口数量已经超过世界总人口的三分之一。华为是中国民营企业中无可争议的老大，在世界500强企业中位居前列。

短短三十几年时间，华为从一个原始资金2万元、白手起家的民营小公司蜕变成一个全球闻名的巨无霸企业，惊艳了整个世界。而这个创业奇迹的成功秘诀就在于创新。

第一，客户需求是创新之本。华为的创新精神，最核心的特点就是以客户需求为中心，以客户需求为导向。30多年以来，华为不断进行组织变革，但所有的变革都围绕着客户进行。整个公司的所有成员，所有的劳动和努力，都必须围绕客户进行。就连掌舵人任正非出门，都只能自己开车或乘坐公共交通工具，乘坐飞机、高铁也没有助理随行，都是自己拖着行李箱奔波。任正非身体力行地践行着公司的企业价值标准，公司的所有支出都要围绕产品和客户，而不能用于自身，公司要服务的人永远是客户，而不是自身管理者。为了更好地服务客户，调查与满足客户的个性化服务需求，华为创立了“客户创新中心”和“诺亚方舟实验室”两个研究机构，为不同客户提供“量体裁衣”式的个性服务。满足客户的个性化需求，推动着华为不断创新。

第二，开放式合作是创新的基石。华为奉行站在巨人的肩膀上发展的原则：一是实行土地换和平的技术路线，包括专利互换、支付专利费等。对所缺少的核心技术，华为通过购买或支付专利许可费的方式，实现产品的国际市场准入，再根据市场需求进行创新和融合。二是与竞争对手、客户等建立战略伙伴关系。华为先后在德国、美国、瑞典、英国、法国等国家设立了20多个研究所，与世界领先的运营商共同成立了30多个联合创新中心。三是招揽全世界的人才为华为服务。华为与全球200多所大学、研究机构进行研发合作，从而实现了全球同步研发，不仅把领先的技术转化为竞争优势，而且还为华为输入了大量高素质的技术人才。

第三，基于开放式学习型的创新理念。华为从事的信息与通信技术行业对技术水平要求很高，而科学技术的发展日新月异，一旦松懈，很容易被整个市场所抛弃。而且技术研发不是闭门造车，需要随时了解国际最新的科技水平。因此，华为一刻不曾故步自封，长期保持向行业巨头公司学习的习惯，花费巨资引入行业先进的管理体系，在公司内部进行持续的系统变革，将公司管理体系聚焦于为客户创造价值上。华为的付出换来了对等的回报，它的管理体系已经成功接轨国际，为其全球化战略提供了稳定的后方支持。

第四，基于尊重知识产权基础上的创新。华为自创立之初就十分重视知识产权的储备，每年仅花费在购买专利这一项的支出就高达 2 亿美元，除此之外每年还会固定支出超过 1 亿美元用于研发，并常年活跃于多个全球行业标准组织。如今，华为自身拥有的专利数量已经达到 8 万多项，与众多行业巨头公司形成了稳定互惠的专利交叉许可格局。华为还在全球众多的主流标准组织中担任重要职位，这些都源于华为对于专利有着高瞻远瞩的战略眼光。

第五，开放、包容、鼓励试错是创新之源。对于创新，华为一直秉承开放与包容的态度，华为鼓励试错，并且相信试错是成功的开始。根据华为统计，其研发部门在 20 年时间里花费了 1000 亿元的试错成本，这 1000 亿元全部用来买了教训。但是华为对此很坦然，认为这些花费的存在，才构筑了华为世界级别的创新实力。鼓励试错，也是华为成功创新的重要经验。

——根据网络资料编写

三、做改革创新生力军

【教学课堂】

步骤一　案例介绍

青年人是改革创新的生力军

“青年兴则国家兴，青年强则国家强。”青年是国家的希望，青年怀有梦想，国家才有前途。“青春如初春，如朝日，如百卉之萌动。”青春最大的魅力不仅在其锐气和勇气，也不仅在其梦想与希望，更在其生命中萌动着的创造力和创新精神。有统计显示，全世界70%以上的重大科技创新是35岁以下的年轻人完成的。纵观古今中外的历史，青年人开拓创新、为人类作出巨大贡献的例子比比皆是。牛顿发现万有引力定律时年仅23岁；爱因斯坦26岁创立相对论；华罗庚25岁便成为著名的数学家；比尔·盖茨20岁时与好友创办微软公司，开始了个人应用软件的开发……在人类攀登科学高峰的征程中，无数的青年才俊以其强烈的求知欲和坚韧不拔的探索精神，最终摘取了丰硕的果实。历年来中国青年运动的实践也证明，越是艰巨的任务、越是严峻的挑战，越能激发青年的创新热情和创造潜力。

案例来源：杜静. 改革创新 青年先行. 2016-07-22. http://aide.iwhr.com/aide/whzl/webinfo/2016/07/1468229335483400.htm

步骤二　问题聚焦

通过阅读案例，思考为什么青年是改革创新的生力军？

步骤三　知识凝练

大学生正值青春时期，是人生的黄金阶段，应当有所作为，以时代使命为己任、把握时机、迎接挑战、敢于担当、勇于超越，在改革创新的道路上引领世界潮流。创新能力是一个人综合素质的最高体现，是一个人全面发展的必备项目，具有综合性、发展性、创见性和开拓性的特点。当代大学生是我国社会主义现代化建设的建设者和接班人，肩负着光荣而艰巨的历史使命，新时期的大学生置身于实现中华民族伟大复兴的时代洪流之中，应当以时代使命为己任，把握时代脉搏，树立改革创新的自觉意识，培养改革创新的责任感，增强改革创新的本领，勇作改革创新的实践者，将弘扬改革创新精神贯穿于实践中、体现于行动上。

步骤四　思维启发

青年时期是创新创造的宝贵时期。青年学生富有想象力和创造力，是创新创业的有生力量。广大青年学生要把自己的人生追求同国家发展进步、人民伟大实践紧密结合起来，要有敢为人先、开拓进取的锐气，有逢山开路、遇河架桥的意志，在创新创造中不断积累经验、取得成果、演绎精彩。创新的希望在青年，创新也必须成为青年的灵魂，有创新的青年，才有创新的中国，中华民族伟大复兴的光辉使命才能完成。

步骤五 实践拓展

实践课题：制作微视频《创新就在我身边》

实践步骤：

1. 明确目标。通过发现、挖掘、录制身边小人物、小事件的典型实例来诠释“创新是引领发展的第一动力”“抓创新就是抓发展，谋创新就是谋未来”这些重要论断的本质内涵，进一步明确青年作为改革创新生力军的具体行为要求。

2. 组建团队。根据各班级学生实际情况，合理划分和组建若干微视频制作小组。

3. 制订计划。各小组根据实际情况自行设计实践方案，即微视频策划方案，并提交任课教师指导审核，方案通过后展开视频拍摄与制作工作。

4. 展示作品。每小组至少提交一部微视频作品，作品类型不限，时长要求3~5分钟，并于汇报时间在课堂上播放。

5. 说明事项。本次实践活动时间为三周，各小组需要注意微视频选题的恰当性、内容的思想性和严谨性，以及表现方式的艺术性，能够切实回应实践主题的要求。

专题结语

青年须当改革生力军，这是青年的时代责任所系，义难容辞。改革已经进入深水区，“摸石头”越来越难，横在改革前路上的都是“硬骨头”，都是“险滩”。在此情况下，社会各方面必须凝心聚力地坚持做到：理解改革要实，谋划改革要实，落实改革也要实，既当改革的促进派，又当改革的实干家。青年人精力充沛、思维敏捷，自然需要勇立潮头、舍我其谁的精神，做改革精神的青春代言人。同时，在“大众创业，万众创新”的时代，青年更应把握好时代脉搏，投身“双创”大军，或者做好一名“创客”，或者做好专业领域的“学霸”，或者做好一名“工匠”……这些都是青年在为改革增添一点一滴的动力。

专题四 公民道德之核

【金句导言】

每个时代都有每个时代的精神。我曾经讲过，实现中国梦必须走中国道路、弘扬中国精神、凝聚中国力量。核心价值观是一个民族赖以维系的精神纽带，是一个国家共同的思想道德基础。如果没有共同的核心价值观，一个民族、一个国家就会魂无定所、行无依归。为什么中华民族能够在几千年的历史长河中生生不息、薪火相传、顽强发展呢？很重要的一个原因就是中华民族有一脉相承的精神追求、精神特质、精神脉络。

——2014 年 10 月 15 日，习近平在文艺工作座谈会上的讲话

新时代中国青年要自觉树立和践行社会主义核心价值观，善于从中华民族传统美德中汲取道德滋养，从英雄人物和时代楷模的身上感受道德风范，从自身内省中提升道德修为，明大德、守公德、严私德，自觉抵制拜金主义、享乐主义、极端个人主义、历史虚无主义等错误思想，追求更有高度、更有境界、更有品位的人生，让清风正气、蓬勃朝气遍布全社会！

——2019 年 4 月 30 日，习近平在纪念五四运动 100 周年大会上的讲话

【专题导论】

党的十八大明确提出了培育和践行社会主义核心价值观的根本任务，倡导富强、民主、文明、和谐，倡导自由、平等、公正、法治，倡导爱国、敬业、诚信、友善。其中，富强、民主、文明、和谐是国家层面的价值目标，自由、平等、公正、法治是社会层面的价值取向，爱国、敬业、诚信、友善是公民个人层面的价值准则。十八大报告从这三个层面对社会主义核心价值观做出凝练概括，既继承了科学社会主义的价值本源，又融合了中国特色社会主义的价值现实；既借鉴了西方先进文化的价值优势，又赋予

了中国优秀民族文化的价值传统；既立足于中国特色社会主义价值实践，又着眼于世界社会主义价值复兴。社会主义核心价值观是社会主义核心价值体系的内核，体现社会主义核心价值体系的根本性质和基本特征，反映社会主义核心价值体系的丰富内涵和实践要求，是社会主义核心价值体系的高度凝练和表达，也是对每一个公民的严格要求。

【专题概况】

教学目标：通过教学，帮助学生理解培育和践行社会主义核心价值观的内涵、意义及其历史底蕴、现实基础和道义力量，自觉将之内化为自己的精神追求，外化为实际行动。

教学重点：

1. 学习掌握社会主义核心价值观的基本内容。
2. 深刻体会社会主义核心价值观是当代中国发展进步的精神指引。
3. 明确如何践行社会主义核心价值观。

【专题导图】

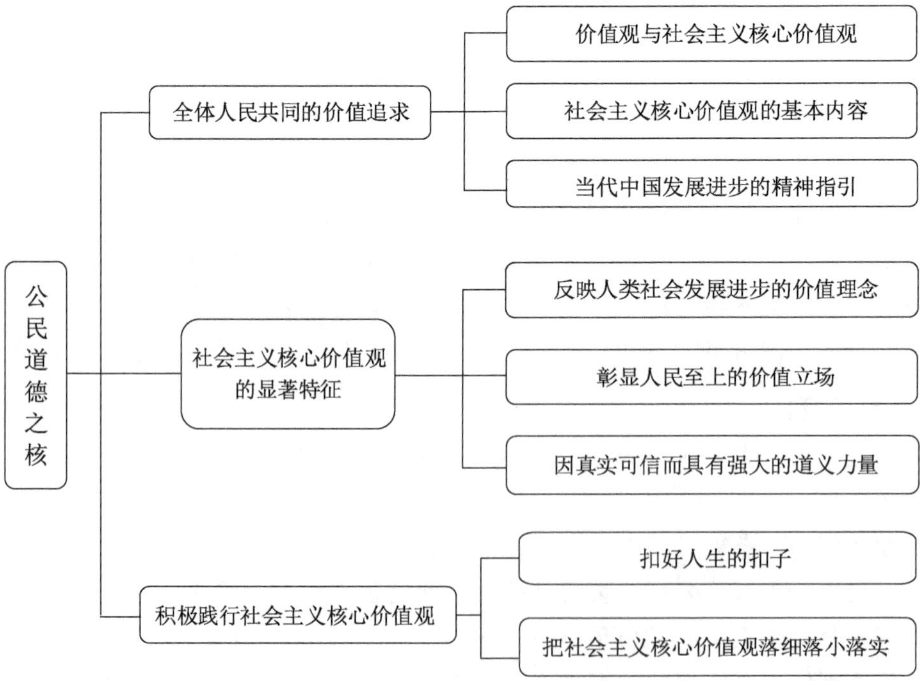

第一节　全体人民共同的价值追求

【金句导言】

一个民族的文明进步，一个国家的发展壮大，需要一代又一代人接力努力，需要很多力量来推动，核心价值观是其中最持久最深沉的力量。

——2014 年 5 月 30 日，习近平在北京市海淀区民族小学主持召开座谈会时的讲话

我们要立足中国，面向现代化、面向世界、面向未来，巩固马克思主义在意识形态领域的指导地位，发展社会主义先进文化，加强社会主义精神文明建设，把社会主义核心价值观融入社会发展各方面，推动中华优秀传统文化创造性转化、创新性发展，不断提高人民思想觉悟、道德水平、文明素养，不断铸就中华文化新辉煌。

——2018 年 5 月 4 日，习近平在纪念马克思诞辰 200 周年大会上的讲话

【本节导读】

人类社会发展的历史表明，对一个民族、一个国家来说，最持久、最深层的力量是全社会共同认可的核心价值观。社会主义核心价值观是当代中国精神的集中体现，凝结着全体人民共同的价值追求。大学生要深刻领会社会主义核心价值观的重要意义和科学内涵，自觉践行社会主义核心价值观，努力成为培育和弘扬社会主义核心价值观最积极、最活跃、最充分的青年先进代表。

【教学情况】

教学目标：通过本章内容的学习，帮助学生明确社会主义核心价值观的具体内容及其对当代中国的指引作用。

教学重点：明确社会主义核心价值观的内容及其重要意义。

一、价值观与社会主义核心价值观

【教学课堂】

步骤一　案例介绍

赵志全：沂蒙赤子 改革潮头写担当

赵志全，男，汉族，1956 年 11 月生，中共党员，生前系山东省鲁南制药集团股份有限公司董事长、党委书记兼总经理。

赵志全用 27 年的时间，把一个净资产 19 万元、濒临倒闭的小厂建设成为一个职工 1 万多人、净资产 60 亿元的现代化制药集团。他用行动回答了“如何做人、如何做企业家、如何做新时期共产党员”的问题，为新时期沂蒙精神作出生动注解。

1987 年 10 月 25 日，郯南制药厂成为临沂地区首家公开招标承包经营的试点对象。年仅 31 岁的赵志全一举中标担任厂长。当时制药厂账面上只有 19 万元净资产和 2 万元贷款，仓库原料仅能维持 3 天，人心涣散，濒临倒闭。赵志全大力推行人事、劳动、分配制度三项改革。1994 年前后，赵志全将企业改组为山东鲁南制药股份有限公司，进一步推行分配制度改革。面对企业改革中的种种困难，赵志全常说的一句话就是：“不管改革的路有多难走，我就认一个理：为了企业的发展、职工的利益，不改革不行。”

从职工的健康体检、取暖、婚姻、孩子入托入学到休闲度假等福利，他都十分关注。药厂每年招收数百名甚至上千名大学生，并把一部分就业名额留给下岗职工，目前职工已达到 1 万多人。为了让员工共享发展成果，赵志全先后投入 8 亿元建设了 3000 多套住房；投资 5000 多万元建设了两座现代化的省级规范化幼儿园；投资 2 亿元建设了大量文体场所和设施。

作为一名党员，赵志全常说：“怎样当好共产党员？就是听党话、跟党走，吃苦在前，享受在后，让群众说共产党好。”他造福社会不惜千金，对自己却很节省，一台普桑跑了 60 多万公里，一套 40 平方米的房子住了 20 多年。职工们都先后住上了 100 多平方米的新房，直到他的房子面临拆迁，才搬进了企业内部的新房。为了企业发展壮大，赵志全九天跑遍三省 18 个城市。腿部骨折，还坐着轮椅，让人推着上飞机。2002 年，赵志全被确诊为胸腺癌晚期，但他瞒住病情，仍然坚持每天工作 12 小时以上，直至 2014 年 11 月 14 日去世。

赵志全荣获全国劳动模范、全国十大杰出青年企业家等称号，被追授为“时代楷模”。

案例来源：德耀中华·第六届全国道德模范候选人事迹. 光明日报，2017-07-25，第 13 版（改编）

步骤二　问题聚焦

通过阅读案例，请您谈谈赵志全拥有什么样的价值观？这种价值观有哪些特点？

步骤三　知识凝练

价值观就是主体对客体有无价值、价值大小的立场和态度，是对价值及其相关内容的基本观点和看法。核心价值观是一定社会形态、社会性质的集中体现，在一个社会的思想观念体系中处于主导地位，体现着社会制度的阶级属性、社会运行的基本原则和社会发展的基本方向。

步骤四　思维启发

价值承载着理想，理想内蕴着价值，理想追求本身就是价值追求，美好的理想也就是值得人们追求和拥有的价值。

步骤五　实践拓展

实践课题：开展“我们的价值观”主题实践活动

实践步骤：

1. 组建活动团队。根据各班级学生的实际情况，合理划分和组建若干实践活动小组。

2. 确定主题内容。根据每月重要节庆假日的思想文化主题，确定“民生、礼仪、诚信、感恩、奉献、关爱、信仰、责任、科学、爱国、创新、和谐”12 个主题关键词，各小组可任选其中 3~5 个主题关键词开展实践活动。

3. 制定实施方案。各小组根据选取的实践主题，结合自身实际情况，自主制定活动实施方案。

4. 展示活动成果。各小组将主题实践活动的设计方案、实践效果和组内总结反思等内容，形成展示文案并于汇报时间在课堂上展示，展示形式不限。

5. 总结实践经验。针对各小组的综合表现，由任课教师进行活动总结。

【延伸阅读】

高校践行社会主义核心价值观十个路径

大学作为培养社会主义事业建设者和接班人的重要阵地，应把培育和践行社会主义核心价值观作为新时期社会主义大学的重要使命。大学培育和践行社会主义核心价值观应探寻十种路径。

课堂教育路径。 思想政治理论课是高校加强宣传思想工作的主阵地、主渠道。必须保证社会主义核心价值观的内容进教材、进课堂；其次，要不断创新和改革教学模式，使思想政治理论课真正成为一门受学生喜爱和好评的课；再次，要向学生讲清楚社会主义核心价值观的本质、性质、属性、内涵、脉络，帮助大学生增强理论、道路、制度和文化自信。

宣传引导路径。 一方面要充分利用学校广播、电视台、报纸、网站等媒体构建全方位、立体化、多维度的宣传平台。另一方面要发挥微信、微博等新兴媒体平台的作用，讲好学校故事。此外，应充分利用学校橱窗、宣传栏、户外广告等手段，使社会主义核心价值观的内容处处可见。

活动渗透路径。 通过辩论、演讲、座谈、讨论等形式，组织广大师生积极参加到活动中来，深化对社会主义核心价值观的理解；也可通过征文、学术沙龙等形式，使广大师生投入到理论研究中来，进一步澄清一些模糊认识；另外还可以开展以培育和践行社会主义核心价值观为主题的活动，如诚信考试、升挂国旗等，使社会主义核心价值观深入人心。

示范带动路径。 作为学校各级领导，必须身体力行，用实际行动作表率、立标杆，成为全校师生的榜样。培育和践行社会主义核心价值观，教师发挥着重要的示范带动作用。学生党员、学生干部是学生中的骨干和中坚力量，也是学校开展大学生思想政治工作的核心要素，需要他们带动广大学生践行社会主义核心价值观。

社会实践路径。 社会主义核心价值观的培育和践行强调的是知行合一，学习的目的在于实践，大学要全力推进实践育人工作，按照中央有关部门规定，把实践环节纳入人才培养方案，规定学时学分，制度上给予保障。同时抓好专业实习实训。还应积极开展以送文化、科技、卫生下乡为主题的社会实践活动。

文化熏陶路径。 社会主义核心价值观集中体现了中华优秀传统文化、以改革创新为核心的时代精神和以爱国主义为核心的民族精神。要把社会主义核心价值观的培育与弘扬和继承中华优秀传统文化有机结合起来。要把社会主义核心价值观的培育与校训教育有机结合起来。

典型塑造路径。 典型塑造是开展大学生思想政治教育的有效途径。通过鲜活的榜样人物和典型事例可以帮助师生置身具体的情境之中，产生强烈的道德共鸣与价值认同。可以在教师中广泛开展教学、科研、服务中的先进人物评选活动，在学生中也要广泛开展各类先进表彰工作，让先进典型触手可及。与此同时，加大典型的宣传力度。采取师生喜闻乐见的方式进行学习宣传，引领师生向身边的优秀人物学习。还要建立学校荣誉体系，将先进评价纳入人才培养的综合考查体系，形成典型塑造感化的长效机制。

志愿服务路径。 一是大力弘扬雷锋精神，推动学雷锋活动常态化。二是以城乡社区为重点，以相互关爱、服务社会为主题，组织开展各类形式的志愿服务活动。三是把学雷锋和志愿服务结合起来，建立健全志愿服务制度。

社会协同路径。 社会、家庭都对大学教育产生影响，培育和践行社会主义核心价值观需要学校、社会、家庭互补互助。我们应邀请家长参与到校园文化建设中来。同时也要建立与社会的联动机制。开展礼节礼仪教育，使礼节礼仪成为培育社会主义核心价值观的重要方式。此外，充分利用“五四”“七一”“八一”“十一”等节日，以及党史国史重大事件、重要人物纪念日等，举办庄重庄严、内涵丰富的群众性庆祝和纪念活动，因势利导地开展各类教育活动。

制度保障路径。 一所大学能否做到制度健全、依法治校，本身就是践行社会主义核心价值观的体现。这需要坚持党委领导下的校长负责制，同时必须制定大学章程并严格贯彻落实，还要不断健全和完善各项规章制度，构建较为完善的制度体系，确保制度的权威和公平公正。

——王金海. 高校践行社会主义核心价值观十个路径. 光明日报，2016-09-13

二、社会主义核心价值观的基本内容

【教学课堂】

步骤一 案例介绍

西宁市践行社会主义核心价值观行动

2019年伊始，广西壮族自治区西宁市下发了《西宁市培育和践行社会主义核心价值观实施方案》，其中最鲜明的主题便是将社会主义核心价值观融入本地的各项具体工作中，包括经济建设、综合治理和各项事业建设。

在全市开展的“群众心中的好干部”工作评选活动将做一个怎样的好干部由思考引向具体。

“我说、我唱、我践行”——西宁贤孝《十唱中国共产党》和花儿联唱《家乡美》等一个个贴近西宁地方民族文化特色节目，将诚信、勤劳、孝道、节俭、爱国等反映社会主义核心价值观的深刻内涵融入形式，展现了西宁市的精神风貌。共青团西宁市委将精心制作的青少年海报、书签、课表等文化产品，发放到全市250所中小学校、12万中小学生中，将社会主义核心价值观进一步深入传播到新一代青少年中去。“图说我们的价值观”公益广告生动形象地传播了社会主义核心价值观，各种形式的宣传让更多的市民了解了核心价值观，不断增强了市民的公德意识和责任意识。

道德讲堂、市民学校在社会主义核心价值观培育中正发挥着越来越独特的作用。市民宣讲团、“我心中的价值观”大讨论和征文活动，道德模范评选活动等，加深了广大人民群众对核心价值观的理解与渗透，使之内化于心、外化于行。除此之外，还开展了“三关爱”主题系列志愿服务活动等接地气、有生命力的主题系列活动。

西宁市政府开展的活动表明社会主义核心价值观的培育不仅对当代青少年十分重要，更是为未来中国前进道路指明了方向，保证了中国未来发展道路的光明前途。广大人民群众只要坚定地跟随核心价值观的正确指引，就必定能走向光明的未来。

案例来源：根据西宁文明网相关内容编写

步骤二 问题聚焦

通过阅读案例，思考社会主义核心价值观是什么？社会主义核心价值观的基本内容有哪些？社会主义核心价值观和社会主义核心价值体系是什么关系？

步骤三 知识凝练

富强、民主、文明、和谐，自由、平等、公正、法治，爱国、敬业、诚信、友善是社会主义核心价值观的基本内容。从西宁市政府开展的一系列活动让我们深深感受到社会主义核心价值观在当今社会的影响力。社会主义核心价值观不仅深入社会，与社会实践相结合，而且还在社会百姓的身上得到体现，这更进一步加深了社会主义核心价值观的社会意义。

步骤四 思维启发

践行社会主义核心价值观，理解为传递正能量显然失之偏颇，核心价值观的践行还需要消减人民群众的负面情绪，也就是说，实践中既需要宣传榜样，也需要坚决地说不，既要扬善，也要除恶。社会中存在着各种各样的人，有些人丧失了道德底线，没有正确的价值观念，甚至颠倒是非、以耻为荣，露出伤风败俗的丑恶嘴脸，做出众人唾骂的败德行为。面对这种情况，我们绝不能听之任之，而是要挺身亮剑，让他们得到应有的惩罚。只有这样，才能捍卫道德底线，引领社会风尚，警示人们遵规守纪、修身立德，才能推动社会文明的进步。

步骤五　实践拓展

实践课题：观看并讨论《你会怎么做》

实践步骤：通过模拟表演还原社会热点事件，以隐藏拍摄的方式记录并观察普通人的真实反应，这就是社会行为观察类节目《你会怎么做》。该节目的镜头捕捉到了许多平民英雄，他们的作为与形象被传播出去后，引发了社会各界的交口称赞。

1. 在课堂播放《你会怎么做》节目中符合社会主义核心价值观的内容，组织全班同学一起观看。

2. 将全班同学按人数分为若干小组，每组选择一个角度进行讨论。

3. 小组内每位同学均要表达自己的感受，形成书面材料，组内讨论汇总之后，选一位代表在课堂进行口头汇报。

4. 进行组间讨论，评选出最优表达，教师进行总结和点评。

【延伸阅读】

践行道德精神　传递道德力量

永远把老百姓装在心中

2014 年，51 岁的杰出党员干部文建明病重不治，永远地离开了他为之奉献一生的工作岗位。文建明将他人生的大半光阴都奉献给了四川基层，30 年的时间里服务了 8 个乡镇，做了 13 年的乡镇党委书记。每到一地，文建明都奋战在农村一线，开创出清正廉明、干群融洽的工作局面。

2003 年，年仅 40 岁的文建明被查出患有早期肝硬化，但他依旧每天忙忙碌碌，忍着病痛坚持上班。两年之后，腹痛加剧的文建明被确诊为肝癌晚期，医生判定他只剩下 6 个月的生命，但文建明仍然不顾一切地忘我工作，用爱和信念创造了生命奇迹。文建明前前后后共做过 23 次手术，创造了生命与工作的双重奇迹，被当地群众亲切地称为“灭火队长”“现代版焦裕禄”。

在为人民服务的伟大一生中，文建明始终坚信个人的价值不在于生命的长度，而在于生命的高度，在于他为社会创造了多少价值，为世间留下什么样的精神财富。他为世间留下了自己多年的基层工作经验，并将它们精炼地概括出来：

第一，只要真心实意当老百姓的公仆，就没有化解不了的矛盾。基层工作中少不了各种各样的干群矛盾，这一点在基层工作过的人都深有感触，文建明自然也不能避免。2001 年，刚到新店镇任职的文建明就感受到了鲜鱼村群众的下马威，村民扬言只要干部进村就大粪迎接，放狗咬人。面对困难，文建明迎难而上，立刻骑车进村了解情况。经历了重重困难，文建明终于搞清楚了矛盾的来源，原来村民担心村干部假公济私，模糊账目。查清楚了原因，文建明很快给出对策：退钱、换人、查账、选贤。经过文建明的治理，鲜鱼村当年就建成规模养鱼示范基地，顺利脱贫致富，整个新店镇也成功甩掉了贫困的帽子。

第二，只要把老百姓的利益作为工作的出发点和落脚点，就一定能得到支持和拥护。基层工作特别害怕群众不理解、不配合，没有群众的配合，什么工作都无法推进。2007 年，文建明发动村民筹资用于修建环村公路，为了筹钱，他一天到晚各处走访动员，不知道费了多少口舌，流了多少汗水。然而，这一切辛苦没有白费，公路修好顺利通车那天，整个村子的百姓都兴高采烈，像过年一样。文建明总结说，跟百姓筹钱，为的是给百姓谋福利，村民理解了这个道理，哪有不愿意出力的呢？

第三，只要对老百姓有感情，你把他们装在心中，他们就会把你放在心上。文建明在工作中曾多次对困难群众伸出双手，赢得了群众的信任和热爱。后来，文建明得了癌症，百姓们纷纷洒泪当场。一位文建明帮助过的老党员找上门痛哭："如果老天愿意，我要用我的老命去换你的命，让你多活几年，多为老百姓做些好事啊！"百姓的炽热深情，文建明能深切地体会到，他说："只要我还有一口气，就要为父老乡亲去求发展、谋幸福，永远珍惜道德模范的荣誉，永葆共产党员的本色！"

愿一辈子当个好乡医

云南省福贡县的乡村中，生活着一位怒族医生邓前堆，他几十年如一日地坚守在怒江两岸，用自己的辛苦付出换来百姓的健康。从医 28 年，他不顾生命危险，每天靠一套滑轮越过山高水急的怒江江面，来往于村民之间诊治送药，被村民亲切地称为"索道医生"。

他给村民治病，有求必应，随喊随到，28 年从未出过医疗事故和纠纷。

他以自己的实际行动践行着一位乡村医生的理想与信念，在平凡的岗位上谱写出华美的乐章。

初中毕业那年，还是个孩子的邓前堆患上了严重的痢疾，在村里的诊所躺了4天才捡回一条命来。那场经历让邓前堆燃起了治病救人的人生目标。后来，邓前堆就跟着给他治病的乡村医生学习医术，再后来自己成了乡村医生，亲自守卫村民的健康。

邓前堆说："在偏僻遥远的大山中当一名乡医，就要做父老乡亲的生命守护神。"这些年，他跑遍了村里每一条小道，谁患过哪种慢性病，谁对哪些药物过敏，所有村民的健康状况他都一清二楚。无论是干农活，还是赶集、走亲戚，邓前堆都挎着药箱，24小时开手机，方便乡亲们召唤。他坚持每三个月为村里的孩子体检一次，每个月上山巡诊一次。28年中，他出诊5000多次，步行60多万公里山路，诊治患者13万余人次。

——陈元方. 践行道德精神传递道德力量. 人民日报，2011-10-25

三、当代中国发展进步的精神指引

【教学课堂】

步骤一 案例介绍

时代楷模黄大年

2009年，世界航空地球物理研究领域的引领者黄大年教授辞去了英国公司的重要职务，阔别合作多年的科研同事，卖掉了在英国经营多年的产业，留下了还在英国读书的女儿，毅然回到母校发展祖国的航空地球物理事业。在他的感召下，人工智能专家王献昌、汽车工程专家马芳武、智慧海洋专家崔军红等一大批在海外享有较高知名度的专家纷纷回国效力。

已经在国外功成名就的黄大年，为什么放弃辛苦打拼的一切回国从头开始？对祖国强烈而深沉的爱，大概就是这个问题最好的答案。他说："回国的根源就是情结问题，我惦记着养育我成长的这片土地。"

归国后的黄大年为祖国作出了许多的贡献，他带头组织了全国400多位来自高校和科研院所的优秀科技人员，开展了“高精度航空重力测量技术”和“深部探测关键仪器装备研制与实验”两个重大项目的攻关研究。归国后花费7年时间，他带领的科研团队突破了国外技术封锁，推动中国航空地球物理进入了“深地时代”。在他的带领下，我国地面电磁探测系统工程样机研制取得了显著成果，无缆自定位地震勘探系统工程样机研制突破了关键技术，成功研制出固定翼无人机航磁探测系统工程样机、万米大陆科学钻探工程样机“地壳一号”、综合地球物理数据处理与集成软件系统，建成了国家首个“深部探测关键仪器装备野外实验与示范基地”……

黄大年对祖国的贡献无法衡量，而常年高强度的工作也燃烧了他的生命。2017年，黄大年因病医治无效，与世长辞。他用短短58载的短暂人生，为我国对地球的认识作出了巨大的贡献，书写了什么是奉献，回答了什么叫担当，以高超的学术，高尚的品德，铸就了一段感人至深的生命历程，留下了一座弥足珍贵的精神富矿。“心有大我，至诚报国”的爱国情怀是他心中最浓烈、最真挚的情感力量。他是一个至诚无私的爱国者，时刻惦记着养育他成长的这片土地，他的脉搏时刻与祖国一起跳动，黄大年同志用生命践行了“只要祖国需要，我必全力以赴”的誓言，为我们树立了价值标杆和光辉榜样，也为中国的发展进步作出了卓越的贡献。

案例来源：根据吉林大学新闻网相关内容编写

步骤二　问题聚焦

通过阅读案例，思考是什么样的精神指引着当代中国不断前进发展？

步骤三　知识凝练

作为当今的青年人，我们需要一个正确的价值观为引导，以黄大年、郑德荣等伟大人物为精神标杆是弘扬中国特色社会主义核心价值观的基本要求。在当今的社会和世界形势下，全国人民必须坚守社会主义核心价值观，以其为精神纽带凝聚强大的向心力，才能推动中华民族走向伟大复兴。

步骤四 思维启发

国无德不兴，人无德不立。习近平总书记说，世界上没有完全两片相同的树叶。一个民族，一个国家，必须知道自己是谁，是从哪里来的，要到哪里去，想明白了、想对了，就要坚定不移地朝目标前进。社会主义核心价值观既是个人的德，也是国家、社会的德，大学生积极践行社会主义核心价值观，对于推动国家发展、社会进步和自身成长成才，都具有重要而深远的意义。

步骤五 实践拓展

实践课题：职业榜样访谈

实践步骤：

1. 确定并联系访谈对象，约好访谈时间、地点、时长。
2. 明确访谈内容，比如访谈对象的工作内容、心得及对该职业的认识。
3. 撰写访谈报告，并汇报访谈成果。

【延伸阅读】

学习郑德荣精神

郑德荣是我国著名的中共党史专家，也是马克思主义中国化研究的重要开拓者和奠基人，红色理论家，1926 年 2 月出生于吉林延吉，2018 年 5 月病逝。生前曾任东北师范大学荣誉教授、博士生导师及副校长。他信念坚定，一生致力于马克思主义的研究和宣传工作，67 年来始终坚守在教学科研一线，出版了大量的著作和论文，培养了一大批优秀人才，为国家和社会作出了巨大贡献。

伟大的时代需要伟大的精神，崇高的事业呼唤榜样来引领。2018 年，正值马克思诞辰 200 周年，同时也是中国共产党成立 97 周年，吉林省委发起了“全民学习郑德荣”的活动，号召每一位党员干部向郑德荣同志学习，不忘初心、牢记使命，把个人理想融入建设中国特色社会主义伟大实践中去。

得知郑德荣同志病逝的消息，教育部和 70 余所高校以及 150 多家单位、学术机构，还有数不清的专家学者都对此表达了沉痛的哀悼之情。他对中共党史学界、思想理论界作出了不可磨灭的巨大贡献，他的离开无疑是业界的巨大损失，他的道德文章、行为思想堪称楷模。广大党员干部需要认真学习郑德荣同志的光辉精神，以“理想、勤奋、毅力、进取”作为行为准则，真情谋事、勇于成事，把追求作为一种价值和境界，把创新当作一种意识和责任。郑德荣同志是我们当代中国发展进步的精神指引，是我们学习的精神榜样，为中国特色社会主义建设注入了全新的精神原力。

——中共吉林省委关于全省各级党组织和广大党员干部向郑德荣同志学习的决定. 吉林日报，2018-05-30，第1版（改编）

第二节　社会主义核心价值观的显著特征

【金句导言】

核心价值观，承载着一个民族、一个国家的精神追求，体现着一个社会评判是非曲直的价值标准。

核心价值观，其实就是一种德，既是个人的德，也是一种大德，就是国家的德、社会的德。国无德不兴，人无德不立。如果一个民族、一个国家没有共同的核心价值观，莫衷一是，行无依归，那这个民族、这个国家就无法前进。

实现我们的发展目标，实现中国梦，必须增强道路自信、理论自信、制度自信，“千磨万击还坚劲，任尔东南西北风”。而这“三个自信”需要我们对核心价值观的认定作支撑。

——2014年5月4日，习近平在北京大学师生座谈会上的讲话

我们要弘扬社会主义核心价值观，弘扬以爱国主义为核心的民族精神和以改革创新为核心的时代精神，不断增强全党全国各族人民的精神力量。

——2016年7月1日，习近平在庆祝中国共产党成立95周年大会上的讲话

【本节导读】

一个民族、一个国家，必须清楚地知道自己是谁，明确自己从何处来，往何处去，然后坚定不移向自己的目标努力。这种精神状态，就是国家和

民族高度自信的状态。中国特色社会主义自信的价值内核，就是这种坚定的核心价值观。社会主义核心价值观丰厚的历史底蕴、坚实的现实基础、强大的道义力量为我们坚定核心价值观自信提供了充足的支撑。

【教学情况】

教学目标：通过对本部分内容的学习，使学生了解社会主义核心价值观的历史底蕴、现实基础和道义力量，增强学生对核心价值观的信心。

教学重点：学习掌握社会主义核心价值观的历史底蕴、现实基础和道义力量。

一、反映人类社会发展进步的价值理念

【教学课堂】

步骤一　案例介绍

底蕴的力量

民主并不是一个新鲜的词汇，它最早出现在我国的儒家经典《尚书》之中，“天惟时求民主，乃大降显休命于成汤”“简代夏作民主”，意思是作民之主。孟子的“民为贵，社稷次之，君为轻”就是这种思想的集中体现。

和谐观念出现得很早。《周易》中有“保合大和”的说法；老子强调“合异以为同”；孔子主张“致中和”“礼之用，和为贵”“君子和而不同”；惠施宣扬“泛爱万物，天地一体”；张载提出“天人合一”等。

公正是关于社会政治伦理关系及其原则的规定和要求。中国传统文化中含有大量关于公正的思想。《礼记》设想“大道之行也，天下为公”的“大同”世界。孔子提出：“政者，正也。子帅以正，孰敢不正?”庄子也说：“公而不当，易而无私。”

自由是关于社会发展终极目的的规定和要求。《论语》中的“从心所欲，不逾矩”是儒家对自由的理解。老子的“无为”、庄子的“逍遥游”，典型地表达了道家对自由的认识和追求。到了近代，自由概念被运用到政治领域，出现了政治意义上的自由观念，梁启超就明确指出：

"人人于法律内享有自由，法律之下人人平等。"

培育和弘扬社会主义核心价值观，必须立足中华优秀传统文化。中国人民的理想、价值观和精神世界是始终扎根于中华优秀传统文化的沃土之中的，同时又是随着历史和时代的前进而不断与时俱进的。

案例来源：根据网络资料编写

步骤二　问题聚焦

通过阅读案例，思考社会主义核心价值观与中华传统优秀文化的关系，为什么说中华传统美德具有跨越时空的永恒魅力？

步骤三　知识凝练

社会主义核心价值观不是凭空出现的，而是经过漫长的历史积淀下来的，尤其是中华优秀文化的积淀，《尚书》《礼记》《周易》《论语》等优秀传统文化成果，恰如其分地证明了社会主义核心价值观存在的历史底蕴。

步骤四　思维启发

2014 年 2 月 12 日，中央办公厅印发《关于培育和践行社会主义核心价值观的意见》，公布了社会主义核心价值观的 24 字方针。核心价值观把国家、社会和公民个人的价值融为一体，体现了社会主义的本质要求，是对新时期建设什么样的国家、构建什么样的社会、培育什么样的公民等重大问题的回答。

步骤五　实践拓展

实践课题：优秀民族传统故事比赛

实践步骤：

1. 全班同学按照人数分为数组，每个小组选择一个题目，分工合作准备比赛素材并制作 PPT。
2. 以抽签的方式决定各小组参赛顺序，依照抽签顺序进行故事比赛。
3. 每组展示完成之后，其他组对展示的内容进行讨论并记录。
4. 比赛结束后任课教师进行点评和总结。

二、彰显人民至上的价值立场

【教学课堂】

步骤一　案例介绍

以人民为中心

在抗击新冠肺炎疫情的斗争中，中国坚持以人民为中心的人权理念，平等无差别救治患者、拯救生命。从出生仅30多个小时的婴儿到百岁老人，从在华外国留学生到来华其他人员，每个人的生命和尊严均得到全力呵护；着重做好老年人、残疾人、儿童、贫困与低收入人群等特殊群体的生命健康权保障工作；坚持科学施策，统筹常态化防控和应急处置，统筹疫情防控和经济社会发展，最大限度地保障人民的正常生产生活……这些无不体现了中国共产党坚持人民至上、生命至上的理念，开启了人类抗疫史上的新篇章，具有重要的世界意义。

案例来源：根据查阅资料编写

步骤二　问题聚焦

通过阅读案例，明确社会主义核心价值的根本特性是什么？

步骤三　知识凝练

社会主义核心价值观坚持人民历史主体地位，代表最广大人民的根本利益，反映最广大人民的价值诉求，引导最广大人民为实现美好社会理想而奋斗。人民性是社会主义核心价值观的根本特性。

步骤四　思维启发

如何对待人的问题，是检验一个政党、一个政权的试金石。危急关头是不是人民至上、生命至上，检验着一个政党到底为谁服务，是否以人民为中心。党的十八大以来，“人民至上”是以习近平同志为核心的党中央治国理政最鲜明的价值取向。从“人民对美好生活的向往，就是我们的奋斗目标”的庄严承诺，到“共产党就是为人民谋幸福的，人民群众什么方面感觉不幸福、不快乐、不满意，我们就在哪方面下功夫”的鲜明态度，再到“江山就是人民、人民就是江山，打江山、守江山，守的是人民的心”的价值取向，这些话语朴素真挚、掷地有声，充分彰显了以人民为中心的执政理念，始终把人民放在心中最高位置的人民情怀。

步骤五　实践拓展

实践课题：辩论赛主题：金钱追求与道德追求能否统一？

实践步骤：

1. 按照辩论赛程序组织学生进行辩论。
2. 在课堂播放同一辩论题目的辩论比赛视频。
3. 任课教师对正反双方的表现予以点评，并作总结发言。

【延伸阅读】

中国新冠疫情防控：“人民至上”的生动教材

2020年初突如其来的新冠肺炎疫情，它是一场大考。在以习近平同志为核心的党中央坚强领导下，全国上下打响疫情防控人民战争，展示了中华民族“一方有难八方支援”的强大向心力和凝聚力，彰显了“中国之治”的显著优势，为世界贡献出中国共产党坚持“人民至上”理念的生动教材。

彰显“以人民为中心”的执政理念

“以人民为中心”的发展思想，深刻体现了党性与人民性的统一，进一步回答了“发展为了谁，发展依靠谁”的基本问题，是对党的科学发展思想的继承和发展。中国特色社会主义理论体系最鲜明的品格是人民性，在新时代，坚持以人民为中心，就是坚持人民的主体地位，坚持立党为公、执政为民，践行全心全意为人民服务的根本宗旨，把党的群众路线贯彻到治国理政的全部活动中，把人民对美好生活的向往作为奋斗目标，依靠人民创造历史伟业。

重大危机是考验执政党执政理念、执政效能的试金石。在抗击新冠肺炎疫情的关键时刻，习近平总书记强调，“生命重于泰山。疫情就是命令，防控就是责任。各级党委和政府必须按照党中央决策部署，全面动员，全面部署，全面加强工作，把人民群众生命安全和身体健康放在第一位，把疫情防控工作作为当前最重要的工作来抓”，并要求制定周密方案，组织各方力量开展防控，采取切实有效措施，坚决遏制疫情蔓延势头。习近平总书记关于“人民利益高于一切”“让党旗在防控疫情斗争第一线高高飘扬”等一系列重要指示，深刻展示和践行坚持以人民为中心的执政理念。这正是人民性的最好诠释。

战“疫”以来，党中央始终把人民群众生命安全和身体健康放在第一位，坚持以人民利益高于一切的原则领导部署疫情防控工作，有力有序推进与新冠肺炎疫情的斗争。所以，面对重大疫情危机，我们在短时间内建立了横向到边、纵向到底的危机应对机制，有效调动各方积极性，全国上下令行禁止、统一行动，迅速做出科学决策，实行高效有力的危机应对，在较短时间内遏制了疫情蔓延。我们党 468 万多个基层组织，广泛动员群众、组织群众、凝聚群众、服务群众，筑起一座座抗击疫情的坚强堡垒。危难关头，全国 3900 多万名党员、干部战斗在抗疫一线，1300 多万名党员参加志愿服务，有近 400 名党员、干部为此献出了宝贵生命。

诠释“全心全意为人民服务” 的核心价值

作为工人阶级先锋队的中国共产党从它诞生之日起，就是中国各族人民的忠实代表，就把全心全意为人民服务看作是根本宗旨。在新冠肺炎疫情突袭，人民生命安全和身体健康受到严重威胁的重大时刻，中国共产党和中国政府始终以对人民负责、对生命负责的鲜明态度，准确分析和把握形势，既多方考量、慎之又慎，又及时出手、坚决果敢，以非常之举应对非常之事，全力保障人民生命权、健康权。习近平总书记指出，“中华民族历史上经历过很多磨难，但从来没有被压垮过，而是愈挫愈勇，不断在磨难中成长、从磨难中奋起”，深刻阐述了中国人民在书写波澜壮阔的中华民族发展史、创造博大精深的中华文明进程中，培育出来的历久弥新的中华民族精神。这是我们国家和民族的魂，指引我们不断前进的精神力量。

疾风知劲草，板荡识诚臣。面对新冠肺炎疫情，中华民族在党的坚强领导下再次汇聚抗击疫情的强大精神力量。神州大地，不分老幼，不论岗位分工，自觉投入抗击疫情的战争，凝聚起抗击疫情的磅礴力量。全国各地的医院，社区、街道、学校、厂矿，直到最偏远的乡村，人民群众积极行动起来，构筑起防范疫情的铜墙铁壁。人民群众再次展现出创造历史、改变历史的磅礴力量，为战胜疫情提供了强大精神动力，展现出新时代同舟共济、众志成城的团结精神，勇于作为、共克时艰的担当精神，科学防治、精准施策的科学精神，坚定信心、战则必胜的斗争精神。

当前，新冠肺炎病毒仍在全球传播蔓延，但我们坚信，在党的坚强领导下，坚持“人民至上、生命至上”，把人民健康安全摆在第一位，紧紧依靠人民群众，必将夺取战“疫”的最终胜利。

——曾天雄，曾鹰. 中国新冠疫情防控：“人民至上”的生动教材. 湖南日报，2020-08-08，第4版

三、因真实可信而具有强大的道义力量

【教学课堂】

步骤一　案例介绍

金钱能买来一切吗？

以色列的海法市做了一项实验：随机选择6家托儿所，规定接孩子迟到者要被罚款，而另几家什么都不改变以作参照组。实验结果发现，这6家托儿所的新规定出台后，接孩子迟到的父母数量翻了一番，而且，提升的迟到率即使在罚款规定取消后也维持不变，而作为参照组的托儿所里父母迟到的情形却没有变化。为何出现这种现象呢？罚款规定促使父母重新认识他们的迟到行为：在这项实验之前，迟到被看成对道德义务（准时接孩子）的违反，而在规定了罚款条例之后，迟到则被视为在准时接孩子和付出迟到的代价（罚款）两者之间的一个选择，即基于现代经济学理念的罚款措施提示这些父母：他们与托儿所工作人员之间是一种拟市场关系，在这种关系中，他们可以用金钱购买迟到。针对激励措施产生出更多的迟到行为这一事实，鲍尔斯评论说：“海法的日间托儿所给流氓设计了一种制度，这一制度并没有使

迟到行为得到改善，反而产生了更多的流氓。”

案例来源：鲍尔斯. 微观经济学：行为、制度和演化. 江艇等译，北京：中国人民大学出版社，2006 年（改编）

步骤二　问题聚焦

通过阅读案例，思考仅仅靠市场能不能解决全部的社会问题，道德在市场经济社会是否无用的或者不重要了？社会主义核心价值具有哪些道义力量？

步骤三　知识凝练

显然，试图以市场机制解决一些社会性问题往往只会导致人类道德的瓦解，甚至是社会秩序的解体，而并未带来所谓更高的效率。真理的力量加上道义的力量，才能行之久远。社会主义核心价值观以其先进性、人民性和真实性而居于人类社会的价值制高点，具有强大的道义力量。核心价值观，承载着一个民族、一个国家的精神追求，体现着一个社会评判是非曲直的价值标准。全社会积极弘扬和践行社会主义核心价值观，才能汇聚起建设社会主义现代化强国和实现中华民族伟大复兴中国梦的磅礴力量。

步骤四　思维启发

赠人玫瑰，手有余香。现实生活中难免有“碰瓷”的、讹诈的，但是，我们不应该因噎废食，不能由此否定社会主义核心价值观。当然，在具体的帮助人的过程中也要注意方式和方法。

步骤五　实践拓展

实践课题：奉献爱心，从你我做起

实践步骤：

1. 以班级为单位资助贫困学生或是孤儿学生。
2. 了解自己班级同学是否有家庭困难需要帮助的。
3. 到孤儿院当义工。

【延伸阅读】

人格者

一位从年轻时就以帮人按摩为生的盲眼阿婆，一直住在小镇的郊外，有一天她带着积蓄到镇里找水电行的老板。

“陈老板，可不可以在我家前的路上装几盏路灯?”阿婆说。

水电行老板感到非常吃惊，说：“阿婆，您的眼睛看不见，装路灯要干什么?”

“从前，我住的地方偏僻，没有人路过，所以不觉得有装灯的必要，加上那时生活苦，也没有多余的钱装灯。现在我存了一些钱，而且从那里经过的人越来越多，为了让别人走路方便，请您来帮忙装几盏灯吧!”阿婆说。

陈老板听了很感动，只收工本费来为阿婆装路灯。

盲眼阿婆要装路灯的消息，第二天就传遍了全镇，所有的人都被阿婆的善心感动了，主动来参加装灯行动，大家纷纷捐钱，热烈的程度超过想象。因为每个人都在心里想着：“盲人都想到要照亮别人，何况是我们这些好眼睛的人呢?”

结果，阿婆家外的路灯不但全装起来了，马路扩宽了，通往郊外的木板桥也被改成水泥桥，连阿婆的木屋都被用砖头、水泥进行了重砌，成为一个又美丽又坚固的房子。

盲眼阿婆做梦也没有想到，只是因为小小的一念善心，竟使得整个小镇都变得光明而美丽，并且燃烧了大家心里的火种，在那装灯铺路的一段日子里镇上的人活得充实而快乐，知道了帮助他人使个人壮大而尊严，充满人格的光辉。

后来，盲眼阿婆死了，但是在那小镇上，每个人走过她家门前的马路时，会立即想起那小屋里曾住过一位伟大的人，一代一代过去，家长们总是以盲眼阿婆作为教育孩子的典范，使得那小镇许多年后还是一个满溢爱心的小镇，少年孩子走过盲眼阿婆的路灯下，在漆黑的夜里无不动容。

这个故事告诉我们，人的伟大与否，和职业、地位，乃至身体是否残缺都没有必然关系，就在我们生活的四周，有许多卑微的小人物，他们也像路灯一样放射光明，教育我们，使我们能坦然走向一个更高志节的世界。

在台湾乡间，把那些道德节操令人崇敬的人称为“人格者”，他们生活在各阶层，没有一定的面目，唯一相同的是，他们的人格不可侵犯，不论在多么恶劣的情况下，他们都不出卖自己，并且在处境最坏的时候还能关心别人。一听到“人格者”这句话，就能令人肃然起敬。

——林清云. 感悟心灵. 武汉：长江文艺出版社，2013 年（改编）

第三节　积极践行社会主义核心价值观

【金句导言】

世界上最难的事情，就是怎样做人、怎样做一个好人。要做一个好人，就要有品德、有知识、有责任，要坚持品德为先。你们现在都是小树苗，品德的养成需要丰富的营养、肥沃的土壤，这样才能茁壮成长。现在把自己的品德培育得越好，将来人就能做得越好。要学会做人的准则，就要学习和传承中华民族传统美德，学习和弘扬社会主义新风尚，热爱生活，懂得感恩，与人为善，明礼诚信，争当学习和实践社会主义核心价值观的小模范。

——2015 年 6 月 1 日，习近平在北京人民大会堂会见中国少年先锋队第七次全国代表大会全体代表时的讲话

我们要以更大的力度、更实的措施加快建设社会主义文化强国，培育和践行社会主义核心价值观，推动中华优秀传统文化创造性转化、创新性发展，让中华文明的影响力、凝聚力、感召力更加充分地展示出来。

——2018 年 3 月 20 日，习近平在十三届全国人大一次会议闭幕会上的讲话

【本节导读】

青年的价值取向，既关系着自己的健康成长与成才，又决定着未来整个社会的价值取向，他们是引风气之先的社会力量。在全社会弘扬社会主义核心价值观之时，需要大学生始终走在时代前列，成为社会主义核心价值观的坚定信仰者、积极传播者和模范践行者。

【教学情况】

教学目标：通过对本部分内容的学习，引导青少年树立正确的价值观，

做到勤学、修德、明辨、笃实。

教学重点：如何践行社会主义核心价值观。

一、扣好人生的扣子

【教学课堂】

步骤一　案例介绍

“时代楷模”曲建武

从1982年大学毕业留校担任辽宁师范大学学生辅导员，到1998年担任学校党委副书记、2004年调任辽宁省委高校工委副书记，后兼任辽宁省教育厅副厅长，曲建武的仕途一帆风顺。

2013年3月，曲建武作出了一个令很多人不太理解的决定——辞去辽宁省教育厅副厅长职务，做回一名普通的大学生辅导员。“辅导员要有人格的力量，一定要给学生解思想的扣子。”在曲建武看来，辅导员比专业课老师还难当。重返校园后，曲建武为刚接手的139名新生建立了电子档案，并让学生写下自己的大学梦想和最关心的一个问题。

曲建武告诉学生们:“我将伴随和见证你们的成长，我们一道前行。”

对于学生成长的每个阶段会遇到的普遍性问题，他都“提早准备”。他给学生作了“大学·大学生·人生”“出身于什么样的家庭是无法选择的，人生的价值是可以创造的”“处理好情感问题”等报告。这些报告及时地回答了在大学里怎样发展自己，怎样坚定人生理想，怎样处理好情感等当代大学生迫切需要解决的问题。曲建武喜欢称自己的学生为“小伙伴们”。每学期伊始，他都要深入寝室、教室，在办公室与每个小伙伴谈一次话。

为了与“小伙伴们”更好地沟通和交流，曲建武摸索着使用微信、微博等社交媒体，随时为学生们答疑解惑。怕学生有事找他不方便，曲建武干脆和妻子在学校附近租下一套小居室。曲建武将家访作为给学生解思想扣子的最好途径。来到大连海事大学后，曲建武利用外出开会、讲学等机会，尽量到学生家家访。四年里，曲建武家访的足迹遍布祖国大江南北十几个省份。参加工作以来，他共家访了上百个学生家庭，哪怕是山路崎岖，哪怕是日夜兼程。

曲建武家访过的一名云南学生在微信里给他留言说："那天望着您在夜幕中远去的身影，我妈流泪了。她说您是多么好的老师啊，让我一定好好学习，听您的话。"毕业时，这个学生以优异的成绩被保送到浙江大学攻读硕博连读学位。

案例来源：中国好人榜. 中国文明网，2018-02-28［2021-09-30］. http：//www. wenming. cn/sbhr_ pd/zghrb/jyfx/201802/t20180228_ 4601429. shtml

步骤二　问题聚焦

通过阅读案例，我们可以从曲老师身上学到什么？结合自身谈谈大学生应怎样树立正确的社会主义核心价值观，为自己的人生"系好第一粒扣子"？

步骤三　知识凝练

青年的价值取向决定了未来整个社会的价值取向，而青年又处在价值观形成和确立的时期，抓好这一时期的价值观养成十分重要。正如习近平指出："这就像穿衣服扣扣子一样，如果第一粒扣子扣错了，剩余的扣子都会扣错。人生的扣子从一开始就要扣好。"

步骤四　思维启发

勿以善小而不为，勿以恶小而为之。社会公德所规范的行为包括社会公共生活中最微小的细节，而这些细节极容易被人们忽略，而它一旦被社会群体中的大多数忽视，往往就会在不知不觉中形成不良的社会风气，造成严重的道德后果。

步骤五　实践拓展

实践课题：社会调查——企业欢迎什么样的大学生

实践步骤：

1. 布置任务：介绍大学毕业生就业现状，引导同学们通过走访企业、联系校友等多种方式，了解企业不欢迎什么样的大学生、欢迎什么样的大学生，结合实习实训感悟，围绕敬业精神撰写调查报告。

2. 明确标准：密集调查，获得大量第一手资料；学会交往，善于与企业、校友等陌生人打交道；学会组织材料，逻辑架构；注意结合自己的实习实训、短期打工等亲身经历，使报告更富有说服力。

3. 交流分享：以讲故事、谈体会、书面报告等方式在班级分享，自我教育的同时相互影响。

4. 点评与反馈：任课教师点评，同学互评，现场反馈。

5. 成绩：同学们的综合表现计入考核成绩。

二、把社会主义核心价值观落细落小落实

【教学课堂】

步骤一 案例介绍

努力实现科学梦想的“小霍金”

陈籽蓬，江苏无锡人。在他小学四年级时患了一种名叫杜氏肌营养不良症，这种疾病至今仍然没有有效的治疗方法，他的脊椎开始变形、肌肉萎缩，手臂细如竹竿，身躯脆弱，连吃饭、上楼梯、上厕所这些小事，对他来说都异常困难。然而就是这个拖着病体的男生，却有着无限的创造力：他主创的“智能捕鼠器”在第15届全国中小学信息技术创新与实践活动中斩获一等奖、“流浪宠物智能投喂器”获世界物联网博览会创新创客大赛一等奖。病痛，并未阻挡他前进的脚步。

2017年9月在无锡举办的世界物联网博览会期间，陈籽蓬见到了自己的偶像——阿里巴巴集团主席马云。马云邀请他参加阿里巴巴在杭州总部举行的云栖大会，体验会场的最新前沿科技，感受物联网技术的科技魅力。云栖大会上，马云送给他一个“天猫精灵”，并邀请他和小伙伴们一起去阿里巴巴总部参观，进一步了解人工智能、物联网技术。

陈秄蓬用自己的实际行动证明了一个人积极进取的力量有多强大，小小的身体撑起了大大的梦想，他勤学，从未放弃对梦想的追求；他笃实，将自己的梦想化为实践。他是新时代的好少年，是社会主义核心价值观的生动实践者，更是中国梦的小小建设者。

资料来源：苏雁，陈秄蓬. 努力实现科学梦想的“小霍金”. 光明日报，2018-05-29，第8版（改编）

步骤二 问题聚焦

通过阅读案例，理解新时代的大学生应如何在学习生活中践行社会主义核心价值观。

步骤三 知识凝练

通过勤学来增长智慧，以修德为立身之本，通过明辨来正心明德，笃实苦干才能做出成绩。陈秄蓬即使身处逆境也绝不放弃学业，坚守本心，坚守社会主义核心价值观，并按照该价值观规范自己的言行举止，表里如一。

步骤四 思维启发

文明的养成是一个长期的过程，社会主义核心价值观的弘扬需要全社会的共同努力和长期奋斗。在培育和弘扬的过程中，要下好落细、落小、落实的功夫，党员干部要严格要求自己，以身作则，做好带头示范，引导人民群众积极参与，全社会共同努力，必然能推动道德之船劈波斩浪，带领中国驶向美好未来。

步骤五 实践拓展

实践课题：“光盘”行动

实践步骤：

1. 由学生撰写“光盘”行动倡议书，用生动的语言，呼吁“光盘”行动。

2. 开展网络“晒光盘”和“不晒光盘”行动。学生通过微博、微信、QQ 等途径，上传身边的“光盘”和“不光盘”照片，鼓励大家加入光盘族。

3. 招募“光盘”行动志愿者，发放统一标志，于就餐时间在食堂、宿舍等地，宣传“光盘”理念倡导、督促学生践行“光盘”行动。

4. 在班级开辟专栏，对“光盘”行动的照片进行张贴和宣传。

5. 任课教师点评，同学互评，现场反馈。

6. 同学们的综合表现计入考核成绩。

【延伸阅读】

一个暖心的下蹲背举

8 月 28 日下午 3 点，济南公交 K31 路驾驶员王宝峰驾驶公交车到达大明湖火车站站点，站台上一位老人将轮椅搬上车后向王宝峰表示其老伴儿要乘车。

王宝峰看到车辆右前方一位老人一手拄着支撑架，一手拿着折叠椅，颤颤巍巍挪动着身体准备乘车。发现老人行动艰难乘车不便，王宝峰随即表示自己把车往前开一点，让老人直接从后门上车。车辆移挪到位后，王宝峰下车走到老人面前，扶老人慢慢上车，车厢内乘客看到后也热心为其让座。王宝峰安顿老人坐好，嘱咐老人将轮椅固定好确保安全。

车辆到达终点站黄台家居广场站点，老人准备下车。为方便老人下车，王宝峰走到老人跟前蹲下将其背起，安全将其背下车后，他又帮助老人坐到轮椅上，并将其随身物品放好，确认安全后才返回车上继续工作。

一次热心帮扶，一个暖心的下蹲背举，让 10 米公交车厢内充满爱与温暖。

——李萌萌. 一个暖心的下蹲背举. 舜网—济南日报，2021-08-30. https：//news. e23. cn/jnnews/2021-08-30/2021083000017. html？pc

专题结语

社会主义核心价值观并不是靠喊口号实现的，保证它茁壮成长的土地在于持久地实践。提高全社会的道德水平，需要大家持之以恒地努力奋进。

专题五 道德修养之基

【金句导言】

精神的力量是无穷的，道德的力量也是无穷的。中华文明源远流长，蕴育了中华民族的宝贵精神品格，培育了中国人民的崇高价值追求。自强不息、厚德载物的思想，支撑着中华民族生生不息、薪火相传，今天依然是我们推进改革开放和社会主义现代化建设的强大精神力量。

——2013 年 9 月 26 日，习近平在北京会见第四届全国道德模范及提名奖获得者时的讲话

中华传统美德是中华文化精髓，蕴含着丰富的思想道德资源。不忘本来才能开辟未来，善于继承才能更好创新。对历史文化特别是先人传承下来的价值理念和道德规范，要坚持古为今用、推陈出新，有鉴别地加以对待，有扬弃地予以继承，努力用中华民族创造的一切精神财富来以文化人、以文育人。

——2014 年 2 月 24 日，习近平在中共中央政治局第十三次集体学习时提出

【专题导论】

道德以善恶为评价标准，它不像法律具备强制执行性，而是依靠个体内心的善恶标准、当地的社会习俗以及舆论来发挥作用。道德是规范个体行为的重要工具，对于维护社会和谐、促进个体发展有着不可替代的作用。道德建设，就是引导人们培育正面的道德情感和责任，形成正确的道德观，提高人们自觉践行道德标准的行为能力。大学生需要了解道德的本质和功能、起源与发展，在日常生活中磨炼自己的道德意志，形成坚定的道德信念，砥砺前行，拼搏进取，努力追求崇高的道德境界，塑造高尚的道德品格。

【专题概况】

教学目标：通过对本章内容的学习，学生能够对道德有更深刻的了解，自觉遵守社会公德，培养良好的个人品德，对职业道德、家庭美德、社会主义道德等领域中的理论和知识有一个基本的了解，对社会生活领域中的道德规范及个人品德提升的路径有精准的把握。学生能够认识到，一个人只要在社会中生存，就必须自觉遵守相应的道德规范，就必须用道德规范指导自己的行为，追求崇高的道德境界。通过学习提升对道德的理论认知，弘扬中华民族的优秀道德传统，形成正确的社会主义道德观，提高道德实践能力，成为社会所需要的人才。

教学重点：

1. 道德及其历史发展，社会主义道德建设的核心和原则。
2. 继承和弘扬中华传统美德，积极投身崇德向善的道德实践。

【专题导图】

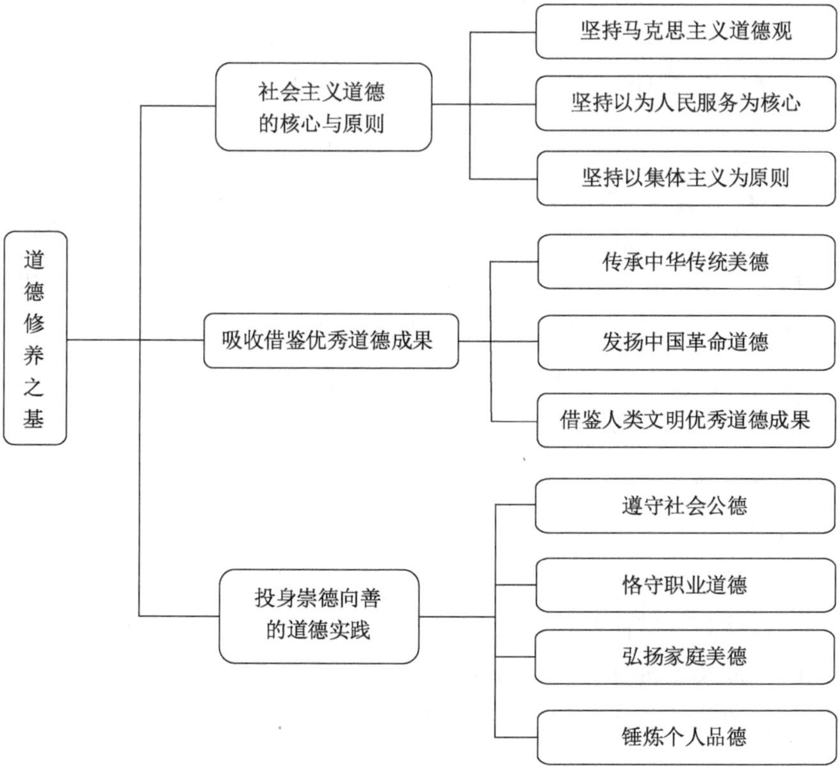

第一节 社会主义道德的核心与原则

【金句导言】

国无德不兴，人无德不立。必须加强全社会的思想道德建设，激发人们形成善良的道德意愿、道德情感，培育正确的道德判断和道德责任，提高道德实践能力尤其是自觉践行能力，引导人们向往和追求讲道德、尊道德、守道德的生活，形成向上的力量、向善的力量。只要中华民族一代接着一代追求美好崇高的道德境界，我们的民族就永远充满希望。

——2013 年 11 月 26 日，习近平在山东考察讲话中提出

把培育和弘扬社会主义核心价值观作为凝魂聚气、强基固本的基础工程，继承和发扬中华优秀传统文化和传统美德，广泛开展社会主义核心价值观宣传教育，积极引导人们讲道德、尊道德、守道德，追求高尚的道德理想，不断夯实中国特色社会主义的思想道德基础。

——2014 年 2 月 24 日，习近平在中共中央政治局第十三次集体学习时强调

【本节导读】

道德是人们共同的行为准则，是一种社会行为规范，也可以理解为一种意识形态。它通常是正面价值观的代表，以善恶作为评判标准。我国的传统文化里，道德的底色是“仁义”，即仁爱与正义。本专题旨在通过学习道德的基本概念与理论，让大学生继承和发扬我国的传统美德，吸收优秀的道德成果，形成正确的道德观，自觉遵守社会公德，在成长中不断提升自己的道德品质。

【教学情况】

教学目标：通过对本部分内容的学习，掌握道德的起源及本质，了解马克思主义道德观，进而掌握社会主义道德的核心与原则，同时进一步了解道德的时代性及先进性，结合社会主义和共产主义道德观批判继承人类传统道德，使道德伴随社会实践的发展和进步与时俱进。

教学重点：

1. 明确什么是马克思主义道德观。
2. 认识、掌握、吸收、借鉴优秀的道德成果。
3. 掌握如何投身道德实践。

一、坚持马克思主义道德观

【教学课堂】

步骤一　案例介绍

五只猴子的故事

有五只猴子被关在同一个笼子里，笼子顶部悬挂了一串金灿灿的香蕉。这个笼子里还装配了一个自动感应喷水装置，一旦感应到猴子靠近香蕉，就会启动喷水装置，将笼子里的所有猴子全部淋湿。五只猴子经过一番尝试之后，很快发现了喷水的规律，所以都停止了拿香蕉的举动。它们已经明白了“靠近香蕉会被淋湿”这个道理。

过了一段时间，五只猴子里的一只被放了出去，替换进来一只新的猴子。新猴子进入笼子后一眼就看到了那一串香蕉，马上伸出爪子想去拿，然而还没接近香蕉它就被其他猴子发现并打了一顿。新猴子尝试几次后，发现只要靠近香蕉就会挨打，就停止了这种行为。

后来，原来的猴子被陆续放出，新的猴子被陆续补进笼子，每只新猴子被放进笼子后，都会重复一遍上一只新猴子的经历：尝试取香蕉——被群殴——再取——再被群殴——远离香蕉。

最后，笼子里的猴子已经完全更换了一批，新成员们都没有激发过喷水装置，但是它们也都不会去碰那串香蕉。它们不知道为什么不能碰香蕉，但是它们都知道谁碰香蕉谁就会被揍。

案例来源：改编自社会心理学实验案例. 百度文库，2012-04-20. https：//wenku. baidu. com/view/1bc9c4f54693daef5ef73d6c. html

步骤二 问题聚焦

阅读以上案例，思考道德的本质和形成机制，与动物的本能有什么不同？道德的功能有哪些？

步骤三 知识凝练

道德是一种社会行为规范，它的形成需要满足社会关系的形成、自我意识的发展和劳动的产生，这三个前提条件缺一不可。道德不同于动物的本能，道德是一种特殊的社会意识形态，它以善恶作为评价标准，依靠个体的善恶观念、当地传统和社会舆论力量来规范个体的行为。道德是一种精神力量，除了规范个体行为外，在处理不同个体之间的关系、个体与社会的关系中也发挥着巨大的作用。

步骤四 思维启发

社会主义道德是符合我国现阶段国情的社会道德，社会主义道德建设是我国现阶段精神文明建设中的重要组成部分，是推动社会发展的主要动力之一，它比历史上任一阶段的社会道德都更强大和深刻，是人民幸福、社会和谐的重要保证，因而在高校教育中不可缺席。

步骤五 实践拓展

实践课题：发掘内心的道德感

实践步骤：

1. 按照以下的问题反思自己的内心，打开内心那扇收藏美德宝藏的大门。

2. 提问：① 日常生活中最尊敬与最反感的三个人；② 最欣赏的三种气质品格；③ 别人对你气质品格的三种可能评价；④ 我愿意生活在哪里；⑤ 我不愿意生活在哪里。

3. 撰写演讲稿，在班级内进行交流分析。

【延伸阅读】

自私的代价

经过一轮又一轮的简历筛选、笔试和面试，熬到最后一轮面试的幸运儿只剩下我们五个人，而我们五个实力相当、各有所长，任何一个人都满足应聘岗位的要求，可惜职位只有一个，意味着我们之中有四个人会被淘汰出局。谁都想要留下，但谁都可能被淘汰，可以想象，最后这一局的厮杀将会尤为激烈和残酷。

我在前面的各场比试中都取得了不错的成绩，如果不出什么意外的话，自己胜出的概率还是挺高的，因此，我的心理并没有其他四位看起来那么紧张，似乎已经看见胜利在向我招手了。

到了最后一轮面试的这天，我们五个候选人都早早地候在了面试现场。由于时间还早，为了打破紧张的气氛，缓解尴尬，聚在一起的我们开始客气地聊了会儿，当然，由于是竞争对手的关系，我们的交谈中难免夹杂了一些疏离和虚伪。

正在我们闲聊的过程中，一个陌生的年轻人突然出现在我们身边，于是我们五个面带惊讶地看着他，暗中猜测着他的身份和来意。年轻人被看得有些尴尬，他有些拘谨地自我介绍说自己也是来参加面试的，早上走得匆忙忘了带笔，想向我们借一支钢笔用来填写表格，用完就会归还。

然而，他的请求换来了一片沉寂。我们五个面面相觑，都不愿意伸出援手，因为竞争本来就已经很激烈了，谁也不愿意再多一个竞争对手，给本就激烈的竞争火上浇油，尽管，我们五个都随身带着钢笔。

年轻人没有得到回应，但是他看到了我口袋里露出的钢笔一端，于是满怀期待地向我开口借笔。可是我不想借给他，于是手忙脚乱地假装找笔，假装我的笔找不到了："我的笔……呢?"

正当我忙于演戏的时候，我们五个之中一个不起眼的戴眼镜男生走了过去，伸手递给了年轻人一支钢笔，并开口解释道："我的笔刚才没有墨水了，我去卫生间掺了点自来水，应该还能写几个字，只是颜色会淡一点，你凑合着用吧。"年轻人感激地双手接过钢笔，又激动地紧握住"眼镜"的手，看起来有些莫名其妙。我们四个对"眼镜"都产生了不满，忍不住冲他翻个白眼。而那个借笔的年轻人，拿到笔后并没有填写什么表格，不知道在纸上写了些什么之后就转身出去了。

随着钟表滴滴答答地转动，转眼间一个小时已经过去了，原本约定的面试时间早已结束，而面试官一直没有出现。按捺不住的我们五个焦急地找负责人询问，让人跌破眼镜的是，从办公室走出来的负责人却是刚才借笔的那位年轻人！他亲切地搭上“眼镜”的肩膀，微笑着跟我们宣布：“这位先生被聘用了。”然后，他又跟我们补充了几句：“你们能够站在这里，说明大家都是十分优秀的人才，本来我们不愿意失去任何一个人才，打算把你们五个一起录取进来，可惜的是，你们自己抓不住机会啊！”

大梦初醒一般，我们四个后悔万分，明明距离成功只有一步之遥，却因为自己的自私折戟当场；反观之前表现平平无奇的“眼镜”，只因为伸手帮了一个小忙，就成了整场厮杀的幸运儿。个人品德，就是这样神奇地影响着我们每一个人的生活。

——周仕兴. 青年文摘（人物版）. 北京：中国科学出版社，2003 年

二、坚持以为人民服务为核心

【教学课堂】

步骤一　案例介绍

张思德事迹

1915 年 4 月 19 日，张思德出生于四川省仪陇县六合场韩家湾一户贫苦的佃农家里，不满周岁母亲便去世了，靠叔母抚养长大。12 岁时就给地主放牛、割草。1933 年 9 月，红军来到了他的家乡，建立了革命政权。张思德积极参加少先队，被选为队长，认真协助红军和民兵站岗放哨，寻查敌人。

1933 年 12 月，张思德参加了红军，不久加入共青团。1937 年 10 月，加入中国共产党。在一次反六路围攻的战斗中，张思德右腿先后两次负伤，他强忍剧痛，冲入敌阵，缴获了敌人两挺机枪。1935 年 6 月，红四方面军与长征北上的中央红军在四川懋功会合后，挥师北上。在长征途中，他曾两度经过人迹罕至的雪山、草地，历尽千辛万苦。

到达陕北后，张思德调到中央军委警卫营通讯班当班长，在数年的通讯工作中，他兢兢业业，吃苦耐劳，认真负责，完成任务准确无误。

1940年初夏，国民党顽固派对边区军民施行军事“围剿”和经济封锁。为解决中央机关冬季取暖问题，张思德带领一班人到延安以南土黄沟的深山老林中烧木炭。苦战了三个月，经过伐树、打窑、烧火、出窑、捆扎、运输等数道繁重的工序，终于把八万斤烧炭运到了延安。

1941年，抗日战争进入最艰苦的时期，为克服敌人封锁带来的经济困难，张思德随警卫营到南泥湾开荒。他带领全班战士，克服生活上的众多困难，努力完成上级交给的生产任务。同时，还照常负责通讯工作，白天生产劳动干一整天，夜里又不顾劳累，长距离步行送信，完成通讯任务。

1942年冬，张思德从南泥湾调回延安。不久，因部队整编，领导调他这个班长去另一个班当普通战士。对此，他毫无怨言，完全服从革命的需要，不计较个人的名利得失。1943年初夏，张思德被调到枣园内卫班，在毛主席身边当警卫战士。

1944年，组织上再次派他到安塞县烧木炭。9月5日，他在炭窑内工作时，炭窑突然崩塌，不幸牺牲。

1944年9月8日下午，中共中央直属机关隆重举行追悼大会，党中央总书记毛泽东同志亲笔写了“向为人民利益而牺牲的张思德同志致敬”的挽词，并亲自参加了追悼会。在会上毛泽东发表了《为人民服务》的重要讲话，对他全心全意为人民服务的高尚品德作了高度评价，说他是“为人民利益而死的，他的死是比泰山还重的”。

案例来源：根据网络资料编写

步骤二　问题聚焦

重温张思德同志的故事后，您对全心全意为人民服务有了哪些新的认识和理解？

步骤三　知识凝练

为什么人服务是道德的核心问题，决定并体现着道德建设的根本性质和发展方向，规定并制约着道德领域中的所有道德现象。为人民服务是中国共产党人把马克思主义基本原理与中国革命、建设、改革的具体实践相结合的伟大创造。为人民服务，不仅是坚持历史唯物主义的必然要求，是中国共产党践行的根本宗旨，也是社会主义道德观的集中体现，是全体中国人民共同遵循的道德要求。

步骤四　思维启发

新时代为人民服务，就要始终不忘初心、牢记使命，践行全心全意为人民服务的根本宗旨，与人民同呼吸、共命运、心连心。新时代为人民服务，就要聚焦我国社会主要矛盾的变化，始终坚持以人民为中心，为让人民过上更加美好的生活而矢志奋斗；新时代为人民服务，就要始终坚持群众观点和群众路线，将之深深植根于思想中、落实在行动上；新时代为人民服务，就要始终保持革命精神，勇于自我革命，从严管党治党，持之以恒正风肃纪，始终保持同人民群众的血肉联系。

步骤五　实践拓展

实践课题：道德事件小法庭

实践步骤：

1. 以当下的道德焦点事件，例如老人倒地该不该扶、老实人吃亏吗、考试作弊等作为辩论主题。
2. 确定正反双方辩手、主持人、评委等人员。
3. 辩手围绕主题收集整理资料；主持人制定辩论规则，编写主持词。
4. 开展课堂辩论赛；全程进行拍摄和录像。
5. 点评与反馈；任课教师点评，同学互评。
6. 同学们的综合表现计入考核成绩。

【延伸阅读】

为人民服务

我们的共产党和共产党所领导的八路军、新四军，是革命的队伍。我们这个队伍完全是为着解放人民的，是彻底地为人民的利益工作的。张思德同志就是我们这个队伍中的一个同志。

人总是要死的，但死的意义有不同。中国古时候有个文学家名叫司马迁，他曾说过："人固有一死，或重于泰山，或轻于鸿毛。"为人民利益而死，就比泰山还重；替法西斯卖力，替剥削人民和压迫人民的人去死，就比鸿毛还轻。张思德同志是为人民利益而死的，他的死是比泰山还要重的。

因为我们是为人民服务的，所以，我们如果有缺点，就不怕别人批评指出。不管是什么人，谁向我们指出都行。只要你说得对，我们就改正。你说的办法对人民有好处，我们就照你的办。“精兵简政”这一条意见，就是党外人士李鼎铭先生提出来的；他提得好，对人民有好处，我们就采用了。只要我们为人民的利益坚持好的，为人民的利益改正错的，我们这个队伍就一定会兴旺起来。

我们都是来自五湖四海，为了一个共同的革命目标，走到一起来了。我们还要和全国大多数人民走这一条路。我们今天已经领导着有九千一百万人口的根据地，但是还不够，还要更大些，才能取得全民族的解放。我们的同志在困难的时候，要看到成绩，要看到光明，要提高我们的勇气。中国人民正在受难，我们有责任解救他们，我们要努力奋斗。要奋斗就会有牺牲，死人的事是经常发生的。但是我们想到人民的利益，想到大多数人民的痛苦，我们为人民而死，就是死得其所。不过，我们应当尽量地减少那些不必要的牺牲。我们的干部要关心每一个战士，一切革命队伍的人都要互相关心，互相爱护，互相帮助。

今后我们的队伍里，不管死了谁，不管是炊事员，还是战士，只要他是做过一些有益的工作的，我们都要给他送葬，开追悼会。这要成为一个制度。这个方法也要介绍到老百姓那里去。村上的人死了，开个追悼会。用这样的方法，寄托我们的哀思，使整个人民团结起来。

——1944 年 9 月 8 日，毛泽东在中共中央警备团追悼张思德会议上的演讲稿

三、坚持以集体主义为原则

【教学课堂】

步骤一　案例介绍

一袋干粮

13 岁的小红军小兰在随部队一起前进的过程中，好不容易得到了一袋干粮，却在过桥时为照顾一位伤员不慎把自己的干粮掉入河中被冲走了。她为了让大家有足够的干粮吃，坚持没告诉任何人。为了装成没事发生一样，她拔了许多野菜塞入挎包，塞得鼓鼓的。不久她的身体就不行了，在护士长发现她吃野菜和挎包中“干粮”的事后，大家才知道了事情的真相，于是大家每人分了一点干粮给她，让她体会到了家的温暖……

案例来源：根据资料编写

步骤二 问题聚焦

小兰，一个 13 岁的小女孩，在她没有粮食之际，她脑海里想的只有战友的利益，而忽略了自己的困难，是什么精神让其做出这样的举动？

步骤三 知识凝练

集体主义已经成为调节国家利益、社会整体利益和个人利益关系的基本原则。集体主义强调国家利益、社会整体利益和个人利益的辩证统一。在社会主义社会中，国家利益、社会整体利益和个人利益是不能分割的，要力求做到共同发展、相互增益、相得益彰。

步骤四 思维启发

正是集体主义精神指导下的集体自由观念，使中国人民能够很快控制住疫情，尽量恢复正常的生产和生活。从整个世界范围看，首先使疫情得到总体控制的韩国和日本也是拥有集体主义传统的国家，公民能表现出对集体规则的服从、对集体安全的捍卫和对集体利益的尊重，更是从侧面证明了在面对大灾大难时，虚假的个人自由是靠不住的，只有先集体主义才能得到真正的个人自由。

步骤五 实践拓展

实践课题：道德模范在身边

实践步骤：

1. 分组讨论，划分区域，制订计划，从周围的生活环境中搜集好人好事，发现道德模范。

2. 对搜集到的素材进行分析总结，提炼人格魅力，论述道德模范故事带给自己的感动和思考，并分享自己的道德实践故事，形成文字报告，在小组间分享。

【延伸阅读】

集体主义精神筑就冲不垮的大坝

近日，接国家防汛抗旱总指挥部总命令，淮河王家坝闸开闸泄洪，滚滚淮河水流向蒙洼蓄洪区。镜头的另一边，19万蒙洼人拖家带口、牵牛赶鹅，连夜撤离。入汛以来，类似场景在湖北、浙江等地并不鲜见，其中蕴含的大义令人动容。

引洪水进家园，让良田成汪洋，任谁都会心疼。但危急关头，广大蓄洪区群众没有犹豫，以行动坚决支持上级决策。就拿王家坝闸为例，66年来，开闸泄洪16次，蓄洪区几代人一次次抛家舍业，只为“上保河南，下保江苏，保住整个华东”。“舍小家为大家”“舍小我顾大局”，这样的集体主义精神，贯穿了中国叙事的每个章节。天灾人祸不期而至，同风共雨、守望相助；艰难挑战横亘在前，众志成城、砥砺前行。中国发展建设的每一步，都诠释着“积力之所举即无不胜”的真理。

外媒经常发问：中国人的集体主义精神何以如此之强？从古至今，华夏大地多灾多难，饱经兴衰危亡，中国人早就深刻认识到，团结一致才能渡尽劫波，所谓家国，其实一体。这一现实体认，烙印在整个民族的文化基因之中。从“大道之行也，天下为公”，到“人生不能无群”，再到“国而忘家，公而忘私”，无不强调集体优先。新中国成立后，由公有制经济占主体地位的社会主义生产关系，更推动了国家利益、集体利益与个人利益的根本统一。如是种种相互作用，塑造着命运共同体的深厚情感。

深植国人心中的集体主义精神，已凝结为中华民族的软实力。个人利益、个人理想与国家利益、国家理想同频共振，让资源集结、统一行动成为可能，造就了大江南北的超级工程，也创造了让世界惊叹的中国速度。今年疫情突发，全民防疫、令行禁止，“保护自己就是保护别人，就是为国家作贡献”成为社会共识。这种一呼百应的协同力，让这个国土面积接近整个欧洲、人口占世界五分之一的大国迸发出惊人伟力，我们克服了难以想象的困难，干成了别人干不成的大事。

舆论场上，强调自由主义、个人主义的西方文化曾一度备受追捧，讲集体、讲奉献等东方传统价值反被视为老套。但经过实践检验，越来越多的人看到，“无限自由”带来的只是大多数人的不自由，过度的“自我”导致的恰是大众的迷茫。一个政治极化、个人至上的社会，不仅很难推进高效率的建设发展，甚至连“疫情之下戴不戴口罩”都能撕扯不休。事实证明，集体主义是中华民族宝贵的精神财富，必须大张旗鼓点赞，理直气壮宣扬。而保护“保护大家”的人，温暖“温暖社会”的人，让牺牲奉献者不吃亏，给“扛下了所有”者以支持，我们可以做得更多。

风雨还没有停歇。此时此刻，有人不顾艰险冲锋向前，有人转身离去让出水路，方向不同，其志一也：护卫一方安澜，愿尽一己之责。这正是一个民族真正的灵魂。“国于天地，有与立焉。”铭记这些奉献，传承这种精神，我们的民族将更加强大。

——汤华臻．集体主义精神筑就冲不垮的大坝．北京日报，2020-07-24

第二节　吸收借鉴优秀道德成果

【金句导言】

深入挖掘中华优秀传统文化蕴含的思想观念、人文精神、道德规范，结合时代要求继承创新，让中华文化展现出永久魅力和时代风采。

——2017年10月18日，习近平在中国共产党第十九次全国代表大会上的报告

文明因多样而交流，因交流而互鉴，因互鉴而发展。我们要加强世界上不同国家、不同民族、不同文化的交流互鉴，夯实共建亚洲命运共同体、人类命运共同体的人文基础。

——2019 年 5 月 15 日，习近平在亚洲文明对话大会开幕式上的主旨演讲

【本节导读】

马克思主义道德观是无产阶级追求自由全面发展的共产主义道德观，社会主义道德本质上是前者在社会主义阶段的具体体现，所以社会主义道德建设必须在坚持马克思主义道德观的基础上进行，同时也应该重视中华传统美德的继承和发扬，借鉴现存的各种道德成果中的优秀部分，深化对中国特色社会主义道德的理解。

【教学情况】

教学目标：通过本节教学，帮助学生掌握中华传统美德的基本精神，了解传承中华美德的必要性，学习掌握、借鉴和吸收人类文明优秀道德成果的正确态度和方法，明确如何做才能使中华传统文化保持生命力。

教学重点：

1. 中华传统美德的历史传承与时代价值。
2. 正确借鉴和吸收人类文明优秀道德成果。

一、传承中华传统美德

【教学课堂】

步骤一 案例介绍

程门立雪

北宋时期，在我国福建省将东县有个进士杨时，他特别好学，为了丰富自己的学识，经常会寻访名师指点。杨时四十多岁的时候，他的老师程颢去世了，老师去世前将他推荐给自己的弟弟程颐。杨时对自己的新老师程颐也十分尊敬。

在一个下雪天，杨时到程颐家去请教问题，正好当时程颐午睡未醒。于是杨时安静地站在程颐家门口等他睡醒。过了好久，程颐午睡醒来，发现杨时一直站在雪中等待，身上已经落了厚厚一层积雪。程颐

深受感动，将自己一身才学尽数教给杨时，杨时也努力学习，终成一代大家。

杨时这种爱好学习、尊敬老师的优良品德，受到了很多人的称赞。后来，人们就用“程门立雪”来赞扬那些爱好学习又尊敬老师的人。

案例来源：本书编写组. 思想道德修养与法律基础（2018 年版）. 北京：高等教育出版社，2018 年

步骤二　问题聚焦

通过对案例的阅读，思考案例表达的中华传统美德是什么？中华传统美德都包括什么？

步骤三　知识凝练

礼仪是礼节和仪式，是一种对他人表示尊重的行为规范。我国被称为“礼仪之邦”，自古以来就非常重视礼仪，《论语·季氏篇十六》明确提出了“不学礼，无以立”的思想。礼仪不仅是中华民族的传统美德，也是现代社会里体现个人素质、道德修养的方面，是中华文明发展的重要财富，也是社会主义道德建设的重要组成。

步骤四　思维启发

人们对商人常常怀有不诚信的偏见，认为“无奸不商”，商人都是习惯于偷奸耍滑、坑蒙拐骗的，通过这种不道德的方式来攫取高额利润。其实这种刻板印象是不能成立的，要知道，通过偷奸耍滑这种方式进行的商业活动是无法持久的，因为消费者一旦发现被骗，商人的信誉就会严重受损，而信誉差的商家根本无法在社会立足。

现实生活中，商人是非常重视信誉的群体，成功的商人无不以诚信著称，因为只有诚信才能带来持久的兴盛和更多的利益。所谓“无奸不商”，这个词的根源其实是“无尖不商”，指卖家在用升斗称量大米时，在足够的分量之外再盛点米加在米斗上，这样大米表面会形成一个“尖”，这个“尖”就是卖家送给顾客的部分。后来“无尖不商”就成为约定俗成的商业惯例，这个词本质上是用来赞扬商家买卖公道的褒义词。“无尖不商”，是现代商业社会应该努力继承和弘扬的中华传统美德。

步骤五　实践拓展

实践课题：开展“孝德五个一”活动

实践步骤：

1. 布置任务，召开“孝德五个一”主题班会。

2. 组织“孝德五个一”活动：说一声问候、送一个拥抱、做一次家务、为父母洗一次脚、做一次小义工。

3. 点评与反馈：任课教师点评，同学互评，现场反馈。

4. 同学们的综合表现计入考核成绩。

二、发扬中国革命道德

【教学过程】

步骤一　案例介绍

记录抗战历史的“苦行僧”

20余年间，方军苦心孤诣采访与抗战有关的老人，抢救那段正慢慢被国人遗忘的历史。

1998年，方军收到一封来自陕西的信件，信中说：“方作家，我叫仵德厚，是一个经历过卢沟桥事变、台儿庄战役、武汉战役的国民党少将师长。在台儿庄战役中，我是敢死队的队长。读了你写的《我认识的鬼子兵》，想邀请你来我家聊聊抗战的事。”

方军欣然接受邀请，来到陕西泾阳仵德厚家，与他同吃同住两个星期。老人直言不讳地告诉方军：“抗战胜利后，我给蒋介石卖命，最后当了俘虏被改造。这么多年来，从来没有作家和记者采访过我，我也不敢说以前的经历，就这样悄悄地活着。我真的很不甘心。”方军临走时，老人站在村头一直流着泪水，目送他消失在尽头。至今，方军还记得：那些天刚好是陕西的雨季，许德厚睡的床两边都放了一个盆。他儿子上房顶给漏水的地方铺上一些泥，漏在盆里的雨水就成了泥水。老人过得这样孤独和艰难，让人心酸。

回到北京，方军发表了自己的采访稿。很快，当地政府给仵德厚免费安装了一部电话，社会各界人士纷纷与老人取得联系，有采访的、有捐款的、有建碑的……老人多次打来电话感谢方军："我忘不了你的恩情。"他说的"恩情"不是指有了新房，不是指有了电话，而是终于有人能记录那段已被人遗忘的历史。

去四川安岳县高升乡云光村采访94岁的老兵王振庸，对方军的触动最大。抗战前，王振庸家是大地主。1937年，全民族抗战的布告贴到王振庸家门口，这位四川大学中文系毕业的高才生毅然参军上了前线。

2010年，方军去采访时，王振庸住在一间破旧的小房子里，衣衫褴褛，却高兴地拿出一枚民间自制的抗战纪念章给方军看，还别在身上让方军拍照。不到两个星期，方军将发表的文章寄给了王振庸，老人的家人后来告诉方军，王振庸拿着报纸满村走，说北京的作家写他了。

说起后来发生的事，方军满眼全是泪花。他说："这可能是王振庸参加抗战后头一次有人在媒体上讲述他的事迹。没过几天，他就拿着我采写的那篇文章谢世了，脸上还带着微笑。"

后来，方军到卢沟桥中国人民抗日战争纪念馆工作，接触抗战老兵的机会就更多了。老八路、新四军、国民党抗战将士、侵华日本老兵、被强掳的劳军……方军将这些与抗战有关的人称作亲历抗战的"最后一批人"。十几年来，方军的足迹遍布国内和周边国家，自费拜访了500多位抗战老兵："那些战争亲历者如今都垂垂老矣。我要做的，就是只争朝夕，尽快采访他们，把他们的经历记录下来，让大家了解抗战老兵当年的真实生活状态和精神状态。"

2005年，为纪念抗战胜利60周年，方军出版了抗战纪实文学《最后一批人》。他在此书的编后记中这样写道："《最后一批人》不属于作者，而是属于所有亲历日本侵华战争的人和所有铭记这段历史的中国人。"

方军的努力起了作用。近些年来，抗战老兵开始受到关注，"关爱抗战老兵""我们爱老兵""无冕爱心网"等民间组织相继出现，一群群志愿者走近这些抗战老兵，和他们一起回忆当年困苦与激扬的岁月。

2007 年 7 月 7 日，“七七事变”70 周年时，方军把全国能找到的 29 军 9 名老兵一一请到北京，在 70 年前抗击日寇的卢沟桥上，完成了人生最后一次集结。如血的残阳中，当这些浑身布满伤疤的老兵列队报数，用颤巍巍的手敬出最后的军礼，以此缅怀阵亡的战友时，方军却背转身，偷偷地哭了。

让方军备感欣慰的是，第十二届全国人大常委会第七次会议决定：将每年的 9 月 3 日确定为中国人民抗日战争胜利纪念日，12 月 13 日确定为南京大屠杀死难者国家公祭日。

案例来源：卓成华. 记录抗战历史的苦行僧. 读者. 2015 年第 18 期（缩编）

步骤二　问题聚焦

通过对案例的阅读，思考中国革命道德体现在哪些方面？如何发扬中国革命道德？

步骤三　知识凝练

中国革命道德，是对中华传统美德的延续和发展。传承和发扬中国革命道德，是弘扬中华传统美德的应有之义，是加强社会主义道德建设的客观需要，也是激励大学生锤炼优良道德品质的必然要求。对于这些高龄老人来说，沧桑往事有很多已经淡忘，然而抗战是他们永远也不会忘记的，是生命记忆，是民族记忆，是国家记忆！他们的勇气、奉献和担当，早已成为一个民族基因，在我们血脉当中流淌！

步骤四　思维启发

2016 年 2 月，中共中央办公厅印发了《关于在全体党员中开展“学党章党规、学系列讲话，做合格党员”学习教育方案》并发出通知，要求各地区各部门认真贯彻执行。开展“两学一做”学习教育，是面向全体党员深化党内教育的重要实践，是推动党内教育从“关键少数”向广大党员拓展、从集中性教育向经常性教育延伸的重要举措。

步骤五 实践拓展

实践课题：团队活动“革命道德大 PK”

实践步骤：

1. 学生每人准备一张 16K 纸，一分为二：做 4 张长纸条，4 张短纸条。

2. 长纸条上面写革命道德的表现，短纸条上面写违反革命道德的表现。

3. 每人与小组内其他成员 PK，方式是“剪刀、石头、布”，赢的人得到对方的长纸条，输的人得到对方的短纸条。当小组成员中出现有人手里都是长纸条或短纸条时，小组活动结束。

【延伸阅读】

汇聚新时代国家治理的强大道德力量

道德作为一种社会意识形态，是经济基础的反映，也是历史发展的产物。经济社会的深刻变革必然引起道德状况的动态变化，整个社会的发展进步也必然伴随道德的整体进步。新中国成立 70 年来，我们党领导人民不断探索实践，逐步形成了中国特色社会主义制度，创造了经济快速发展、社会长期稳定“两大奇迹”，也使中国人民在道德与精神上获得普遍跃升和持续进步。习近平总书记深刻指出，人民有信仰，国家有力量，民族有希望。要坚持共同的理想信念、价值理念、道德观念，弘扬中华优秀传统文化、革命文化、社会主义先进文化，促进全体人民在思想上精神上紧紧团结在一起，为奋进新时代、共筑中国梦提供了强大的精神力量和道德支撑。

《新时代公民道德建设实施纲要》（以下简称《纲要》）是加强新时代公民道德建设的纲领性文件，进一步坚定了全党全社会的文化自信，彰显了我国国家制度和国家治理体系的显著优势。它体现了中国共产党引领和践行先进文化前进方向的高度自觉自信。党中央 2001 年颁布的《公民道德建设实施纲要》，是世界政党史上第一部执政党专门部署道德建设工作的文件。18 年后，在“两个一百年”奋斗目标的历史交汇期，出台《纲要》，标志着我们党领导社会主义道德建设迈出新的重大步伐。它体现了我们党坚持依法治国和以德治国相结合的高度自觉自信。法治和德治相结合，是中华文明的独特政治文化基因。我们党对其进行创造性转化、创新性发展，形成依法治国的中国方案。加强新时代公民道德建设，把制度优势更好地转化为治理效能，凸显了“中国之治”的鲜明特色。它体现了全党全社会对中国特色社会主义道德建设资源和路径、主流和前景的高度自觉自信。我们党领导人民创造的社会主义道德体系，包容传统与现代、融通本土与外来、连接认知与实践，塑造了积极、进步、向善的中国道德主流。在习近平新时代中国特色社会主义思想指引下，我们有信心更有能力深入推进社会主义道德建设，促进社会全面进步，实现人的全面发展。

建首善自京师始。长期以来，我们自觉坚持道德建设的社会主义方向，以社会主义核心价值观为引领，以培养担当民族复兴大任的时代新人为着眼点，紧紧扭住社会公德、职业道德、家庭美德、个人品德四个着力点，抓住教育引导、实践养成、制度保障等关键环节，努力打造社会风气和道德风尚最好的城市。

第一，把道德建设融入城市发展和城市治理，画出最美同心圆。习近平总书记指出，推进国家治理体系和治理能力现代化，要解决好价值体系问题。现代化的国家治理必须有现代化的文明形态与之相适应。《纲要》明确，新时代公民道德建设，是坚持社会主义方向的道德建设，是以为人民服务为核心、以集体主义为原则的道德建设。

第二，依托“北京榜样”播撒道德火种，发挥典型蒲公英效应。习近平总书记指出，引导人们向往和追求讲道德、尊道德、守道德的生活，让13亿人的每一分子都成为传播中华美德、中华文化的主体。在全面深化改革的背景下，社会成员的道德境界呈现多样性与层次性。这就决定了，必须持续强化道德认同，提升道德认知。《纲要》明确，遵循道德建设规律，把先进性要求与广泛性要求结合起来，发挥榜样示范引领作用。我们兼顾道德的应然性和实然性，精心打造“北京榜样”品牌。

第三，突出共创共建共享，打造全国精神文明建设示范之都。习近平总书记指出，夯实国内文化建设根基，一个很重要的工作就是从思想道德抓起，从社会风气抓起，从每一个人抓起。道德建设的成就，人人有份儿；道德领域的问题，人人有责。《纲要》明确，尊重人民群众的主体地位，激发人们形成善良的道德意愿、道德情感，培育正确的道德判断和道德责任，提高道德实践能力尤其是自觉践行能力。我们精心抓好五大创建，开展接地气、惠民生的文明引导行动，涵养首都热情开朗、大气开放、积极向上、乐于助人的人文氛围。

第四，坚持主阵地下沉、主力军上网，夯实道德建设新阵地。《纲要》明确，各类阵地是面向广大群众开展道德教育的基本依托。照亮真善美，必须让正能量熠熠生辉；倡导文明新风，必须让好人好事相互激荡。我们立足巩固党的执政基础，突出新时代文明实践中心和网络空间两大重点，统筹运用各类阵地资源，打造培养时代新人、弘扬时代新风的精神家园。推动新时代文明实践中心建设覆盖全市，形成工作规程，与各区融媒体中心打通、与各区政务服务中心对接，使解决实际问题成为最生动的道德实践。习近平总书记指出，让互联网成为构筑各民族共有精神家园、铸牢中华民族共同体意识的最大增量。

法安天下，德润人心。深入推进新时代公民道德建设，还应完善德法兼治的治理机制。我们把市民广泛认同、操作性强的核心价值观要求转化为法律规范，面向全市开门立法，研究制定《北京市文明行为促进条例》，坚持倡导与惩罚并举，注重文明行为的激励回馈。推进信用联合奖惩机制建设，针对安全生产、食品药品、互联网等 10 余个重点领域的失德败德行为，40 多个部门联合采取近 20 项惩戒措施，不断完善惩戒失德行为的常态化机制。实践证明，道德建设既要靠教育倡导，又要靠有效治理，是全社会的共同任务。在推进国家治理体系和治理能力现代化的新征程上，必须把道德导向持续贯穿于法治建设，推动公共政策与道德建设良性互动，发展与新时代相匹配的制度文明，为中国特色社会主义国家治理汇聚强大道德力量。

——杜飞进. 汇聚新时代国家治理的强大道德力量. 人民网—人民日报，2019 - 11 - 21. http://opinion.people.com.cn/n1/2019/1121/c1003-31465908.html

三、借鉴人类文明优秀道德成果

【教学课堂】

步骤一　案例介绍

雷锋传人的故事

1958 年 12 月出生于辽宁鞍山的郭明义现在已接近古稀之年，他不是雷锋后人，却被称为雷锋传人。青年时代的郭明义从部队退伍后，回到家乡进入鞍钢集团，开始了他数十年的工人生涯。这段人生中，他活成了受助者口中的“活菩萨”，同事们心中的“活雷锋”，以及被路人嘲笑的“不开窍的傻子”。

作为一名普通工人，郭明义的收入不高，而且家里上有老下有小，日子过得十分简朴，然而这样的他仍然多年坚持资助他人，十几年间累计捐出了一半的收入，这些钱有些流入了希望工程，化作希望小学的砖瓦、贫困儿童的午饭；有些进入了工友手中，成为工友渡过生活难关的雪中炭；有些成了贫困儿童的学费，支撑他们接受教育，跳出世代贫困的牢笼；有些进入了灾区，成为受灾群众遮风挡雨的一顶帐篷，一床暖被。

作为一名普通工人，郭明义有着一颗大爱之心和强烈的社会责任感。自从 1990 年参加了第一次无偿献血之后，郭明义就开启了自己的献血生涯，每年至少无偿献血一次，有时还会两次，数十年来从不间断。这样的行为持续到第 20 年时，从郭明义血管中留出的血液已经累计超过 6 万毫升，是自身血液的十倍之多。他一个人无偿捐献的血量，已经足够 75 名危重患者抢救所需。

除了自身献血，郭明义还热衷于组织集体献血活动。2006 年开始，郭明义多次发出倡议，号召大家捐献造血干细胞，引来了越来越多的伙伴同他站在一起，应召而来的捐献者数量达到全市捐献者的三分之一。2007 年之后，郭明义又开始号召人们加入献血队伍，累计贡献了 15 万毫升血液。2008 年，他又成立了公益组织“郭明义爱心联队”，如今队伍已经扩大到 2800 多人，累计捐出善款近 40 万元。2009 年，由他发起的器官捐献组织已经吸引了 200 多名战友，成为全国最大的器官捐献队伍……

案例来源：江胜倍.“雷锋传人”郭明义. 文汇报，2010-09-20（改编）

步骤二　问题聚焦

通过阅读案例，思考郭明义的奉献精神。

步骤三　知识凝练

郭明义扎根基层28年，始终把爱岗敬业作为人生追求，把无私奉献作为生命价值的体现，铸造了醒目的道德路标，确立了志向高远的生活理想，是新时代学习和实践雷锋精神的优秀代表。他将自我价值融入公共生活的行为，体现了个人与社会的辩证关系，唤醒了大学生的道德勇气。在市场经济深入拓展、人们思想观念深刻变化、价值选择趋向多元的今天，他的幸福观念与人生选择，对当代大学生的成长具有深刻的启示，为人们精神世界和道德生活的塑造提供了范本。

步骤四　思维启发

毛泽东同志曾这样形容道德模范："一个人能力有大小，但只要有这点精神，就是一个高尚的人，一个纯粹的人，一个有道德的人，一个脱离了低级趣味的人，一个有益于人民的人。"这样的人就是道德模范，他并非高高在上；为人民服务作为社会主义道德建设的核心，也并非遥不可及。其实，模范就在身边，人人可学，人人可做。为人民服务不仅是对党员干部的道德要求，也是每一位大学生义不容辞的责任。

步骤五：实践拓展

实践课题：道德情景剧汇报表演

实践步骤：

1. 组成学习小组。

2. 寻找身边的感人事迹。

3. 围绕主题，邀请选定的人到课堂交流，编写剧本或撰写情景剧汇报表演方式展现出来。

4. 组建师生评委，现场打分。

5. 每个小组课堂汇报（时间不得超过10分钟）。

6. 抽调学生评委，根据各组汇报情况评选优秀活动小组。

【延伸阅读】

雷锋精神永在常新

雷锋短暂的一生，生发出了巨大的精神价值。50年过去，雷锋精神历久弥新，越发凸显出时代的特色。

改革开放30余年后，中国社会发生了巨大的变化，中国的面貌焕然一新。在这个进程中，雷锋精神始终伴随着中国人民进步的脚步，始终是社会道德进步的标尺。不过，也有人对这一点有所不解，有所怀疑，甚至有所反对。一些人在公共话语平台上，发出冷言冷语、风言风语、“雷人雷语”，淡化雷锋的时代价值，矮化雷锋的道德作用，降低雷锋的示范效应，在一定范围内造成了一部分人的认识模糊。

这些人的言辞其实并不奇怪。在现实中，发出不合时宜言论中的许多人，其对社会道德的认知与其他人并无不同，只不过在如何认识雷锋精神价值上，存有一些片面的看法。我们知道，雷锋是实践人类道德的楷模，雷锋精神，已经成为我们民族精神的一部分。这个精神，反映了中国人民建设美好家园，创造美好生活的热切愿望，具有丰富内涵和时代价值。

雷锋精神产生于20世纪五六十年代，它是中华民族传统美德的集中反映，是社会主义道德的本质要求，是中国共产党人的先进性和社会主义核心价值体系的生动展现。50年来，雷锋精神是滋养一代又一代人的道德源泉，是催生一批又一批道德模范的力量所在。雷锋精神，始终发挥着提升社会道德水平和文明程度的重要作用，雷锋精神所代表的崇高境界，始终引领着社会道德风尚和时代精神。

因此，雷锋精神永远不会过时。因为雷锋精神是在中国人民建设美好生活的实践中孕育和锤炼出来的高尚精神，体现了中华民族的传统美德，内含着人类道德的最精华的成分，代表了人类进步的最核心的价值趋向。在改革开放新的历史条件下，雷锋精神所具有的社会主义核心价值，是鼓舞人们与时俱进、开拓创新的精神动力。我们看到，在近半个世纪的时间中，无论条件发生什么样的变化，也无论社会发生什么样的改变，雷锋精神所具有的助人为乐、爱岗敬业、勤俭节约的美德，都是我们国家所需要，都是我们社会所大力倡行的。

党的十七届六中全会提出，要深入开展学雷锋活动，采取措施推动学习活动常态化。这是我们党积极适应时代发展进步要求、顺应人民群众期待发出的有力号召，是传承弘扬雷锋精神的重大举措，是推进社会主义核心价值体系建设、提升全社会文明程度的战略部署。深入开展学习雷锋活动，大力弘扬雷锋精神，是推进道德进步的需要，是解决道德建设所面临问题的需要，更是我们当前伟大的建设事业的需要。学习雷锋，是时代所需、社会所盼、人民所愿。

“人的生命是有限的，可是，为人民服务是无限的，我要把有限的生命，投入到无限的为人民服务之中去。”这样的人，这样的精神，是任何时代都需要的，哪里谈得上什么“过时”呢?

雷锋的一生当中，并没做出什么惊天动地的壮举，也并没有高调的宣示和张扬，可以说除了平凡还是平凡，但是，雷锋正是以其“平凡”的一生，证明了“公者千古，私者一时”的道理，成就了一个民族道德建设的前行者。学习雷锋，发扬雷锋精神，是社会主义精神文明建设的需要，是树立社会主义核心价值观的需要，也是完善社会治理方式，建设和谐社会的需要。

今天，我们实践雷锋的实践，追求雷锋的追求，就是不断地为雷锋精神注入新的时代因子，让雷锋精神常在常新。这，是我们的实践和追求，更是雷锋后来人的历史责任。让我们跟上这个时代的步伐，把我们国家建设得更好。

——王凯. 雷锋精神永在常新. 人民网·光明网，2012-03-13. http://www.bjwmb.gov.cn/zxgc/wmpl/t20120314_431075.htm

第三节　投身崇德向善的道德实践

【金句导言】

伟大时代呼唤伟大精神，崇高事业需要榜样引领。当前，全国各族人民正在为实现中华民族伟大复兴的中国梦而奋斗。我们要按照党的十八大提出的培育和践行社会主义核心价值观的要求，高度重视和切实加强道德建设，推进社会公德、职业道德、家庭美德、个人品德教育，倡导爱国、敬业、诚信、友善等基本道德规范，培育知荣辱、讲正气、作奉献、促和谐的良好风尚。

——2013年9月26日，习近平在会见第四届全国道德模范及提名奖获得者时的讲话

【本节导读】

公民道德建设，对于提高人民思想觉悟、道德水准、文明素养，提高全社会文明程度，具有至关重要的作用。弘扬社会主义道德，必须坚持以为人民服务为核心、以集体主义为原则，推进社会公德、职业道德、家庭美德、个人品德建设。大学生要自觉讲道德、尊道德、守道德，加强品德修养，锤炼道德品质，努力做到向上向善、孝老爱亲，忠于祖国、忠于人民。

【教学情况】

教学目标：通过对本部分内容的教学，帮助学生掌握社会主义道德的核心和原则，明确为人民服务和实行集体主义的意义；明确社会道德在生活中的重要作用，自觉培养公德意识，养成遵守社会公德的良好行为习惯；进一步了解各类道德及美德，加强思想道德建设，使大学生全面发展，努力做到向上向善。

教学重点：

1. 学习掌握社会主义道德的核心和原则。
2. 明确社会公德、职业道德、家庭美德、个人品德的具体内容与作用。

一、遵守社会公德

【教学课堂】

步骤一　案例介绍

破窗效应

1982年3月，哈佛大学教授詹姆斯·威尔逊与犯罪学家乔治·凯林在《大西洋月刊》上发表了二人合写的《破窗》一文。文章指出，公共秩序是一种很脆弱的东西，在一个社区中，如果不及时修补第一扇

被打破的窗户，不久所有的窗户都会被打破。这表明，如果一扇没人修理的破窗没人在意，那么打破更多的窗户也不需要付出任何代价。

案例来源：冯秀军，柳建营．“思想道德修养与法律基础”问题链教学详案．北京：中国人民大学出版社，2016 年

步骤二　问题聚焦

组织学生通过阅读案例，思考公民遵守社会公德对国家、对社会及我们个体有何重要意义？

步骤三　知识凝练

一块干净的地方，如果有人开始乱扔垃圾而无人打扫，很快这里就会脏得不可收拾。破窗效应也好，排队效应也罢，在公共生活中，如果每个人都不去珍惜所生活的区域，那么就没有人去珍惜它，最终大家都无法在其中生活。对进入公共领域的每个人而言，遵守公共秩序已成为基本要求。公共秩序不仅关乎人们的生活质量，也关乎社会的文明程度。公共生活需要道德和法律来约束、协调。自觉遵守公共生活中的道德规范，维护公共秩序，养成良好的行为习惯，是锤炼高尚品格的重要途径。

步骤四　思维启发

余秋雨教授在一场关于中国传统文化折射的时代思考专题讲座中提到，自古以来中华文化倡导“忠孝两全”，注重朝廷和家庭，但对于两者之外广阔的公共空间的认识，一直以来都比较陌生。缺乏公共生活，家庭地位自然尤为突出，上升到国，不过是家的扩大，其道德要求也是一层层由“父父子子”递延到“君君臣臣”。无论是家族意识还是国家意识，都不是公共意识。严格说来，中国的传统社会是没有社会公德的，一是公共领域并没有发育；二是“公”的观念是空白的。这不仅让中国之后的公德体系远远落后于公共领域发达的西方国家，更是成为中国构建公德的桎梏。

步骤五　实践拓展

实践课题：校园“无人销售点”

实践步骤：

1. 组建销售团队，选择合适的销售地点。

2. 销售团队人员进行分工合作，有人负责进货和定价，有人负责市场调研，有人负责每天摆摊收摊，有人负责撰写销售日记及诚信情况报告，并在课堂上汇报活动成果。

3. 确定分工后，走访调研师生需求情况，确定销售商品类别。可将其做成公益项目，把盈利捐赠给弱势群体。

4. 实施销售行动：安放几张课桌，在课桌上面摆放师生常用的商品，如纸巾、矿泉水、饮料、牛奶等，注明每件商品的销售价格，并放置一个装满零钱的透明钱罐；制作一个小小宣传牌，提示消费者：谁要买东西，请按照标签的价格自觉付钱。

5. 撰写销售日记及诚信情况报告。

6. 在课堂上汇报活动成果。

【延伸阅读】

新时代公民道德建设实施纲要（节选）

要以习近平新时代中国特色社会主义思想为指导，紧紧围绕进行伟大斗争、建设伟大工程、推进伟大事业、实现伟大梦想，着眼构筑中国精神、中国价值、中国力量，促进全体人民在理想信念、价值理念、道德观念上紧密团结在一起，在全民族牢固树立中国特色社会主义共同理想，在全社会大力弘扬社会主义核心价值观，积极倡导富强民主文明和谐、自由平等公正法治、爱国敬业诚信友善，全面推进社会公德、职业道德、家庭美德、个人品德建设，持续强化教育引导、实践养成、制度保障，不断提升公民道德素质，促进人的全面发展，培养和造就担当民族复兴大任的时代新人。

——坚持马克思主义道德观、社会主义道德观，倡导共产主义道德，以为人民服务为核心，以集体主义为原则，以爱祖国、爱人民、爱劳动、爱科学、爱社会主义为基本要求，始终保持公民道德建设的社会主义方向。

——坚持以社会主义核心价值观为引领，将国家、社会、个人层面的价值要求贯穿到道德建设各方面，以主流价值建构道德规范、强化道德认同、指引道德实践，引导人们明大德、守公德、严私德。

——坚持在继承传统中创新发展，自觉传承中华传统美德，继承我们党领导人民在长期实践中形成的优良传统和革命道德，适应新时代改革开放和社会主义市场经济发展要求，积极推动创造性转化、创新性发展，不断增强道德建设的时代性实效性。

——坚持提升道德认知与推动道德实践相结合，尊重人民群众的主体地位，激发人们形成善良的道德意愿、道德情感，培育正确的道德判断和道德责任，提高道德实践能力尤其是自觉实践能力，引导人们向往和追求讲道德、尊道德、守道德的生活。

——坚持发挥社会主义法治的促进和保障作用，以法治承载道德理念、鲜明道德导向、弘扬美德义行，把社会主义道德要求体现到立法、执法、司法、守法之中，以法治的力量引导人们向上向善。

——坚持积极倡导与有效治理并举，遵循道德建设规律，把先进性要求与广泛性要求结合起来，坚持重在建设、立破并举，发挥榜样示范引领作用，加大突出问题整治力度，树立新风正气、祛除歪风邪气。

要把社会公德、职业道德、家庭美德、个人品德建设作为着力点。推动践行以文明礼貌、助人为乐、爱护公物、保护环境、遵纪守法为主要内容的社会公德，鼓励人们在社会上做一个好公民；推动践行以爱岗敬业、诚实守信、办事公道、热情服务、奉献社会为主要内容的职业道德，鼓励人们在工作中做一个好建设者；推动践行以尊老爱幼、男女平等、夫妻和睦、勤俭持家、邻里互助为主要内容的家庭美德，鼓励人们在家庭里做一个好成员；推动践行以爱国奉献、明礼遵规、勤劳善良、宽厚正直、自强自律为主要内容的个人品德，鼓励人们在日常生活中养成好品行。

——中共中央、国务院印发《新时代公民道德建设实施纲要》. 中国政府网. 2019-11-29. https://baike.baidu.com/reference/24092200/3d02b9Cw1_0oic2ocXqo-4kvu3-_dY-LwUM_6-M1vY9DQp-CmZu6NhxLMEpF8tJD-apFRxaf9O5hOIxBvs5Bh-cqRdkXZ0buF02LCK8ylNh11SwVjQ

二、恪守职业道德

【教学课堂】

步骤一 案例介绍

希波克拉底誓言

世界上最负历史盛名的树，大概就数爱琴海的科斯岛上这棵巨大的法国梧桐树。如今它被作为“活的历史文物”而为无数游人特别是从医者所景仰。大约2400年前，古希腊立志从医的年轻人都要在这棵梧桐树下宣誓，誓词就是著名的希波克拉底誓言。直到今天，那段简短、朴实的希波克拉底誓言，仍然是许多医学院学生的毕业誓词，并且，这段誓言已经远远超出医学的范畴，几乎成为现代职业道德圣典的代名词。

“无论至于何处，遇男或女，贵人及奴婢，我之唯一目的，为病家谋幸福，并检点吾身，不作各种害人及恶劣行为，尤不作诱奸之事。凡我所见所闻，无论有无业务关系，我认为应守秘密者，我愿保守秘密。尚使我严守上述誓言时，请求神祇让我生命与医术能得无上光荣，我苟违誓，天地鬼神实共殛之。”

案例来源：根据网络资料编写

步骤二 问题聚焦

通过阅读案例，思考职业道德在文章中是如何体现的？不同的职业都有哪些职业道德要求？

步骤三 知识凝练

职业生活是否顺利、是否成功，既取决于个人的专业知识和技能，更取决于个人的职业道德素质。人们在职业活动中的道德状况如何，直接关系着各行各业乃至整个社会的道德状况。大学生是青年人中的佼佼者，要深刻认识提高职业道德素质的重要性，注重这方面的修养和锻炼。

步骤四 思维启发

著名华商李嘉诚曾说：“敬业的人一定乐业，乐业的人必然成功。”乐业正是爱岗敬业的最高境界，因为人们对自己的工作有着极大的兴趣，从而能够全身心地投入其中，获得快乐和认同。

步骤五 实践拓展

实践课题：职业禁忌大家说

实践步骤：

1. 任课教师布置活动阶段，让学生感知并反思职业道德的重要性。

2. 学生根据自己所学专业，思考相关行业中的某个职业禁忌，分组进行积极讨论，列出五条职场禁忌，并给出相应的应对解决措施，汇总小组结论后制作演讲 PPT 选出成员代表上台发言，每组 10 分钟。

3. 任课教师记录各小组表现，总结点评并公布分数。

4. 任课教师点评学生表现，汇总知识点，关联职业与道德，深化职业道德在职业活动中的影响力。

5. 点评与反馈。同学互评，任课教师点评，现场反馈。

6. 同学们的综合表现计入考核成绩。

【延伸阅读】

做一个恪守职业道德的人

什么是道德？什么又是职业道德？生活在新时代的我们，无论在何种岗位，从事何种工作，都有着不同岗位的职责和要求。对于教师，职业道德是向学生传授文化知识的同时，帮助学生树立正确的人生观和价值观；对于医生，职业道德是救死扶伤，实行社会主义的人道主义；对于科研工作者，职业道德是热爱科学，务实求真，刻苦钻研，勇于创新……

恪守职业道德，就是要把职业当信仰，培养工作的快乐感、幸福感。当今社会市场竞争日趋激烈，整个社会对从业人员的职业观念、职业态度、职业技能、职业纪律和职业作风的要求越来越高。当面对群众的需求时，做一个恪守职业道德的人，就能用换位思考的方式用心去解决群众的需求，能急群众所急，想群众所想，心里装着群众，为他们解决一个又一个问题和需要，这就是践行职业道德的最好体现。

恪守职业道德，就是要学会感恩。感恩父母给予生命，感恩老师教授文化知识，感恩同事在工作中的支持与帮助，就像花儿感恩雨露的滋润，万物生长感恩太阳一样。有了实现自己理想与奋斗的平台，就要在岗位上用心工作，服务好每一位工作对象。

恪守职业道德，就是要对职业要怀有恭敬之心。“修身絜行，言必由绳墨”，要努力提高自己的品德修养，审视自己的行为，一言一行都不能违背道德准则。加强职业道德建设，是纠正社会不正之风的重要措施之一。社会风气的好坏，与职业道德密切关联。职业道德能够使人明了是非、荣辱、善恶的界限，对个人生活道路的选择、生活理想的形成、人生观和价值观的确立，起着重大作用。

我们这个时代正是我国实现“两个一百年”的关键时期，为了实现这一目标，在今后的工作和生活中，我们每一个人都应当立足本职岗位，恪守道德，坚守底线，以模范为榜样激励自己，走好职业生涯的每一步，从小事做起，从点滴做起，勿以善小而不为，勿以恶小而为之，把“不忘初心、牢记使命”作为自己的座右铭，为祖国的繁荣昌盛，人民的和谐幸福作出自己应有的贡献！

——王雁. 做一个恪守职业道德的人. 新视点评论，2019-12-20. http://cache. baidu cantent. com/c? m=fG49fd_ n9k0（改编）

三、弘扬家庭美德

【教学课堂】

步骤一　案例介绍

我们只想让你能陪我们说说话

亲爱的儿子：

刚才，你打来电话说，中午在同学那儿吃饭，不回来了！看着早上准备好的菜，突然就一点儿也不想做了。

你到家三天了。记得，那天回来第一眼看见你，发现比上次瘦了，尤其是脸，两边的骨头都凸出来了。本来想问问（你）是不是工作辛苦，但可能是坐车太累了，你倒头就睡着了。

去年过节，你在家待了不到 10 天。基本上除了去外面和朋友聚会，就是玩电脑、玩手机。今年回来前两天基本上也都是这样。以前你还在上学的时候，感觉过年时间挺长的。买肉买菜，贴对联，都是你的活儿。自从你上了班，这些又都成了你爸的活儿。其实，我们心里最盼望的，不是你替我们做什么活儿，而是能多看到你。

昨天晚上，你爸叫你别出去，有事和你谈，自回来你才第一次有时间坐下聊聊。但是，你的注意力都被电视给吸引住了，回答总是心不在焉。你爸说了你几句，你倒是不抓遥控器了，又拿出手机来按。平时，你也总是这样，有事儿没事儿总是盯着（手机）看。我们几次问你话，也不知道是听了还是没听，都没一句回话。结果，惹你爸发了脾气。你也不要怪他，他怪的是你的态度。你可能没有注意到，这几年过节，你很少像小时候一样，跟爸爸妈妈认认真真聊天了。不管是吃饭，还是什么时候，你总是不停地翻手机，接电话。妈知道，工作了，事情多，但是，再多也不能天天抱着（手机）呀。现在见你的次数越来越少了，妈妈希望，你能抽出一点时间，陪我们好好说说话。

好了，不说了。说多了，怕你又烦！回来要是没吃饱，就去厨房，饭给你留了，自己热热再吃。

案例来源：张艳."我们只想你能陪我们说说话". 扬子晚报，2014-01-30

步骤二　问题聚焦

组织学生思考阅读完此篇文章有何感受？如何在现实生活中培养家庭美德？

步骤三　知识凝练

事业成功，往往与美好的爱情和美满的婚姻家庭密切相关。从恋爱到缔结婚姻、建立家庭，是大部人都需要经历的阶段。注重家庭、注重家教、注重家风，遵守恋爱、婚姻家庭生活中的道德规范，树立正确的恋爱观和婚姻观，处理好复杂的感情和人际关系，有利于大学生健康成长、顺利成才。

步骤四　思维启发

2016 年教育部修订的《普通高等学校学生管理规定》中明确，在校大学生享有法律法规规定的权利，如果符合婚姻法相关规定可以结婚，但要注意：大学生的根本任务是学业，是不断提升和完善自我，在尚未走向社会时若草率结婚成家，会对学业和生活产生许多负面影响，不利于全面发展。所以对于婚姻，大学生要持谨慎态度。

步骤五　实践拓展

实践课题：一封家书

实践步骤：

1. 每位同学给父母写封书信并收到父母的回信。

2. 要求同学在书信中通过回忆自己成长过程中感受到的父母之爱，表达自己对父母的感恩之心，征求父母对自己未来生活的期望。

3. 写给父母的书信不得少于 800 字，必须亲笔书写，自留底稿或复印件，原件通过邮局寄出，以收到父母回信为完成实践的标志。

4. 每个同学在小组范围内进行交流，主要分享自己对家庭的认识、父母对自己的期待以及收到父母回信之后的感悟，然后推荐部分代表在全班范围内交流分享。

【延伸阅读】

好家风与大坐标

“家风是盛满亲情的陈年佳酿，是延续传统的精神薪火”“永远难忘父母的声声教导”“传承好家风，培育新风尚”……电视系列剧《家道颖颖》第一部《回家》播出以来，持续引发网友对家风的讨论，家风成为网络热词。

“清白家风不染尘，冰霜气骨玉精神。”良好的家风、严格的家教，如同无声的教诲，不仅会在言传身教中帮孩子扣好人生的“第一粒扣子”，更会在润物无声中助孩子立起人生坐标，让人终身受益。也正因此，习近平总书记强调：“不论时代发生多大变化，不论生活格局发生多大变化，我们都要重视家庭建设，注重家庭、注重家教、注重家风。”

“治家严，家乃和；居乡恕，乡乃睦。”好的家风，既会影响一个家庭、一个个体，更能涤风励德、淳风化俗。不断创新传播形式，使家风有更多的文化载体，让家风可触可感可知，就能让更多的心灵收获良好家风的滋养，让更多的人立好自己的人生坐标。

——石羚. 好家风与大坐标. 人民日报，2019-04-07，第 1 版

四、锤炼个人品德

【教学课堂】

步骤一　案例介绍

背着妈妈去打工

胡延强，男，汉族，今年27岁，是典型的90后农家小伙，家住永登县大同镇安山村二社，目前在永登县城一家粮食机械制造公司打工。2016年5月，他被评为永登县“十佳优秀青年”。

胡延强6岁时，父亲因犯罪被判刑入狱，留下幼小的他和体弱多病的母亲相依为命，日子虽然艰苦，母子俩却很满足。但是，6年前厄运残酷地降临到这对可怜的母子身上，命运似乎跟这对可怜的母子开了一个天大的玩笑，胡延强的母亲在陆军总院查出来患有胸十一椎管肿瘤，做手术需要4万多，这笔钱对他来说就是个天文数字。年少的胡延强在这笔“巨款”面前如此苍白无力，他东借西凑只凑了两万多元，他被迫放弃手术治疗，背着母亲出院了。回家后只能进行简单的药物治疗，“平时妈妈腰疼，就给她贴药膏，最贵最好的药膏一片也要12块钱。”他说道。12块钱，只不过是几瓶饮料钱，但对胡延强来说，这12块钱可以让母亲减轻一些痛苦，对他而言意义重大。

身无一技之长的他现在只能靠打零工挣钱，有时候做泥瓦匠，有时候修水暖，有时候做电焊、铆工，挣的钱除了购买廉价的生活必需品外，剩下的都给母亲治了病。为了能更好地照顾母亲，他白天打工挣钱，中午做饭，晚上照顾母亲。因为母亲常年卧床，生活不能自理，除辛苦工作外他还要给母亲翻身擦拭、洗洗涮涮、喂饭喂药、解决大小便，家里的一切都要靠他一个人来扛，天暖和就推母亲出去晒太阳，天冷了就推进房子，让母亲待在他能看得到的地方。他说：“小时候妈妈没有放弃我，为了我没有改嫁，一心一意把我拉扯大，别的孩子有什么，妈妈想尽办法让我拥有，不论如何，我都不会放弃妈妈。”

他的愿望只有一个，赚足够的钱给妈妈做手术。境况虽然艰难，但胡延强依然很乐观，他说日子再难也要走下去，他坚信以后一定会过上幸福的日子。

案例来源：佚名. 背着妈妈去打工. 搜狐网，2019-06-01. https://www.sohu.com/a/318009179_100027469

步骤二　问题聚焦

组织学生思考案例是如何体现个人美德的？你对个人美德有怎样的认识？

步骤三　知识凝练

个人品德是社会道德体系的基石，每个社会成员的个人品德汇聚在一起，就决定了职业道德、家庭美德和社会公德的状况。整个社会的道德体系建设，落实到源头，是所有社会成员的个人品德修养。

步骤四　思维启发

个人品德，即个人的道德品质，也称德性或品性，是个体依据一定的道德行为准则行动时所表现出来的稳固的倾向与特征。品德就其实质来说，是道德价值和道德规范在个体身上内化的产物。从其对个体的功能来说，如同智力是个体智慧行为的内部调节机制一样，品德则是个体社会行为的内部调节机制。品德修养是一个人的第二身份证，虽然生活中以貌取人的人还是有的，但需知道一个人的品德修养才是他真正的形象。

步骤五　实践拓展

实践课题：制定班级文明公约

实践步骤：

1. 任课教师布置活动内容，进行分组。

2. 各组成员积极讨论，形成文明公约，制作成PPT，选出成员代表上台发言。

3. 任课教师记录各小组表现，总结评价并公布分数。

4. 将优秀小组的文明公约制订打印出来，张贴在班级醒目位置。
5. 任课教师点评，同学互评，现场反馈。
6. 同学们的综合表现计入考核成绩。

专题结语

个人品德建设，道德实践是关键。个人道德品德的培养，道德教育、道德修养和道德实践都是其中不可或缺的重要环节，但相比之下，道德实践才是目的与归宿。马克思主义认识论认为，实践是认识的来源，是认识的手段，是认识的最终目的，也是检验认识正确与否的根本标准。因此，我们要重视道德实践，积极开展道德实践活动。在具体的道德实践方面，我们要积极探索有益于道德教育、道德修养和道德实践相结合的具体方法和途径。要考虑道德实践者的道德水准、积极性和接受能力，要考虑他们的自我反省和自我升华的能力，这样才能高效地把道德实践者培养成品德优良和人格高尚的人。

专题六 法律意识之源

【金句导言】

各级领导机关和领导干部要提高运用法治思维和法治方式的能力，努力以法治凝聚改革共识、规范发展行为、促进矛盾化解、保障社会和谐。

——2013 年 2 月 23 日，习近平在中共中央政治局第四次集体学习时的讲话

法律要发挥作用，需要全社会信仰法律。卢梭说，一切法律中最重要的法律，既不是刻在大理石上，也不是刻在铜表上，而是铭刻在公民的内心里。我国是个人情社会，人们的社会联系广泛，上下级、亲戚朋友、老战友、老同事、老同学关系比较融洽，逢事喜欢讲个熟门熟道，但如果人情介入了法律和权力领域，就会带来问题，甚至带来严重问题。

——2014 年 9 月 28 日，习近平在中央民族工作会议暨国务院第六次全国民族团结进步表彰大会上表示

【专题导论】

法律意识是公民理解、尊重、执行和维护社会主义法律规范的重要保证，公民的遵纪守法行为不会自然产生，而是在一定法制观念、法律意识的指导下形成的；具备了社会主义法律意识，就会做到不仅不犯法，而且能积极维护法律的尊严。大学生正处于世界观、人生观、价值观形成和发展的重要时期，要在正确的教育和引导下，不断学习、努力提高和完善自己。帮助新时代青年树立法律意识、完善法律观念、培养法治思维，是现代化法制建设的要求，也是成为一名社会主义事业合格接班人的需要。

【专题概况】

教学目标：通过对本章内容的学习，让学生能够准确把握法律的含义、

历史发展，全面了解社会主义法律的本质特征和运行机制，了解我国宪法的形成和发展历史，掌握我国宪法确立的基本原则和制度，了解各个法律部门的基本功能和原则，让学生懂得遵循正确的程序实施法律行为，懂得通过法定程序解决法律纠纷。从整体上把握中国特色社会主义法律体系和法治体系，深刻理解中国特色社会主义法律体系和法治体系的主要内容，准确把握全面依法治国的基本格局，增强建设法治国家的使命感，提升大学生的法律素质。牢固树立正确的法治观念，准确把握坚持走中国特色社会主义法治道路的“五个坚持”；培养社会主义法治思维方式，自觉维护社会主义法律权威；使学生养成心中有法、自觉守法、遇事找法、解决问题用法、化解矛盾靠法的良好习惯，使学生成为具有较高法律素质的社会主义事业建设者和接班人。准确把握法律权利和义务的内涵，了解《中华人民共和国宪法》规定的公民基本权利与义务，引导大学生树立正确的权利义务观，妥善处理学习、生活中遇到的法律问题和各种矛盾，不断提高自己的法律素质。

教学重点：

1. 明晰宪法的地位、基本原则和制度。
2. 准确把握全面依法治国的基本格局。
3. 树立正确的法治观念，培养社会主义法治思维。
4. 明确我国宪法和法律赋予公民的法律权利和法律义务。

【专题导图】

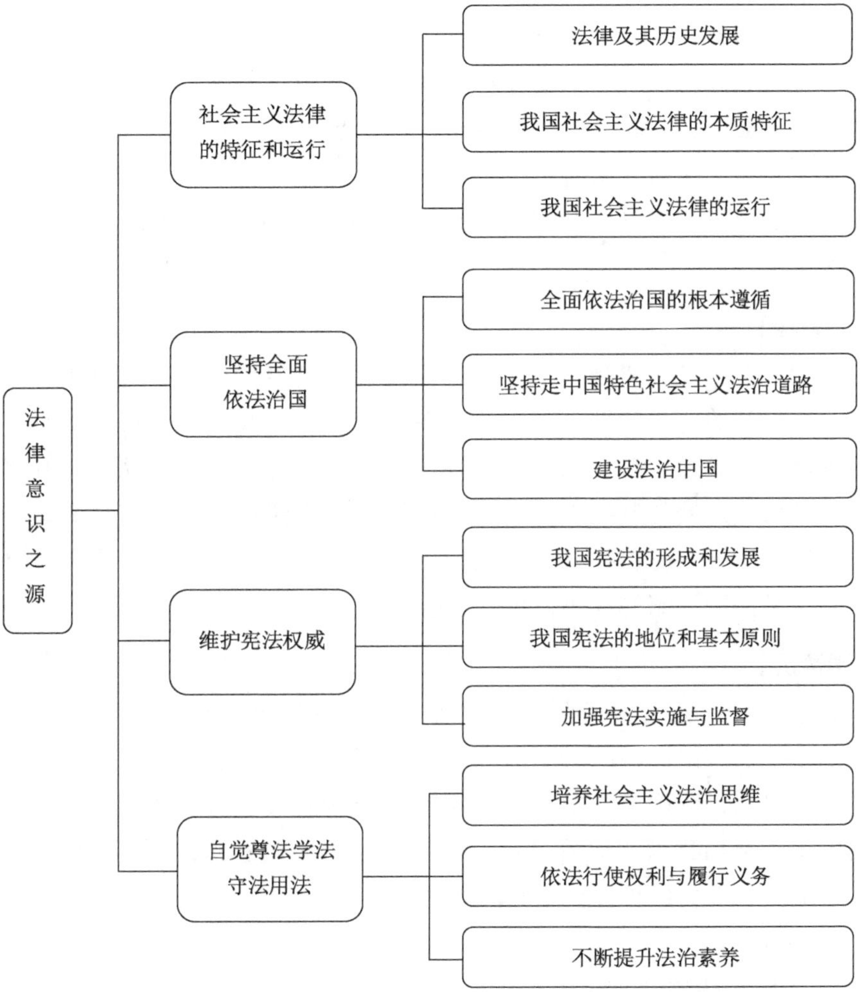

第一节　社会主义法律的特征和运行

【金句导言】

依法治国，首先是依宪治国；依法执政，关键是依宪执政。

——2012年12月4日，习近平在纪念现行宪法公布施行30周年大会上的讲话

要坚持问题导向，提高立法的针对性、及时性、系统性、可操作性，发挥立法引领和推动作用。要抓住提高立法质量这个关键，深入推进科学立法、民主立法，完善立法体制和程序，努力使每项立法都符合宪法精神、反映人民意愿、得到人民拥护。

——2014年9月5日，习近平在庆祝全国人民代表大会成立60周年大会上的讲话

【本节导读】

我国社会主义法律是党的主张和人民意志的共同体现，是维护人民利益和公民权利的有力武器，是国家机关、社会组织和全体公民的活动规则和行为准绳。通过本节的教学，旨在让大学生学习社会主义法律，在理解法律及其历史发展的基础上，准确把握社会主义法律的本质特征和运行机制，正确认识中国特色社会主义法律的发展规律和时代价值，不断增强建设社会主义法治国家的责任感和使命感。

【教学情况】

教学目标：通过对本部分内容的学习，掌握法律的内涵、我国社会主义法律的本质、依法治国的科学含义以及我国社会主义法治体系的概况和法律的运行机制，明确建设社会主义法治国家的主要任务、我国社会主义法律的实施状况和我国的法治进程，增强自己的法律意识，培养法律思维方式，掌握如何努力维护社会主义法律的权威。

教学重点：

1. 了解法律的含义及其历史发展。
2. 明确我国社会主义法律的本质特征。
3. 学习掌握我国社会主义法律的运行。

一、法律及其历史发展

【教学课堂】

步骤一 案例介绍

中国法律的发展历程

法律制度作为中华文明的重要部分，伴随着中华文明的推进而不断发展，绵延至今。从夏商周到近现代，随着朝代的更替、政权的更迭，我国各个时期的法律也相应地有着各自的特点。

一、 奴隶制时期的法律

中国的法律制度伴随着中国文明的发展绵延数千年。中国最早期的法律制度出现在奴隶制社会时期，也就是夏、商、西周时期。随着原始人类逐渐从个体生活转变为集群生活，形成一个个氏族部落。氏族居民在日常生产活动中难免会有纷争，这就需要一些规章条例来规范居民的行为。于是氏族的首领就开始制定规章和制度来约束其氏族居民，这就是中国早期法律制度的萌芽。

二、 封建制时期的法律

春秋时期开始，奴隶制社会开始瓦解，中国法律的发展进入了一个新时期。从西周王朝瓦解，春秋战国时期开始，中国开始从奴隶制社会向封建制社会过渡。秦汉时期中国统一，经济和科技不断发展。秦王听取法家的建议，以法治国，形成了当时较为完备的法律制度和刑罚体系。汉代则由汉武帝提出“罢黜百家，独尊儒术”的主张，强调外儒内法，既要求制定完备的刑法制度，也强调通过儒学来教育感化民众。这有利于安抚民众，巩固其统治，为汉唐盛世的出现奠定了基础。三国两晋南北朝时期，国家分裂，社会动荡不安，但法律制度在这一时期仍取得了不小的发展，“八议”“重罪十条”等法律条例集中体现了当时法律理论的发展和立法技术的提高。这为隋唐时期法律的成熟打下了坚实的基础。

隋唐时期是中国古代社会的鼎盛时期，无论是经济政治，还是法律军事都达到了中国古代历史上的顶峰。隋唐时期，统治者在吸收前朝法制经验的基础上进行法制改革，不断完善其法律制度。

宋元明清时期是中国封建专制时期，其专制性在法律制度上也得以体现。明清时期封建专制达到顶峰，统治者制定了一系列严格的法律制度来束缚人们的思想，从而巩固自己的封建统治地位。这些法律虽满足了统治阶级巩固政权的需要，但严重遏制了中国资本主义萌芽的发展，使中国落后于世界发展。

三、 近现代时期的法律

清末变法修律，鸦片战争后，中国被迫接受了一系列不平等条约。从此之后中国丧失了独立的领土主权，成为一个半殖民地半封建国家。国家的危亡使得一些有识之士挺身而出，提出学习西方先进的科学技术和法律成果。西方法律学说的学习和引进促进了我国法律制度向近代化发展。辛亥革命后，"中华民国"成立。南京临时国民政府以西方三权分立的法律思想为中心，颁布了《中华民国临时约法》。尽管其中的内容有些没有被真正实行，但其从法律的角度上废除了中国两千多年的封建专制制度，在当时的社会环境下仍是很大的进步。

四、 新中国成立后的法律

1949 年到 1956 年是中国社会主义过渡时期。1949 年新中国成立后，中央人民政府颁布了《中国人民政治协商会议共同纲领》作为临时宪法，为我国之后的法律建设打下了基础。1954 年，政府颁布了我国第一部社会主义类型的宪法，明确规定了我国人民民主的国家性质及其他重要的规章制度，保障了我国社会主义建设的有序进行。

1956 年后至今是中国的社会主义时期。1982 年新颁布的《中华人民共和国宪法》从法律条文上明确规定任何人都不能凌驾于法律之上，保障了法律的顺利实施。

案例来源：杨宝成. 新中国 60 年法律发展的主要历程及其启示. 中国浦东干部学院学报，2009 年第 5 期（节选，有删改）

步骤二 问题聚焦

通过阅读案例，体会法是什么？法制与人类社会存在着怎样的关系？法律产生的根源是什么？

步骤三 知识凝练

中国法律从夏朝始传承 4000 余年，各朝代间的法律相互影响，紧密联系。但由于政权的更迭，社会历史的变迁，各个朝代的法律又各有其特点。同时，中国法律的发展过程中既出现了像科举制这样的伟大成就，也出现了像明清文字狱这样重大的错误，给我们留下了惨痛的教训。所以，在我国法律未来的发展过程中，既要借鉴古人在法律创立方面的优良经验，也要以先人在法律方面的错误作为教训。

步骤四　思维启发

法律不是自古以来就有的，也不是永恒存在的，它随着私有制、阶级和国家的出现而产生，也将随着私有制、阶级和国家的消亡而消亡。按照经济基础决定上层建筑的历史唯物主义原理，法律制度的基本内容和性质总是与其所在社会的生产关系相适应，因此，与人类社会的发展形态相一致，人类历史上也存在四种类型的法律：奴隶制法、封建制法、资本主义的法律、社会主义的法律。

步骤五　实践拓展

实践课题：学生法律意识与行为现状调查

实践步骤：

1. 通过网络或其他工具，学习研究与大学生法律意识相关的研究报告或问卷调查，学习社会调查的基本方法和技巧，对要调查的问题形成初步认识。

2. 组织学生进行小范围、小规模的访谈，确定问卷调查的目的和主题范围。

3. 指导学生设计问题，编制问卷。

4. 组织学生分成若干小组，按照不同专业展开调查。在调查时要注意兼顾年级、性别、政治面貌、家庭出身等因素，使样本的选取尽量科学，有代表性。调查方式上，可利用网络、手机等现代化平台。

5. 以小组为单位，对收集上来的问卷进行统计分析，展示现状、剖析原因、找出对策，并撰写成调查报告。

6. 以 PPT 形式展示调查报告，学生现场问答，任课教师当场点评。

7. 计入平时考核成绩。任课教师按照评价标准对小组进行评价，小组内部根据成员实践完成情况给予成员成绩。

二、我国社会主义法律的本质特征

【教学课堂】

步骤一　案例介绍

他违法了吗？

北京某重点大学学生孙某，聪明好学，尤喜“钻研”侦探小说，颇有心得，欲与警察一比高低。为了检验与警察较量的结果，他开始盗窃学生宿舍的财物（他家经济条件很好）。每次作案，他都“把握”两条“原则”：一是控制盗窃财物的价值量，不能达到法律规定的“数额较大”的标准，以免构成犯罪；二是不能在现场留下指纹，因而每次作案他都不忘戴上手套，并在退出房间时用拖把抹去足迹。当他被抓时，警察告诉他，他多次作案，累计盗窃金额巨大，已构成盗窃罪，此时他才“如梦初醒”！孙某自以为懂法，实际上却是个危险的法盲。他只知道“盗窃罪是秘密窃取公私财物数额较大的行为”，却不知道盗窃数额是累计的。当他得知这些时，为自己对法律的无知号啕大哭。

案例来源：本书编写组．思想道德修养与法律基础（2010年版）．北京：高等教育出版社，2010年

步骤二　问题聚焦

通过阅读案例，可以体会到我国法律的特征是什么？法律带给社会的积极影响有哪些？我们应该怎么树立法律意识？

步骤三　知识凝练

本案例反映了该大学生所具有的法律知识是片面的、零散的，缺乏对法律的系统认识。孙某不是完全不懂法律，他懂得控制盗窃财物的价值量“以免构成犯罪”，但他不知道“多次作案，累计盗窃金额巨大”也能构成犯罪，更反映出孙某对于法律的漠视，将法律作为可以“智斗”的游戏，觉得通过策略，就可以逃脱、超越法律。这些都是法律意识淡漠、法律观

念缺失的表现。可见，知法绝不是对法律的一知半解，它不仅要求对法律条文有完整准确的理解，而且要求对法律、法治原则有一个正确的认识，做到不犯法，不触碰法律的红线。

步骤四　思维启发

法律意识是人们关于法和法律现象的思想、观点、知识和心理的总称，是社会法律现实的组成因素。它包括人们对法律和法律现象的本质及作用的理论观点，对法律和法律制度的要求及态度，对现行法律和法律制度的评价和解释，也包括人们对法律和法律制度的认识、愿望和情绪等。哲学家苏格拉底说“守法精神比法律本身重要得多”，对于当下公众生活中法律意识淡薄的现象，作为新时代大学生，应该积极尊法、学法、守法、用法，树立法治理念，弘扬法制精神，维护法律权威。

步骤五　实践拓展

实践课题：开展校园内的法律宣传活动

实践步骤：

1. 任课教师或学生骨干一起收集与大学生学习生活实际相关的法律知识和案例。

2. 将收集到的法律法规和案例分门别类归类整理，印刷宣传单。

3. 组织学生到校园内的教学区、生活区发放传单并进行有关法律知识的普及宣传和咨询活动。

三、我国社会主义法律的运行

【教学课堂】

步骤一　案例介绍

我国社会主义法律如何运行?

法律的运行是一个从创制、实施到实现的过程。这个过程主要包括法律制定、法律执行、法律适用、法律遵守等环节。法律制定是国家的权利和义务，即社会利益及负担进行权威性分配；法律的执行、适用、遵守是把法律规范转化为法律实践，把法定的权利和义务转化为现实的权利和义务。我国社会主义法律的运行具有鲜明的中国特色。

一、 法律制定

第十三届全国人民代表大会第一次会议表决通过了《中华人民共和国宪法修正案》。大会主席团当日发布公告，予以公布施行。宪法修正案共21条，内容包括：确立科学发展观、习近平新时代中国特色社会主义思想在国家政治和社会生活中的指导地位，调整充实中国特色社会主义事业总体布局和第二个百年奋斗目标的内容，完善依法治国和宪法实施举措，充实完善我国革命和建设发展历程的内容，充实完善爱国统一战线和民族关系的内容，充实和平外交政策方面的内容，充实坚持和加强中国共产党全面领导的内容，增加倡导社会主义核心价值观的内容，修改国家主席任职方面的有关规定，增加设区的市制定地方性法规的规定，增加有关监察委员会的各项规定，修改全国人大专门委员会的有关规定等。

二、 法律执行

中共中央政治局原常委、中央政法委原书记周永康涉嫌受贿、滥用职权、故意泄露国家秘密一案，由最高人民检察院侦查终结，经依法指定管辖，移送天津市人民检察院第一分院审查起诉。2015年4月3日，天津市人民检察院第一分院向天津市第一中级人民法院提起公诉。检察机关在审查起诉阶段依法告知了被告人周永康享有的诉讼权利，并讯问了被告人周永康，听取了其辩护人的意见。天津市人民检察院第一分院起诉书指控：被告人周永康在担任中国石油天然气总公司副总经理，中共四川省委书记，中共中央政治局委员、公安部部长、国务委员和中共中央政治局常委、中央政法委书记等职务期间，利用职务上的便利，为他人谋取利益，非法收受他人巨额财物；滥用职权，致使公共财产、国家和人民利益遭受重大损失，社会影响恶劣，情节特别严重；违反《保守国家秘密法》的规定，故意泄露国家秘密，情节特别严重，依法应当以受贿罪、滥用职权罪、故意泄露国家秘密罪追究其刑事责任。2015年6月11日，天津市第一中级人民法院依法对周永康受贿、滥用职权、故意泄露国家秘密罪进行了一审宣判，认定周永康犯受贿罪，判处无期徒刑，剥夺政治权利终身，并处没收个人财产；犯滥用职权罪，判处有期徒刑七年；犯故意泄露国家秘密罪，判处有期徒刑四年，三罪并罚，决定执行无期徒刑，剥夺政治权利终身。

三、 法律适用

法律适用是法治的核心环节之一，是指在具体的法律事实出现后，通过将其归入相应的抽象法律事实，然后根据该法律规范关于抽象法律关系之规定，进而形成具体的法律关系和法律秩序。法律人适用法律的一个最直接的目标是获得一个合理的法律决定，在一个法治社会，合理的法律决定具有可预测性和正当性的特征，前者是形式法治的要求，后者是实质法治的内涵。而做出一个合理的法律决定就需要寻找法律依据，构建法律大前提，对事实构成进行分析构建小前提，从而使法律决定具有稳定性、公正性和客观性。

四、 法律遵守

《中华人民共和国环境噪声污染防治法》第四十五条明确规定，禁止任何单位、个人在城市市区噪声敏感建设物集中区域内使用高音广播喇叭。在城市市区街道、广场、公园等公共场所组织娱乐、集会等活动，使用音响器材可能产生干扰周围生活环境的过大音量的，必须遵守当地公安机关的规定。也就是说，在城市市区噪声敏感建设物集中区域内是禁止使用高音广播喇叭的，在城市市区公共场所必须遵守当地公安机关的规定使用音响器材。“噪声敏感建筑物集中区域”是指医疗区、文教科研区和以机关或者居民住宅为主的区域。当广场舞播放的音乐达到噪声污染的程度时，可以向公安机关举报和投诉，由公安机关进行处罚，如果公安机关处罚后还不停止，受到环境噪声污染危害的单位和个人可以到法院起诉要求加害人排除危害或者赔偿损失，如果判决生效后还不停止违法行为，就可以申请法院强制执行。

案例来源：刘晓芸. 思想道德修养与法律基础教学案例精选与点评. 长春：吉林大学出版社，2019 年（缩编）

步骤二　问题聚焦

通过案例，归纳总结我国社会主义法律运行呈现出哪些特点？

步骤三 知识凝练

我国法律运行，包括法律制定、法律执行、法律适用、法律遵守等环节。社会主义法律运行是一个从创制、实施到实现的过程。法律制定要充分了解民意，凝聚民心；法律执行要切实维护最广大人民的根本利益；法律适用要不断适应新时代下人民的新需求；法律遵守是全体公民共同的义务。法律运行是建设社会主义法治国家的重要环节，是实现依法治国和建设法治国家的行动要求。

步骤四 思维启发

先秦时代的韩非子曰："闻有吏虽乱而有独善之民，不闻有乱民而有独治之吏。故明主治吏不治民。"明朝的吕坤曰："变民风易，变士风难；变士风易，变仕风难。仕风变，天下治矣。"法治是人类政治文明的重要成果，是现代社会的必然要求。法治是民族复兴的根本保障。只有以法的精神驳斥践踏法律的行为，我们才能赢得世界的尊重和支持。中国在处理南海仲裁案中，始终坚持用国际法捍卫国家主权和利益，得到世界 70 多个国家和国际社会、地区组织的支持。

步骤五 实践拓展

实践课题："药家鑫肇事后捅死伤者案"课堂讨论

实践步骤：

1. 提前一次课布置，准备时间 1 周。

2. 由学习委员或课代表将班级学生分成几个小组，每个小组确定组长 1 人。

3. 各小组由小组长负责，组员分工合作，准备好时长 5 分钟的发言稿和 PPT 演示稿。要求观点明确，论据翔实，论证充分。

4. 各小组选定 1 位同学作为发言代表，同时在全班同学中选定 2 名主持人，6 名点评员。点评人员由任课教师和学生担任（可邀请其他哲学社会科学教师担任点评员）。

5. 主持人说明讨论规程，介绍案例基本情况，然后宣布交流发言开始。

6. 顺次进行交流发言，每个小组发言结束时由点评人进行点评。

7. 发言全部结束后，主持人组织全班学生现场互动，自由发表观点。
8. 任课教师作课堂讨论活动总结。
9. 课堂讨论结束后每个小组撰写一份课堂活动小结。

第二节　坚持全面依法治国

【金句导言】

“国无常强，无常弱。奉法者强则国强，奉法者弱则国弱。”经过长期努力，中国特色社会主义法律体系已经形成，我们国家和社会生活各方面总体上实现了有法可依，这是我们取得的重大成就，也是我们继续前进的新起点。形势在发展，时代在前进，法律体系必须随着时代和实践发展而不断发展。

——2014 年 9 月 5 日，习近平在庆祝全国人民代表大会成立 60 周年大会上的讲话

全面推进依法治国，必须走对路。如果路走错了，南辕北辙了，那再提什么要求和举措也都没有意义了。全会决定有一条贯穿全篇的红线，这就是坚持和拓展中国特色社会主义法治道路。中国特色社会主义法治道路是一个管总的东西。具体讲我国法治建设的成就，大大小小可以列举出十几条、几十条，但归结起来就是开辟了中国特色社会主义法治道路这一条。

——2015 年 1 月 4 日，习近平《求是》刊文：坚定不移走中国特色社会主义法治道路

【本节导读】

党的第十八届四中全会通过的《中共中央关于全面推进依法治国若干问题的决定》明确提出，将社会主义法治体系建设作为全面推进依法治国的总目标，同时，对其内容做出了具体阐释：形成完备的法律规范体系，高效的法治实施体系，严密的法治监督体系，有力的法律保障体系，完善的党内法规体系。

【教学情况】

教学目标：通过对全面依法治国总目标的了解，引导学生自觉维护宪法

的权威，认识我国宪法的地位和基本原则，自觉做到尊法、学法、守法、用法，建立法律思维，理解我国社会主义法律与法治的优越性，提升法律素养。

教学重点：

1. 如何从纵向和横向两个维度理解全面依法治国。
2. 如何理解全面依法治国的“全面”。
3. 明确树立社会主义法治思维。

一、全面依法治国的根本遵循

【教学课堂】

步骤一 案例介绍

学懂弄通“十一个坚持”

2020年11月16日至17日召开的中央全面依法治国工作会议，在中国特色社会主义法治建设的历史进程中具有里程碑的意义。

这是党的历史上首次召开中央全面依法治国工作会议。会议最重要的成果，是正式提出了习近平法治思想，明确了习近平法治思想在全面依法治国工作中的指导地位。

习近平总书记在会上发表重要讲话，全面回顾了我国社会主义法治建设历程，特别是党的十八大以来取得的历史性成就，明确提出了当前和今后一个时期推进全面依法治国的总体要求，用“十一个坚持”系统阐述了新时代推进全面依法治国的重要思想和战略部署，深刻回答了新时代为什么实行全面依法治国、怎样实行全面依法治国等一系列重大问题，为新时代推进全面依法治国提供了根本遵循和行动指南。

案例来源：李雅云. 学懂弄通“十一个坚持”. 大众网，2020-12-01. http://paper. dzwww. com/dzrb/content/20201201/Articel10003MT. htm

步骤二 问题聚焦

请同学们回答“十一个坚持”都有哪些？

步骤三　知识凝练

全面依法治国是坚持和发展中国特色社会主义的本质要求和重要保障，是国家治理的一场深刻变革。全面依法治国，必须坚持以习近平法治思想为指导，坚定不移走中国特色社会主义法治道路，建设中国特色社会主义法治体系，建设社会主义法治国家，为全面建设社会主义现代化国家、实现中华民族伟大复兴的中国梦提供有力的法治保障。

步骤四　思维启发

把全面依法治国作为党领导人民治理国家的基本方略，作为“四个全面”战略布局的重要内容来推进，是以习近平同志为核心的党中央治国理政的一个显著特点和重大战略部署。这方面的重要战略思想，是习近平新时代中国特色社会主义思想“八个明确、十四个坚持”的基本内容之一，也是日前出版的《习近平谈治国理政》第二卷 17 个专题之一，为我们在新时代新征程上推进中国特色社会主义法治建设提供了重要的思想引领。

步骤五　实践拓展

实践课题：法庭实时观摩

实践步骤：

1. 提前一次课布置，准备时间 1 周，做好相关法律知识的学习。
2. 与准备观摩的法院取得联系，了解法庭开庭的具体时间和地点。
3. 做好所要观摩法庭的庭审案件基本情况，明确观摩目的和观摩重点。
4. 确定观摩活动负责人，着重强调活动中要高度重视安全。
5. 观摩过程中要求全面观察法庭的结构布局、法官等司法工作人员的法律素质、庭审程序和案情的进展情况等。
6. 活动结束后撰写观摩心得。

【延伸阅读】

全面依法治国　托举每个人的安全感

高铁“霸座”事件，掀起是否该用法律纠错的讨论；“滴滴命案”，引发警企共同应对安全风险的思考；个税法大修，带来公众对税改红利的期许——近期一系列公共讨论，都围绕法治、“安全感”展开，是对社会治理法治化的深层呼唤。

也正是在此时，中央全面依法治国委员会第一次会议召开，习近平总书记发表重要讲话，开启了全面依法治国的新里程。管宏观、谋全局、抓大事的顶层设计，与向纵深推进全面依法治国的人民诉求，形成了呼应。

近日，一个全新的机构——中央全面依法治国委员会成立，全面依法治国的顶层设计、总体布局、统筹协调、整体推进、督促落实自此有了统一的决策议事协调机构，这在我国社会主义法治建设史上具有里程碑的意义。推进全面依法治国，不仅事关国家治理体系和治理能力现代化等宏大命题，而且关乎每一个普通百姓日常生活中的“安全感”。

“法者，治之端也。”法律制度的制定与执行是实现善治的起点，而背离法治则会造成种种难以预料的社会乱象，这是人类政治文明发展历程中被反复证明的经验和规律。近段时间以来，舆论场上颇不平静，从“高铁扒门”到“博士霸座”，从“疫苗之殇”到“滴滴顺风车命案”，种种匪夷所思的新闻事件在社交媒体激起排浪式的舆论，这些事件对常识和底线的挑战加剧了人们的不安全感，增加了政府和社会的运行成本。社交媒体上关于这些新闻的热烈的公共讨论，从一个侧面看，正是对社会治理法治化的呼唤，是全面依法治国向纵深推进的民意基础。

以法治手段实现社会善治，是人类千百年来政治文明演进过程中经过反复淘漉留存的智慧结晶。“法”字古体写作“灋”，“灋”指中国古代神话传说中的独角兽“獬豸”，它能辨是非曲直，能识善恶忠奸，寄托了中国古人对司法正大光明、清平公正的美好愿景。西方社会从古希腊罗马时期就开始了对法治理论和实践的探索。在启蒙运动时期，正是霍布斯、洛克、孟德斯鸠、卢梭等政治哲学家对契约、权利、私有财产、自然状态等概念的深入研究，才构建了尊重人的价值、保障人的权利的思想，进而支撑起资本主义繁荣发展的稳固上层建筑，滋养了近代以来的西方文明。

法治具有固根本、管长远、稳预期的作用，因而是治国理政不可或缺的重要手段。党的十八大以来，党中央对全面依法治国作出一系列重大决策，明确了全面依法治国的指导思想、发展道路、工作布局、重点任务。这些新理念、新思想、新战略，是全面依法治国的根本遵循，必须长期坚持、不断丰富发展。

当前，全社会都应当树立对尊崇法治、敬畏法治、践行法治的信仰。对个体而言，法治思维就是一种契约思维、规则思维、程序思维，公民的法治素养体现为公民在日常生活中对法律法规和社会规范的自觉遵循，违反法律法规的行为必须受到相应的惩罚。对立法、司法、执法和行政部门而言，必须做到科学立法、严格执法、公正司法，建设法治政府，推进依法行政，决不允许任何组织和个人有超越宪法法律的特权。对企业主体而言，法律法规也应该成为企业经营中不可违反的“高压电线”。市场经济必须是法治经济，资本逻辑决不可凌驾于法律之上，铤而走险、心存侥幸只会让企业陷入不可挽回的境地，而企业经营者也必然受到法律的严惩。

“小智治事，大智治制。”历史一再证明：什么时候重视法治、法治昌明，什么时候就国泰民安；什么时候忽视法治、法治松弛，什么时候就国乱民怨。全面依法治国与每个人、每个家庭都息息相关，必须弘扬法治精神，让每个人都成为法治的忠实崇尚者、自觉遵守者和坚定捍卫者，唯有如此，人们才能获得可预期的安全感，迎来社会善治的美好明天。

——钟超. 全面依法治国托举每个人的安全感. 光明日报，2018-08-29，第2版

二、坚持走中国特色社会主义法治道路

【教学课堂】

步骤一　案例介绍

高某某醉驾案

2011年5月9日晚，北京东直门十字坡附近发生一起四车追尾的交通事故，经交警调查，该事故是知名音乐人高某某醉酒驾车所致。酒精检测结果显示，高某某血液中酒精含量超标，已构成醉酒驾车行为。5月17日下午，该案在北京市东城区法院开庭审理，一审宣判高某某以危险驾驶罪被判处拘役六个月，并处罚金四千元人民币。

2011年5月1日起，《中华人民共和国刑法修正案（八）》正式实施，醉酒驾驶作为危险驾驶罪被追究驾驶人的刑事责任。发现醉酒驾驶

者，将对其进行刑事拘役，醉驾者一旦被查实，将面临最高半年拘役的处罚。酒驾入刑引起了全社会的广泛关注，而高某某成为酒驾入刑后第一个被抓的名人，该案的种种细节都引起了人们的高度关注。公众对此次醉驾事件的强烈关注，一方面是出于名人效应，另一方面则是因为公众关心法律是否公平、执法是否严格，公众需要看到在法律面前是否真的人人平等。虽然各地执法机构面对醉驾入刑表现出了严厉的态度，但公众仍然担心执法过程会出现不同对象区别对待的现象，于是对高某某醉驾案给予了格外强烈的关注。

公众对此案的关注固然会对高某某本人造成困扰，然而这种关注带来的好处也是非常明显的：一方面，这种关注造成的舆论压力会迫使名人遵纪守法，维护自己的声誉，在公众面前做好行为示范；另一方面，公众的关注对执法部门的工作也构成了监督，执法部门是否能维护法律尊严秉公执法，都在公众的关注之下。

案例来源：根据中央电视台《午间新闻》节目改编

步骤二　问题聚焦

阅读案例，探究为什么要坚持走中国特色社会主义法治道路？中国特色社会主义法治道路的核心要义有哪些？

步骤三　知识凝练

推进全面依法治国，必须走对路；如果走错路，那再提什么要求和举措也都没有意义。每一条法治道路底下都有一种政治立场，每一种法治模式当中都有一种政治逻辑。中国特色社会主义法治道路的核心要义，是必须坚持中国共产党的领导，坚持人民主体地位，坚持法律面前人人平等，这充分体现了我国的社会主义性质，具有鲜明的中国特色、实践特色、时代特色。

步骤四　思维启发

《韩非子·心度》中说：“治民无常，唯法为治。”意思是管理百姓没有固定不变的方法，只有依法来实施管理。法治是一种治理手段，它的最终目标是实现善治。善治拥有两层含义，既是指一种治理模式，又是指一种结果，或者秩序、状态。比如天下大治、盛世，指的就是善治。在现代社会，善治就是实现人民安居乐业，社会繁荣昌盛，国家长治久安。

步骤五　实践拓展

实践课题：志愿法律宣传，共建和谐社会

实践步骤：

1. 提前一次课布置，准备时间 1 周，做好相关法律知识的学习。

2. 拟定活动时间、地点、宣传对象、宣传内容和宣传方式，确定活动负责人，做好活动任务分解。

3. 做好宣传活动方案和对潜在突发事件的预案，着重强调活动中要高度重视安全。

4. 活动结束后撰写社会实践报告。

【延伸阅读】

深刻理解中国特色社会主义法治道路

“为国也，观俗立法则治，察国事本则宜。”一个国家的法治道路，必须与本国的历史文化传统和发展阶段相适应。中国特色社会主义法治道路本质上是中国特色社会主义道路在法治领域的具体体现。站在新的历史起点，要认真学习领会习近平法治思想，吃透基本精神、把握核心要义、明确工作要求，切实把习近平法治思想贯彻落实到全面依法治国全过程。

中国特色社会主义法治道路，是历史的选择、人民的选择和中国社会发展的必然要求。

中国是一个具有 5000 多年文明史的古国，中华法系源远流长，成为世界独树一帜的法系，古老的中国不仅为中国特色社会主义法治道路提供了历史参照和法治传承，还为人类法治文明作出了重要贡献。

1840 年鸦片战争后，中国逐渐沦为半殖民地半封建社会。为了改变国家和民族的苦难命运，一些仁人志士试图将近代西方国家的政治制度和法治道路移植到中国，以实现变法图强的梦想。辛亥革命之后，中国尝试过君主立宪制、帝制复辟、议会制、多党制、总统制等各种形式，各种政治势力及其代表人物纷纷登场，都没能找到正确答案，中国依然是山河破碎、

积贫积弱，列强依然在中国横行霸道、攫取利益，中国人民依然生活在苦难和屈辱之中。事实证明，资产阶级革命派领导的民主主义革命，照搬西方政治制度模式的各种方案，都不能完成中华民族救亡图存和反帝反封建的历史任务，都不能让中国政局和社会稳定下来，更谈不上为中国实现国家富强、人民幸福提供道路选择。在中国共产党的领导下，中国人民推翻了三座大山，实现人民当家作主，掌握国家政权，成为国家主人，走上建设社会主义法治国家的道路。

中国特色社会主义法治道路，是新中国成立、改革开放以来我们党领导人民努力推进社会主义民主法治建设的长期实践。特别是党的十八大以来，以习近平同志为核心的党中央立足于中国特色社会主义法治建设，持之以恒地将马克思主义法学基本原理运用于全面依法治国新实践，不断探索解决中国法治问题的新路径，不断进行艰辛的理论探索和实践创新，从历史和现实相贯通、国际和国内相关联、理论和实际相结合上深刻回答了新时代为什么实行全面依法治国、怎样实行全面依法治国等一系列重大问题，形成了习近平法治思想。在这一科学思想指引下，从把握新发展阶段、贯彻新发展理念、构建新发展格局的实际出发，围绕建设中国特色社会主义法治体系、建设社会主义法治国家的总目标，坚持党的领导、人民当家作主、依法治国有机统一，以解决法治领域突出问题为着力点，坚定不移走中国特色社会主义法治道路，在法治轨道上推进国家治理体系和治理能力现代化，为全面建设社会主义现代化国家、实现中华民族伟大复兴的中国梦提供有力的法治保障。

在历史坐标中，中国特色社会主义法治道路是在我国历史传承、文化传统、经济社会发展基础上，秉持开放创新精神，代表先进生产力、先进生产关系和先进文化的法治成果，是历史与现实相统一、理论与实践相结合的产物。

从人类法治文明发展的世界图景看，没有一成不变的法治道路可以引导所有国家实现法治现代化。法治道路的多样性是法治理论的一个重要原理，也是当今世界的普遍现实。

一是资本主义国家的法治道路。他们在本质和定性问题上与中国特色社会主义法治道路有着明显的区别，是两种性质不同的法治道路，不能混为一谈，更不能照抄照搬。因为“照抄照搬他国的政治制度行不通，会水土不服，会画虎不成反类犬，甚至会把国家前途命运葬送掉”。坚持中国特色社会主义法治道路，是全面推进依法治国，一体建设法治国家、法治政府、法治社会的基本前提，也是不容讨论、毋庸置疑的立场问题、原则问题和方向问题。

二是其他一些社会主义国家的法治道路，与我们也不相同，我们所走的社会主义法治道路具有“中国特色”。中华民族的历史基因和历史沿革，中国的历史文化传统、现实国情和社会条件等综合因素，决定了我们的法治建设只能走适合自己的道路，只能学习借鉴，而不能复制或克隆其他社会主义国家的法治道路。

三是马克思主义经典作家论述的理想社会主义社会。这是对未来社会的构想，是迄今为止人类最美好的梦想。需要指出的是，我们仍处于并将长期处于社会主义初级阶段，同党和国家事业发展要求相比，同人民群众期待相比，同推进国家治理体系和治理能力现代化目标相比，我们的法治建设还存在许多不适应、不符合的问题。这就要求我们认真学习领会、切实贯彻落实习近平法治思想，牢牢把握全面依法治国的政治方向。既要立足当前，运用法治思维和法治方式解决经济社会发展面临的深层次问题；又要着眼长远，筑法治之基、行法治之力、积法治之势，促进各方面制度更加成熟、更加定型，为党和国家事业发展提供长期性的制度保障，为坚持中国特色社会主义法治道路夯实基础。

在世界方位中，各国的法治运行都有其自身规律，法治道路要与一国国情、发展阶段相适应，是一个国家面对自身社会发展需求形成的具体制度文明。中国特色社会主义法治道路是传承历史、立足国情、积极借鉴国外法治有益成果的法治发展道路，具有鲜明的中国风格和中国特色。

——张卫. 深刻理解中国特色社会主义法治道路. 中国纪检监察报，2020-11-26

三、建设法治中国

【教学课堂】

步骤一　案例介绍

知错能改，善莫大焉

罪犯李某某，因犯盗窃、销售赃物罪，于2003年3月被判处无期徒刑，剥夺政治权利终身，并处罚金11万元，判决生效后交付执行。2005年11月减为有期徒刑十九年六个月，剥夺政治权利改为五年。2008年、2011年分别减刑二年，2011年、2013年分别减刑1年。现已执行刑期十二年十一个月。执行机关以罪犯李某某确有悔改表现，假释后没有再犯罪为由，报请对其予以假释。青岛中院于2016年3月30日立案后，依法在罪犯服刑场所的公共区域和互联网进行了公示，并于4月19日公开开庭审理了本案。青岛中院经审理查明，罪犯李某某在服刑期间，能够认罪悔罪，服从管理，遵守监规，按时参加“三课”教育学习和劳动，完成各项改造任务。考核期间考核分93.8分，2015年1月、8月共记功2次。罪犯居住地社区矫正机构评估意见为，可以适用社区矫正。

案例来源：青岛中院通报2016年减刑、假释十个典型案例. 青岛新闻网，2016-12-23［2021-10-14］. http：//news. qingdaonews. com/qingdao/2016-12/23/content_ 11880055. htm

步骤二 问题聚焦

通过学习，了解建设中国特色社会主义法律体系的重要意义具体体现在哪些方面？中国特色社会主义法制体系下法律具备怎样的教育和改造作用？

步骤三 知识凝练

建设中国特色社会主义法治体系是全力推进法治中国建设的重要内容，是实现国家治理体系和治理能力现代化的重大战略部署，对全面依法治国具有纲举目张的意义。本案例启发学生对中国特色社会主义法治体系做进一步理解。上述内容说明：减刑作为一种刑罚执行变更制度，是人民法院审判工作的重要组成部分，是对罪犯的“第二次审判”，体现了党和国家对罪犯惩罚与改造相结合、严格惩办与宽大处理相结合的政策，具有浓郁的中国特色。减刑制度关系到罪犯的服刑改造、监狱的管理教育和社会的长治久安，对执行刑罚和改造罪犯发挥着重要的作用。

步骤四　思维启发

人们把建设社会主义法治国家比喻为一台“机车”，没有法治保障体系作为动力，依法治国的“法治机车”就开不动、跑不快；没有法治保障体系作为调节，依法治国的“法治机车”就可能跑偏、脱轨。

步骤五　实践拓展

实践课题：“法治与德治”辩论赛

实践步骤：

1. 四人一队，自由组队，根据辩题及立场确定各组辩题立场。
2. 各辩手根据队伍总结的观点，搜集资料、集体讨论，撰写比赛用稿。
3. 在辩论环节，双方交替展开辩论。
4. 任课教师进行点评，并宣布比赛成绩。

【延伸阅读】

从法律体系到法治体系

从“法律体系”到“法治体系”是一个质的飞跃，是一个从静态到动态的过程，是一个从平面到立体的过程。

1997年，党的十五大提出了建设社会主义法律体系的目标。到2010年底，中国特色社会主义法律体系已经形成。但“天下之事，不难于立法，而难于法之必行”，如何在有法可依的基础上，实现有法必依、执法必严、违法必究，需要党中央作出新的部署。

十八届四中全会不失时机地第一次提出了建设中国特色社会主义法治体系的新目标。从“法律体系”到“法治体系”是一个质的飞跃，是一个从静态到动态的过程，是一个从平面到立体的过程。

社会主义法治体系，包括完备的法律规范体系、高效的法治实施体系、严密的法治监督体系、有力的法治保障体系和完善的党内法规体系五大组成部分。在五大体系中，法律规范体系尽管已经建成，但法律规范不是静止不变的，需要随着客观形势的变化及时作出修正。特别是在改革发展时期，立法要主动适应改革发展的需要。实践证明，行之有效的改革措施，要及时上升为法律；对不适应改革要求的法律法规，要及时修改和废止。

对法律实施的监督保障，以前往往作为一个问题论及。全会提出了要同时形成法治监督体系和法治保障体系。在监督方面，首先要健全宪法实施和监督制度，完善全国人大及其常委会宪法监督制度。让宪法走入百姓，使广大人民群众认识到宪法不仅是全体公民必须遵循的行为规范，而且是保障公民权利的法律武器。为完善宪法监督制度，全国人大常委会需要建立起违宪审查机构和审查程序，尤其需要加强对司法活动的监督。通过加强对诉讼的法律监督，完善人民监督员等制度，努力让人民群众在每一个司法案件中都能感受到公平正义。

为保障法律的有效执行，需要建立有力的法治保障体系，建设高素质的法治工作队伍，树立人民对法律的内心拥护和真诚信仰。加强和改进党对法治工作的领导则是最根本的保障。

在形成四大法治体系的同时，还要形成党内法规体系，最终构成一个以国家法律体系为基础，包括党内法规体系、军事法治体系在内的国法、党法、军法共同形成的社会主义法律规范体系。

——金国坤. 从法律体系到法治体系. 北京晨报，2014-10-30

第三节　维护宪法权威

【金句导言】

我国宪法是符合国情、符合实际、符合时代发展要求的好宪法，是我们国家和人民经受住各种困难和风险考验、始终沿着中国特色社会主义道路前进的根本法制保证。

——2014 年，在首个国家宪法日到来之际，习近平作出的重要指示

我国宪法是治国理政的总章程，必须体现党和人民事业的历史进步，必须随着党领导人民建设中国特色社会主义实践的发展而不断完善发展。

——2018 年 2 月 24 日，习近平在中共中央政治局第四次集体学习时的讲话

【本节导读】

中国特色社会主义法律体系是由多个法律部门组成的有机统一整体，是

中国特色社会主义永葆本色的法治根基，是中国特色社会主义创新实践的法制体现，是中国特色社会主义兴旺发达的保障。完善以宪法为核心的中国特色社会主义法律体系，是全面依法治国的重要内容，是建设中国特色社会主义法制体系的前提和基础。大学生要了解我国宪法的地位和确立的基本原则，全面了解我国法律体系的构成，懂得各个法律部门及重要法律的基本功能，深化对法治中国制度的认知，增强推动法治中国建设的实践本领。

【教学情况】

教学目标：通过法学基本理论与法制基本框架的讲授，引导学生确立马克思主义法律观，认识我国宪法的地位和基本原则，理解我国社会主义法律与法治的优越性。

教学重点：

1. 掌握我国宪法的形成和发展过程。
2. 认识我国宪法的地位和基本原则。

一、我国宪法的形成和发展

【教学课堂】

步骤一　案例介绍

共和国宪法经历的那些风风雨雨，你知道吗？

党的十九大报告指出："成立中央全面依法治国领导小组，加强对法治中国建设的统一领导。加强宪法实施和监督，推进合宪性审查工作，维护宪法权威……树立宪法至上、法律面前人人平等的法治理念。"宪法是国家的根本大法，是治国安邦的总章程，具有最高的法律地位、法律权威、法律效力，具有根本性、全局性、稳定性和长期性。

《共同纲领》："临时宪法"

《共同纲领》是《中华人民共和国宪法》制定以前的建国纲领，起了临时宪法的作用。《共同纲领》对于团结一切力量，彻底完成民主革命和过渡到社会主义革命的转变，起到了重大的作用。这个纲领是在中国共产党的领导下，经中国人民政治协商会议于1949年9月通过的。

五四宪法："中国第一部真正意义上的宪法"

第一部《中华人民共和国宪法》于1954年9月20日在第一届全国人民代表大会第一次会议上通过，共4章106条，被称为五四宪法。五四宪法是一部较为完善的宪法。这是中华人民共和国的第一部宪法，是在对新中国成立前夕由全国政协制定的起临时宪法作用的《共同纲领》基础上修改完成的。

七五宪法："第二部正式宪法"

第二部《中华人民共和国宪法》于1975年1月17日在第四届全国人民代表大会第一次会议上通过，共30条。当时仍处于"文化大革命"时期，所以带有比较浓重的"文革"色彩。

七八宪法："第三部正式宪法"

第三部《中华人民共和国宪法》于1978年3月5日在第五届全国人民代表大会第一次会议上通过，共4章60条。这部宪法在结构上与前两部宪法相同，主要内容继承了1954年宪法的一些基本原则，增加了实现四个现代化的任务。强调要发扬社会主义民主、大力发展科学和教育事业。

八二宪法："我国当前现行宪法"

1982年12月4日，八二宪法诞生。八二宪法由第五届全国人民代表大会第五次会议通过，全国人民代表大会公布施行。八二宪法主要内容包括将国家性质由"无产阶级专政"恢复为"人民民主专政"；将知识分子与工人、农民并列为三支基本的社会力量；恢复设立国家主席；中央军委主席改由全国人大选举；国务院实行总理负责制；等等。

八二宪法继承和发展了1954年宪法的基本原则，总结了中国社会主义发展的经验，并吸收了国际经验，是一部有中国特色、适应中国社会主义现代化建设需要的根本大法。

它明确规定了中华人民共和国的政治制度、经济制度、公民的权利和义务、国家机构的设置和职责范围、国家的根本任务等。其根本特点是，规定了我国的根本制度和根本任务，确定了四项基本原则和改革开放的基本方针。它规定，全国各族人民和一切组织，都必须以宪法为根本的活动准则，任何组织或个人都不得有超越宪法和法律的特权。这部宪法分为序言和总纲，公民的基本权利和义务，国家机构，国旗、国歌、国徽、首都四个部分，共4章138条。

为了适应中国经济和社会的发展变化，全国人大分别于1988年4月、1993年3月、1999年3月、2004年3月对八二宪法逐步进行了修改、完善。

1988年4月12日，第七届全国人大一次会议通过的宪法修正案，对私营经济的地位、作用和国家对私营经济政策作了明确规定；对土地使用转让的问题作了补充规定。这是中国第一次采用宪法修正案的形式修改宪法。

1993年3月29日，第八届全国人大第一次会议通过的宪法修正案，对原宪法作了9处修改，将“社会主义初级阶段”“建设有中国特色的社会主义的理论”“坚持改革开放”及“中国共产党领导的多党合作和政治协商制度”等写入了宪法；将“国营经济”修改为“国有经济”；将“国家在社会主义公有制基础上实行计划经济”修改为“国家实行社会主义市场经济”。修正案的内容还涉及政协制度、县市级人民代表大会任期等。

1999年3月15日，第九届全国人大二次会议再次通过宪法修正案，对原宪法作了6处修改，把邓小平理论的指导思想地位、依法治国的基本方略、国家现阶段的基本经济制度和分配制度以及非公有制经济的重要作用等写进了宪法。

2004年3月14日，第十届全国人大二次会议通过宪法修正案，对原宪法作了修改。宪法修正案确立“三个代表”重要思想在国家政治和社会生活中的指导地位，增加推动物质文明、政治文明和精神文明协调发展的内容，在统一战线的表述中增加社会主义事业的建设者，完善土地征用制度，进一步明确国家对发展非公有制经济的方针，完善对私有财产保护的规定，增加建立健全社会保障制度的规定，增加尊重和保障人权的规定，完善全国人民代表大会组成的规定，作出关于紧急状态的规定，规定国家主席进行国事活动的职权，修改乡镇政权任期的规定，增加对国歌的规定等。

资料来源：中侨青年．搜狐网，2017-12-4．https：//m．sohu．com/a/208459987_165618/

步骤二　问题聚焦

通过阅读案例，明晰我国宪法的形成和发展历程，同时思考宪法为什么具有统领作用？这种统领作用是如何表现的？

步骤三　知识凝练

从1954年第一部宪法诞生至今，宪法作为国家的根本大法，伴随着时代的脚步稳步发展，历经修订，日臻完善。1954年制定的宪法是中华人民共和国的第一部宪法，它以《中国人民政治协商会议共同纲领》为基础并加以发展，在总结新民主主义革命历史经验和社会主义改造与社会主义建设经验的基础上，规定了国家在过渡时期的总任务，确定了建设社会主义制度的道路和目标，确立了适合中国国情的国体和政体，同时较完整地规定了公民的基本权利和义务。1954年宪法的制定和实施，为巩固社会主义政权和进行社会主义建设发挥了重要保障和推动作用，也为我国现行宪法的制定和完善奠定了基础。

党的十一届三中全会开启了改革开放历史的新时期，发展社会主义民主、健全社会主义法治成为党和国家坚定不移的方针。在此历史背景下，我国全面修改制定了1982年宪法，即现行宪法。现行宪法以国家根本大法的形式，全面体现了党在社会主义初级阶段的基本路线，集中反映了全国各族人民的共同意志和根本利益，明确规定了国家的根本制度和根本任务、党的领导和指导思想、发展道路和奋斗目标，进一步巩固了国家的国体、政体、根本政治制度、基本政治制度、基本经济制度和各方面的重要制度，为实现中华民族通过改革开放实现富起来指明了正确方向，提供了根本法治保障。

步骤四　思维启发

十三届全国人大一次会议表决通过了宪法修正案。宪法修改，是党和国家政治生活中的一件大事，是以习近平同志为核心的党中央从新时代坚持和发展中国特色社会主义全局和战略高度作出的重大决策，是法治中国建设的新的里程碑，对于开启全面建设社会主义现代化国家新征程、实现中华民族伟大复兴的中国梦，推进国家治理体系和治理能力现代化、提高党的长期执政能力，具有重大的现实意义和深远的历史意义。

步骤五 实践拓展

实践课题：开展“宪法在我心中”主题演讲活动

实践步骤：

1. 团队组建。根据各班级学生实际情况，合理划分和组建若干学习讨论小组。

2. 讲稿撰写。每小组围绕主题进行充分的交流讨论，撰写并推荐 1 篇字数在 800~1000 字左右的演讲稿。

3. 课堂展示。每小组推选 1 名代表进行课堂演讲，演讲顺序由选手抽签决定，演讲时限为 3~5 分钟。

4. 评审奖励。按照演讲内容、语言表达、精神风貌、综合素质、演讲时间等评分项目，通过全班同学投票的方式，评选出前 5 名给予奖励。

5. 活动总结。针对各小组的综合表现，由任课教师进行活动总结。

【延展阅读】

激活特赦制度，彰显宪法权威

2015 年 8 月 24 日，全国第十二届人大常委会第十六次会议审议了《全国人大常委会关于特赦部分服刑罪犯的决定草案》，为纪念中国人民抗日战争暨世界反法西斯战争胜利 70 周年，拟对 2015 年 1 月 1 日前正在服刑、释放后不具有现实社会危险性的四类罪犯实行特赦：第一类，参加过中国人民抗日战争和解放战争的，据统计，这些服刑人员均属于 80 岁以上的老年犯，回归社会后没有危险性；第二类，在保卫国家主权、安全和领土完整中作出突出贡献的，此类人员中除了犯贪污、受贿罪，以及刑法规定的严重暴力性犯罪、累犯，都予以释放；第三类，年满 75 周岁，严重残疾，生活不能自理的服刑人员；第四类，犯罪时未满 18 周岁的未成年轻刑犯，被判处三年以下有期徒刑的，犯杀人、强奸、贩毒、恐怖犯罪的除外。

——激活特赦制度，彰显人道价值. 搜狐，2015-09-01. https：//www.sohu. com/a/30163470_ 114882

二、我国宪法的地位和基本原则

【教学课堂】

步骤一 案例介绍

同命不同价

2005年12月，重庆市发生了一起交通事故，致使三名14岁的花季少女同时死亡，而农村户口的何某家人所得到的损害赔偿金却不及另外两名城镇户口女孩家人所得的一半。2006年4月，《北京青年报》也报道了发生在北京市朝阳区的一起交通事故的处理结果："交通事故判处赔偿金一个16万元，一个40万元。"由此在社会学界、伦理学界、法学界等引发了关于"同命不同价"现象的热烈讨论。

"同命不同价"是指在一些案件中，由于受害者城乡户籍的不同，所得到的残疾赔偿金、死亡赔偿金等数额相距甚远的现象。这种死亡赔偿制度一直受到质疑。因为城市户口和农村户口的不同，农村居民与城市居民赔偿标准的差异很大，在2003年发布的《最高人民法院关于审理人身损害赔偿案件适用法律若干问题的解释》（以下简称《解释》）第二十九条规定：死亡赔偿金按照受诉法院所在地上一年度城镇居民人均可支配收入或者农村居民人均纯收入标准，按20年计算。以2006年为例，城镇居民人均可支配收入为11759元，农村居民人均可支配收入为3587元。据此计算，城乡居民死亡赔偿金可相差16万多元。这条规定常被视为"同命不同价"问题的根源。

在中国目前的侵权类案件中，工伤事故、医疗事故、交通事故等人身损害赔偿案中不少涉及死亡赔偿问题。其中，"同命不同价"一直是公众极为关心的话题。目前，中国死亡赔偿标准一直是"各自为政"。同样的案件，省区市之间实施的标准可能不一样；省区市和所辖各地的标准可能也不一样；同一省区市内的各个地方标准也不一样。同样的生命，但获得的赔偿额相差甚远，确实很不公平，这已经引起全社会的关注。

然而，在追求“同命同价”的过程中却产生了另一种极端——不论在矿难中，还是在工程事故或者交通肇事中，所有生命一律赔偿 20 万元。这样一视同仁，不分你我的赔偿标准是否就是我们所崇尚的“公平”呢？中国的城乡之间在经济社会发展等各个方面都存在着差距，相同的金额在农村可能颇为富足，可在城市却只能解燃眉之急。这便是绝对公平所导致的事实上的不公平。每个人的生命固然是平等且无价的，但既然民事赔偿的是经济损失，不同人的死亡带来的“经济损失”却各有不同。在判定民事赔偿时，不能不兼顾这种差异。

《中华人民共和国宪法》（以下简称《宪法》）规定：“中华人民共和国公民在法律面前一律平等。”《中华人民共和国民法典》（以下简称《民法典》）规定：“民事主体在民事活动中的法律地位一律平等。”

作为《解释》的上位法，《宪法》《民法典》等均确认公民的民事权利一律平等，肯定公民的生命健康权受法律平等保护，从未规定可以因户籍等不同而有所区别。《国家赔偿法》以国家上年度职工年平均工资作为计算残疾赔偿、死亡赔偿金的基数，而不区分城镇或农村也从另一方面说明了这点。

随着中国城乡一体化进程的加快，更多农民涌入城市谋生、定居或求学。消除城乡差距、实行统一的赔偿标准是大势所趋，人心所向。法律的严肃性和公正性很重要的一个方面就是能最大限度地保护弱者利益。因此，终结“同命不同价”的关键是要在法律框架内消除不公平待遇，完善相关法律条文，促进社会公平正义。

从“同命不同价”到“同命同价”，展现的是权利的平等、生命的尊严。像同命同价、同工同酬、同票同权等等，凝结了人类关于生命价值、经济权利最基础、最本源的平等价值观，应该得到无条件的尊重和践行。

案例来源：根据百度百科——同命不同价改编

步骤二　问题聚焦

通过阅读案例，深入了解宪法的地位及相关原则是什么？我国宪法是如何随着党领导人民建设中国特色社会主义实践的发展而不断发展完善的？

步骤三 知识凝练

宪法作为我国的根本大法，其他法律法规的制定都是在宪法的基础上实施运行的，宪法是治国安邦的总章程，是党和人民意志的集中体现，是中国特色社会主义法律体系的核心，在全面依法治国中具有突出地位和重要作用。我国立法司法机关在解决“同案不同命”的案例中充分表达了人民的共同诉求，并能从实际出发，及时、合乎法定程序地完成立法工作，这说明我国宪法是治国理政的总章程，必须体现党和人民事业的历史进步性，必须随着党领导人民建设中国特色社会主义实践的发展而不断发展完善。宪法只有不断适应新形势、吸纳新经验、确认新成果，才能具有持久生命力。

步骤四 思维启发

国家宪法日是在每年的 12 月 4 日，是为了增强全社会的宪法意识，弘扬宪法精神，加强宪法实施，全面推进依法治国而设立的节日。宪法是国家的根本大法，是治国安邦的总章程，是党和人民意志的集中体现。2014 年 11 月 1 日，十二届全国人大常委会第十一次会议表决通过决定，将 12 月 4 日设立为“国家宪法日”。2020 年 12 月 4 日是第五个国家宪法日，也是第三个“宪法宣传周”，主题是“深入学习宣传习近平法治思想，大力弘扬宪法精神”。

步骤五 实践拓展

实践课题：开展宪法日宣传活动

实践步骤：

1. 任课教师组织学生制定宣传方案，确定活动的目的、主题、要求和分工（小组）。

2. 联系、确定法制宣传活动的地点。

3. 组织学生学习和准备宪法、中国特色社会主义法律体系和国家基本法律制度等法律条文。

4. 制作法律常识小册子进行分发，接待法律求助人员。

5. 撰写法制宣传活动的感想和体会。

6. 推选 3~5 名学生以 PPT 形式展示心得体会，任课教师按照评价标准对小组进行评价，小组内部根据成员工作情况给予相应成绩。

7. 点评与反馈。同学互评，任课教师点评，现场反馈。

8. 同学们的表现计入考核成绩。

【延伸阅读】

宪法教育应成为公民的教育核心

宪法凝结着一个国家的基本共识和基本价值观，规定着公民与国家之间的基本关系。我国设立国家宪法日，是推进公民宪法教育、形成宪法认同的有效方式。学习和宣传宪法，不应仅停留在观念层面上，而应成为健全宪法实施和监督制度的切实举措。

10 月 27 日，全国人大常委会第十一次会议审议《关于设立宪法日的决定草案》，决定将每年 12 月 4 日设立为国家宪法日。《中共中央关于全面推进依法治国若干重大问题的决定》（《以下简称《决定》）也提出设立国家宪法日，建立宪法宣誓制度。此举旨在全社会开展宪法教育，弘扬宪法精神，有助于增强全社会的宪法意识，加强宪法实施，树立宪法权威。

传播宪法理念，以宪法凝聚社会共识是很多国家的普遍做法，比如设立宪法节日，修建宪法纪念馆，对公众进行通识性的宪法教育等。在当今世界大多数国家，宪法教育都是公民教育最核心的部分。宪法凝结着一个国家的基本共识和基本价值观，规定着公民与国家之间的基本关系。每一个生活在这个国家的公民，都应该首先了解宪法所确立的价值秩序，了解自己在国家中的地位，了解自己的权利和义务。公民对国家宪法的理解和认同，是将多元的社会整合为共同体，实现国家生存和民族赓续的基本前提。我国设立国家宪法日，是推进公民宪法教育、形成宪法认同的有效方式。

宪法是国家的根本大法，是我国社会主义法律体系的基础，具有最高的法律效力。宪法是社会共同体的基本规则，是人民意志的最高体现。推进依法治国、建设社会主义法治国家的首要任务和基础性工作，就是全面贯彻实施宪法。党的十八届四中全会《公报》指出："坚持依法治国首先要坚持依宪治国，坚持依法执政首先要坚持依宪执政。"这是对宪法重要性的高度概括，体现了执政党依宪执政的理念、在宪法和法律范围内进行执政活动的原则，以及带头遵守和维护宪法的承诺。

在我国现实生活中，宪法知识在社会中的普及程度还不高，宪法的作用很大程度上还停留在宣示意义的层面，公众缺乏对宪法的认同感。尊重和维护宪法权威远没有成为社会发展的内在动力和公民的心理基础。普及宪法观念，培养宪法意识任重而道远。

因此，设定国家宪法日，全体社会成员学习和宣传宪法，就不应仅仅是一种形式上的设计，或停留在观念层面上，而是应成为健全宪法实施和监督制度的切实举措。党的十八届四中全会《公报》明确，未来要完善宪法监督制度，健全宪法解释程序机制，这就要求从实践层面加快步伐，使宪法真正进入社会生活，真正发挥其约束国家权力、保障人民权利的功能。要让公职人员形成宪法思维，确立宪法高于权力、权力来源于宪法、宪法约束权力的意识；要让一切组织和个人尊重宪法法律权威，坚持在宪法法律范围内活动，依照宪法法律行使权力和权利、履行职责或义务；要让公民个人的尊严和权利得到尊重和保障，使公民可以依据宪法捍卫自己的权利，从而建立起对宪法的基本信任，从内心产生对宪法的情感寄托；要让转型时期出现的社会矛盾和利益冲突，回到宪法规范的轨道中得以解决。

宪法是人类文明智慧的凝结，是制宪时代的国民留给后代的宝贵知识财富。宪法需要铭刻在公民的内心，使每一个人都感悟到宪法的精神；宪法需要走入公众的生活，成为人们的日常行为准则，并因人们自发的信仰而得到遵行。

——张翔. 宪法教育应成为公民教育核心. 经济日报，2014-11-04

三、加强宪法实施与监督

【教学课堂】

步骤一 案例介绍

宪法宣誓制度

中华人民共和国宪法宣誓制度是指国家工作人员就职时应当依照法律规定公开进行宪法宣誓。

2018 年 2 月 24 日，全国人大常委会对宪法宣誓制度作出修订，新的誓词为：“我宣誓：忠于中华人民共和国宪法，维护宪法权威，履行法定职责，忠于祖国、忠于人民，恪尽职守、廉洁奉公，接受人民监督，为建设富强民主文明和谐美丽的社会主义现代化强国努力奋斗！”

案例来源：百度百科

步骤二　问题聚焦

通过阅读案例，了解加强宪法的监督与管理的重要性。

步骤三　知识凝练

宪法的根基在于人民发自内心的拥护，宪法的伟力在于人民真诚的信仰。古人说：“法非从天下，非从地出，发于人间，合乎人心而已。”宪法是每个公民享有权利、履行义务的基本遵循。我们要充分认识到宪法不仅是全体公民必须遵循的行为规范，而且是保障公民权利的法律武器，更加自觉地尊崇宪法、学习宪法、遵守宪法、维护宪法、运用宪法，大力弘扬宪法精神，不断增强宪法意识，把宪法作为判断大是大非的准绳，同一切破坏宪法权威、践踏宪法尊严的行为作斗争，在宪法的照耀下追求国家富强和人民幸福。

步骤四　思维启发

北宋的政治家、文学家王安石说：“立善法于天下，则天下治；立善法于一国，则一国治。”法律是治国之重器，良法是善治之前提。建设中国特色社会主义法治体系，必须坚持立法先行，建立起完备的法律规范体系，发挥立法的引领和推动作用。

步骤五　实践拓展

实践课题：开展模拟法庭活动

实践步骤：

1. 通过案情分析、角色划分、法律文书准备、正式开庭等环节模拟审判的过程。

2. 选择典型案件。所选案件是否适当是模拟法庭活动能否取得良好结果的关键。因此，要注意选择有一定代表性和社会影响力，特别是近年来司法实践中出现的与校园和学生学习、生活、实习实训关联的典型案件。

3. 按每位同学的气质和特长确定模拟角色，如刑事模拟法庭上分为以下几种人员：审判台上审判长 1 人、审判员 2 人；下面是书记员；审判台左侧是公诉人台，一般要求 2～3 人；审判台右侧是辩护人台，一般 1～2 人；正对审判台是被告人席，这个可以自行设置；被告人席后面一般是法警的座位，一般是 2 个人。

【延伸阅读】

深入学习贯彻习近平总书记宪法重要论述精神
全面加强宪法实施和监督

宪法作为国家的根本大法，在党和国家事业中发挥着极为重要的、独特的作用。十三届全国人大一次会议通过并公布施行宪法修正案。深入学习贯彻习近平新时代中国特色社会主义思想，特别是习近平总书记宪法重要论述精神，广泛开展宪法学习宣传教育，全面加强宪法实施和监督，对于深入推进全面依法治国，为新时代坚持和发展中国特色社会主义提供有力法治保障，具有重要意义。

一、 习近平总书记宪法重要论述是新时代全面依法治国、依宪治国的根本理论指引

党的十八大以来，以习近平同志为核心的党中央毫不动摇地坚持和发展中国特色社会主义，以前所未有的决心和力度推进全面依法治国，形成“四个全面”战略布局；同时，把宪法摆在全面依法治国十分突出的位置，围绕宪法阐明一系列重大论断，作出一系列重大部署，推进一系列重大工作，引领新时代依宪治国新实践，开创新时代依宪治国新局面。习近平新时代中国特色社会主义思想，特别是习近平总书记宪法重要论述为新时代全面依法治国、依宪治国，加强宪法实施和监督，指明了前进方向、提供了根本遵循。

习近平总书记宪法重要论述具有鲜明的时代特征和实践特色，突出体现在以下几个方面：

一是强调坚持依法治国首先要坚持依宪治国，坚持依法执政首先要坚持依宪执政。宪法是国家的根本大法，是治国安邦的总章程，是全面依法治国的总依据，必须把宣传和树立宪法权威作为全面依法治国的重大事项抓紧抓好。全党全国要以宪法为根本活动准则，维护宪法尊严，保证宪法实施，维护社会公平正义，不断提高国家政治和社会生活法治化水平。

二是强调宪法是党和人民意志的集中体现。不论过去、现在还是将来，维护宪法权威，就是维护党和人民共同意志的权威。捍卫宪法尊严，就是捍卫党和人民共同意志的尊严。保证宪法实施，就是保证人民根本利益的实现。我们要更加自觉地恪守宪法原则、弘扬宪法精神、履行宪法使命。

三是强调全面贯彻实施宪法。法治权威能不能树立起来，首先要看宪法有没有权威。宪法的生命在于实施，宪法的权威也在于实施。全面贯彻实施宪法是全面依法治国、建设社会主义法治国家的首要任务和基础性工作。我们要坚持不懈抓好宪法实施工作，把全面贯彻实施宪法提高到一个新水平。

四是强调在全社会弘扬宪法精神。宪法的根基在于人民发自内心地拥护，宪法的伟力在于人民出自真诚的信仰。只有保证人民依法享有广泛的权利和自由，维护最广大人民的根本利益，实现人民群众对美好生活的向往和追求，宪法才能深入人心，走入人民群众，宪法实施才能真正成为全体人民的自觉行动。

五是强调宪法实施同每一个国家工作人员的工作都密切相关。实行宪法宣誓制度，有利于维护宪法权威，增强公职人员的宪法观念，激励公职人员忠于和维护宪法。各级领导干部必须带头尊崇宪法、学习宪法、遵守宪法、维护宪法、运用宪法，树立宪法法律至上、法律面前人人平等的法治理念。

六是强调坚定宪法自信。我们坚定“四个自信”，要对我国宪法确立的国家指导思想、发展道路、奋斗目标充满自信，对我国宪法确认的中国共产党领导和我国社会主义制度充满自信，对我国宪法确认的我们党领导人民创造的社会主义先进文化和中华优秀传统文化充满自信。当代中国宪法制度已经并将更好展现国家根本法的力量、更好发挥国家根本法的作用。

七是强调宪法是我们党长期执政的根本法律依据。党领导人民制定、实施宪法法律，党自身必须在宪法法律范围内活动。我们党首先要带头尊崇和执行宪法，把领导人民制定和实施宪法法律同党坚持在宪法法律范围内活动统一起来。

八是强调依宪治国、依宪执政同西方所谓的“宪政”有着本质区别。我国是在不折不扣贯彻着以宪法为核心的依宪治国、依宪执政。一些人打出“宪政”牌，就是要通过对“宪政”这一政治概念进行学术包装，目的是要拿“西方宪政”来框住我们，把中国共产党领导的社会主义国家打入另类。总体上说，在当代中国，“宪政”这个概念是不适用的。

二、 正确认识我国宪法实施的特点和经验

我国宪法是如何实施的，状况怎样，应当立足于当代中国宪法制度实践，作出一个基本的分析和判断。我国宪法实施的特点是多渠道、多方式、多主体、多层次，是一个持续的发展进程。主导和主流的态势是不断提高宪法实施水平，不断提高合宪性水平，不断实现更充分、更完善的宪法实施。

通过建立健全法律法规和制度体系，推动和保障宪法实施，是我国宪法实施的基本途径。宪法是国家法律法规和各种制度的总依据，具有最高的法律地位、法律权威、法律效力。因而，宪法经常被称为“母法”，是一切法律法规和制度体系的源头、统领和统帅。加强立法工作，提高立法质量，形成完备的法律规范体系，是全面依法治国、建设社会主义法治国家的必然要求，也是宪法实施的必然要求。

举例来说，“宪法修正案”增加了有关监察委员会的规定，为新的国家监察体制提供了宪法依据。同时，十三届全国人大一次会议审议并通过《中华人民共和国监察法》（以下简称《监察法》），对新的国家监察体制和监察机关活动规范作出系统明确的规定。这就表明，《监察法》是宪法有关规定的具体化、明确化；同时表明，宪法有关规定通过《监察法》予以贯彻实施。通过法律来实施宪法有关规定的情况，在宪法修正案中还有一些，如宪法宣誓制度、设区的市地方立法权等。

经过长期坚持不懈的共同努力，以宪法为核心，主要由宪法相关法、民法典、行政法、经济法、社会法、刑法、诉讼与非诉讼程序法七个法律部门和法律、行政法规、地方性法规三个规范层次构成的中国特色社会主义法律体系，已经形成并不断发展完善。目前，我国现行有效的法律245

部、行政法规700多部、地方性法规9000多部，还有大量的党内法规、军事法规、司法解释、规章和各类规范性文件。这一整套法律法规和制度体系，在党和国家事业发展中已经并将继续发挥十分重要的作用。而追根溯源，各种法律法规和制度都是以宪法为根本依据、最高依据的，都是从宪法延伸出去、派生出来的；从宪法制度和规范自身来观察，宪法有关规定通过这一整套法律法规和制度体系得到了贯彻实施。

总结实践经验，我国宪法实施的途径和方式，除了通过建立健全法律法规和制度体系予以实施外，还有以下几种情况：一是通过发展国家各项事业、推进国家各方面工作，保证宪法规定得到充分、有效的实施和落实；二是宪法规定的直接适用，宪法中有一些规定具有直接适用的性质，不必通过其他途径和方式；三是宪法中的有关规定，必要时需考虑兼容性、调适性和情势变迁，作出合宪性判断和安排，以更好地实现宪法的稳定性和适应性的统一；四是对于宪法法律没有明确规定的事项，必要时，根据宪法精神，可以采取创制性办法，及时妥善处理实践中遇到的没有规定、没有先例的新情况新问题。

党的十八大以来，在以习近平同志为核心的党中央领导下，全国人大常委会采取一系列有力措施，弘扬宪法精神、维护宪法权威、推动宪法实施、加强宪法监督，取得显著成效和重要进展。如设立国家宪法日，实行宪法宣誓制度，实施宪法规定的特赦制度，通过立法实施宪法确立的国家勋章和国家荣誉称号制度、国歌制度，根据宪法精神处理辽宁拉票贿选案等重大问题，根据宪法和《中华人民共和国香港特别行政区基本法》主动进行释法，对粤港“一地两检”合作安排作出合宪性判断和相关决定，为深化国家监察体制改革提供法律依据，加强法规、规章、司法解释等各类规范性文件备案审查工作等。这些宪法实施和监督方面的最新实践成果和工作经验，彰显了宪法精神和力量，具有重要的启示意义。

三、 全面加强宪法实施和监督

习近平总书记在党的十九大报告中明确提出：“加强宪法实施和监督，推进合宪性审查工作，维护宪法权威。”推进全面依法治国，首先要把宪法摆在突出位置，全面加强宪法实施和监督。

一是通过建设中国特色社会主义法治体系推动宪法实施。在党中央领导下，以宪法作为最高法律规范，加快形成完备的法律规范体系、高效的法治实施体系、严密的法治监督体系、有力的法治保障体系，形成完善的党内法规体系，用科学有效、系统完备的制度体系保证宪法实施。

必须加强和改进立法工作，坚持科学立法、民主立法、依法立法，完善以宪法为核心的中国特色社会主义法律体系，以良法促进发展、保证善治，保证宪法确立的制度、原则和规则得到贯彻实施，不断提高实施水平。依法及时制定和修改同法律规定或者上位法规定相配套相衔接的行政法规、军事法规、监察法规、司法解释、地方性法规和各类规范性文件，保证宪法法律在本系统本地区得到有效贯彻实施。

二是通过发展国家各项事业推动宪法实施。宪法既是我国法律法规和制度体系的总依据，也是我国各项事业发展的总依据。我国宪法有一大特色，就是明确规定了国家的根本任务、发展道路、奋斗目标和大政方针。国家经济建设、政治建设、文化建设、社会建设、生态文明建设和国家各方面事业，在宪法上都有体现、都有要求。没有社会主义事业全面的、充分的发展，就谈不上宪法的有效实施。

改革开放40年来国家各方面事业发展取得的巨大成就，都离不开宪法的保证和推动；我国社会主义民主法治建设取得的巨大成就，也无不闪耀着宪法精神的光辉。从这个意义上说，国家发展进步的成就和成功，都可以看作是宪法实施的结果和体现。

三是通过国家工作人员积极有效的工作保证宪法实施。我国宪法对国家工作人员作出了许多规范、提出了明确要求。宪法修正案增加了一个新内容，就是“国家工作人员就职时应当依照法律规定公开进行宪法宣誓”。各级国家工作人员的工作，都对宪法法律实施负有一定责任，都会对宪法法律实施产生某种影响或者带来某种后果。

何谓宪法法律实施？可以说，就是我们各级国家工作人员在党的领导下，按照宪法法律的规定做了宪法法律所要求做的事情，即正确地做事和做正确的事，并且在工作中取得成绩。各级国家工作人员都要切实增强宪法观念，依照宪法法律行使职权、履行职责、开展工作，自觉接受人民监督，通过自己的努力为宪法法律实施作出一份贡献。

四是通过宪法监督保证宪法实施。监督宪法的实施，解释宪法，是宪法赋予全国人大及其常委会的重要职责。十三届全国人大一次会议设立的全国人大宪法和法律委员会，在推动宪法实施、开展宪法解释、推进合宪性审查、加强宪法监督、配合宪法宣传等方面，应当担负新的角色、发挥新的作用。

推进合宪性审查工作。全国人大及其常委会通过的法律和作出的决定决议，应当确保符合宪法规定、宪法精神。有关方面拟出台的法规规章、重要政策和重大举措，凡涉及宪法有关规定如何理解、如何适用的，都应当事先经过全国人大常委会的合宪性审查，必要时通过适当方式作出合宪性安排，确保与宪法规定、宪法精神相符合。

加强宪法解释工作。健全宪法解释机制，积极回应涉及宪法有关问题的关切，努力实现宪法的稳定性与适应性的统一。

通过健全备案审查制度加强宪法监督工作。所有的法规、规章、司法解释等各类规范性文件都要依法依规纳入备案审查范围。备案审查工作应当包括审查是否存在不符合宪法规定、宪法精神的内容。发现规范性文件可能存在合宪性问题的，有关方面应当及时报告全国人大常委会或者依法提请审查。地方各级人大及其常委会要依法行使职权，保证宪法法律在本行政区域内得到遵守和执行。

中国特色社会主义进入了新时代，对全面依法治国、依宪治国提出了新的更高要求。我们要深入学习贯彻习近平总书记宪法重要论述精神，全面加强宪法实施和监督，把新时代国家各项事业和各方面工作全面纳入依法治国、依宪治国的轨道，推动宪法实施和监督工作迈上新台阶、提高新水平。

——沈春耀. 深入学习贯彻习近平总书记宪法重要论述精神　全面加强宪法实施和监督. 人民日报，2018-05-23，第 11 版

第四节　自觉尊法学法守法用法

【金句导言】

要引导全体人民遵守法律，有问题依靠法律来解决，决不能让那种大闹大解决、小闹小解决、不闹不解决现象蔓延开来，否则还有什么法治可言呢？要坚决改变违法成本低、守法成本高的现象，谁违法就要付出比守

法更大的代价，甚至是几倍、十几倍、几十倍的代价。当然，这是一个过程，要逐步在广大干部群众中树立法律的权威，使大家都相信，只要是合理合法的诉求，通过法律程序就能得到合理合法的结果。

——2013 年 2 月 23 日，习近平在十八届中央政治局第四次集体学习时的讲话

凡属重大改革都要于法有据。在整个改革过程中，都要高度重视运用法治思维和法治方式，发挥法治的引领和推动作用，加强对相关立法工作的协调，确保在法治轨道上推进改革。

——2014 年 2 月 28 日，习近平在中央全面深化改革领导小组第二次会议上的讲话

【本节导读】

学法、尊法、守法、用法，必须养成良好的法治思维和行为方式，做到在法治之下，而不是法治之外，更不是法治之上。

【教学情况】

教学目标：通过对本部分的学习，逐步培养学生的法治思维，帮助学生学会如何更好地做到学法、尊法、守法、用法，努力成为社会主义法治建设的关键一员。

教学重点：

1. 明晰法治思维的含义和特征。
2. 了解如何培养法治思维。

一、培养社会主义法治思维

【教学课堂】

步骤一　案例介绍

萝卜该不该赔

某年山东省日照市一次 110 特别行动中，公安人员追歹徒到男青年赵甲的菜园里，并发生了搏斗，最终制服了歹徒。正当公安人员押着歹

徒准备离开时，赵甲对着众多记者和摄影机，突然提出要求公安人员赔偿被损坏的20多颗萝卜。此事经媒体报道后，社会舆论一片哗然，邻居谴责说："公安人员是为了抓坏人，是为了大家，赵甲作为新时代的青年，不应当要求赔偿20多颗萝卜。"当事公安人员也表示不可理解，说："当时我们一个同事身负重伤，鲜血直流，可赵甲居然提出赔偿他20多颗萝卜。"赵甲所在单位专门召开了一周的批判会，批判赵甲。在当年日照市评选精神文明先进单位中，赵甲所在单位也因此而失去了资格。赵甲在社会舆论的重压下，不得不离家住到姐姐家中，并且对记者产生了严重的不信任感和反感情绪。

案例来源：佚名．萝卜该不该赔．中华文本库，2020-09-30，https：//www.ulearning. cn/upload/mooc/importroot/752/3996/115251/20160811092836 3018. html

步骤二　问题聚焦

通过学习，体会法治思维的含义是什么？法治思维的特征具体分为哪几部分？

步骤三　知识凝练

虽然我们国家实施依法治国的基本方略，社会也大力宣传教育人们树立法律意识，培养法治思维，但是法治观念还远远没有在人们的思想体系和社会评价体系中居于主导地位，人们的意识和观念还局限于道德领域，法律意识和法制观念还十分淡漠甚至缺失。本案例反映的就是这种困境，赵甲的萝卜因为警察追捕逃犯而被损毁，造成一定的经济损失，在法治语境下认识这一问题，是应该赔偿的。法治思维就是以法律为准绳思考与处理法律问题。

步骤四　思维启发

古代米索不达米亚的万神庙中，有两位与众不同的神享有特殊的尊荣，他们是天神恩鲁和风暴之神恩利尔。当时，世界被看作由众神所治理的国家，可是这两位主要的神在统治阶层里的角色分工却有一项重要的区分。天神发布敕诏，令人遵守，因为它出于至高无上的神性，因此服从是必须的，而且是绝对的、强制的，不容置疑。恩鲁成为宇宙秩序中权威的象征。

但是，即使是他的崇拜者，心里也明白，尽管天神的地位高于一切，但并不能保证他的命令都能自动被人遵守，因此必须制定规则，惩罚那些不服从的，不论他们是神或人。于是风暴的力量由此介入，成为强制人们执行的工具，也就是制裁之神思利尔，他执行诸神的决定，并在战争中引导他们。透过神话，我们看到了人类对秩序的殷切需求，以及伴随这种需求的一种信念：不论是在地球上还是宇宙间，必须具备两项极为重要的因素——权威与强制，没有它们，任何属神的抑或属人的秩序，都不可能存在。

步骤五　实践拓展

实践课题：举办法律知识讲座

实践步骤：

1. 邀请司法机关办案人员或知名法学专家作为主讲嘉宾。
2. 提前做好各项准备工作，保证讲座顺利有序进行。
3. 遵守纪律，认真听讲。
4. 安排若干名同学担任志愿者，维持好现场秩序。

【延伸阅读】

习近平法治思维的“三个高度”（节选）

古人云：“国无常强，无常弱。奉法者强则国强，奉法者弱则国弱。”坚决执行法治，国家可由弱变强。可见古人在对“怎样治理好一个国家”这一问题上已清楚认识到法治的重要性。习近平总书记明白“治国无法则乱，守法而弗变则悖，悖乱不可以持国”。他强调：“形势在发展，时代在前进，法律体系必须随时代和实践发展而不断发展。”习近平的法治思维随着时代的发展不断丰富、完善，呈现出“三个高度”。

习近平法治思维的第一高度体现在任宁德地委书记期间。1989 年 4 月 20 日—28 日，福建省七届人大二次会议在福州市召开，时任宁德地委书记的习近平在会议小组讨论会上发言。习近平不仅阐述了法制的重要性：“社会主义建设，不仅需要民主与科学，更需要法制。”还充分分析了民主与法制的关系：“民主与法制是相互依存，相互制约的，二者不可偏废。”政治体制改革需要“不断健全、完善人民代表大会制度，推进社会主义民主与法制建设的步伐，逐步把我国的政治生活纳入法制化、制度化、民主化的轨道”。他一针见血，以独特的视角提出社会主义初级阶段法制存在的问题：“现在普遍反映法制不健全，这里既有立法的不健全，也有执法不力的问题，解决这些问题不能脱离现阶段的国情。执法不力要认真分析，哪些是属于徇私舞弊，哪些应从立法的适度性去考虑执法不力的原因?”他的发言体现了他初具雏形的法治思维，是他最早关于民主与法制的论述，体现了他法治思维的第一高度。

习近平法治思维的第二高度体现在他任福建省省长和浙江省委书记期间。时任福建省省长的习近平强调“要贯彻依法治省的大战略”，以带领人民群众创造新辉煌。2001 年 2 月 7 日福建省九届人大四次会议召开，时任福建省省长的习近平作政府工作报告。“民主法制进一步加强”是他谈及第十个五年计划奋斗目标其中的重要一点，为了实现这一发展目标就必须“加强民主法制建设”。时任浙江省省委书记的习近平就曾提出“在新形势、新要求下，必须按照建设社会主义法治国家的要求，积极建设‘法治浙江’，逐步把经济、政治、文化和社会生活纳入法治轨道”“和谐社会本质上是法治社会，同时，法治也为社会和谐提供重要保证”。在这一阶段里，他的著作《之江新语》多篇文章系统论述了法治思想。“依法治省”理念将习近平的法治思维提高到另一个高度。

习近平担任国家最高领导人以来，发表了一系列关于法治思想的讲话，体现了他法治思维的第三高度。在纪念宪法公布施行 30 周年大会上，习近平强调：“要坚持依法治国、依法执政、依法行政共同推进，坚持法治国家、法治政府、法治社会一体建设。”在主持中共中央政治局就全面推进依法治国进行的第四次集体学习时，他再次强调：“各级领导机关和领导干部要提高运用法治思维和法治方式的能力，努力以法治凝聚改革共识、规范发展行为、促进矛盾化解、保障社会和谐。”目前正在召开的十八届四中全会，首度以“依法治国”作为全会的主题，更是习近平法治思维的充分体现。

习近平在他的三个工作阶段，将“法治”的内容提升至三个不同高度。从最初的“民主与法制”，到“依法治省”，再到“依法治国”，从地方基层到重要省份再到中央，可以看出习近平法治思维是一脉相承的，并且随着时代的变化而不断发展、完善。这为提出“推进国家治理体系和治理能力现代化”第五个现代化奠定了坚实的基础。“法治”是国家治理体系和治理能力现代化的重要基石，国家治理体系和治理能力的稳定和提高，离不开“法治”这一强有力的保障。

习近平法治思维的三个高度体现出三个思维。首先是底线思维。“凡事预则立，不预则废。”把问题考虑得复杂、全面一些，最后处理起来往往就比较顺利。习近平在早期就将“法治”予以阐述、理解，为现期“依法治国”的贯彻落实奠定了基础。其次是包容思维。坚持党的领导、人民当家做主和依法治国的统一是社会主义法治实施的保证，只有三者相辅相成、相统一，才能更好地推进法治落实，加快中国改革的步伐。最后是平衡思维。平衡好国家、社会和人民三者的关系，依法治国才能落到实处，才能构建和谐社会。

习近平用他的法治思维不断推进社会主义现代化建设，全面推进改革，保证社会公平正义，以“法治”推动和保障中国梦的实现，为人民构建民主法治的和谐社会。

——学习大军. 习近平法治思维的“三个高度”. 中国青年网，2014-10-24. http：//pinglun. youth. cn/wywy/shsz/201410/t20141024_ 5900031. htm

二、依法行使权利与履行义务

【教学课堂】

步骤一　案例介绍

不能因他人违法行为而不尽自身义务

段女士与前夫生有 4 个子女。1963 年，前夫病逝后，段女士与李先生结婚，李先生搬到段女士家居住。当时，段女士的大儿子、大女儿都已成年，只有 2 个小女儿还都不满 10 岁。李先生与段女士婚后又生一女小荣。二人共同生活 9 年后，段女士病故。李先生带着小荣回老家居住，与段女士的 4 个子女断绝了来往。直至 2013 年，李先生起诉至法院，要求 4 个继子女与小荣共同履行对自己的赡养义务。庭审中，大儿子、大女儿都认为，母亲与继父结婚时，他们已年满 18 周岁，从没被继父抚养过，没有赡养继父的义务。而二女儿、三女儿认为，虽然母亲与继父结婚时，她们不满 18 周岁，但她们没上过一天学，在母亲去世后，继父还远离她们，没有将她们抚养成人，所以，她们不应赡养继父。本案中，李先生与段女士的大儿子、大女儿没有形成抚养关系，大儿子、大女儿没有义务赡养李先生，合议庭对此没有异议；但是法院对于二女儿、三女儿拒绝赡养继父存在两种意见：

第一种观点，段女士的二女儿、三女儿应赡养继父。因为她们与李先生共同生活了 9 年，形成了继父女关系，且此关系没有正式解除。至于继父曾抛下她们远走的事已过去多年，难以认定是否构成遗弃。如果继子女认为继父李先生的行为构成遗弃，可以依法向法院提起自诉。同时，这也不属于本案处理的范围。

第二种观点，段女士的二女儿、三女儿不应赡养继父。因为她们没有上过学，李先生没有为她们支付过教育费，并在她们还没有成年时，就远离她们，已构成遗弃。且李先生带亲生女小荣回老家时，就已自动解除了与两个女儿的继父母子女关系，双方 30 年没有来往，所以，段女士的二女儿、三女儿没有赡养李先生的义务。

案例来源：中国豆丁网

步骤二 问题聚焦

解读案例，了解我国公民应该履行哪些义务。

步骤三 知识凝练

根据《中华人民共和国婚姻法》（以下称《婚姻法》）的规定，父母子女的权利义务适用于非婚生父母子女，有抚养关系的继父母子女、养父母子女。继父母子女是拟制血亲。《婚姻法》规定："继父或继母和受其抚养教育的继子女间的权利义务，适用本法对父母子女关系的有关规定。"该规定表明，只有形成了抚养关系，继父母子女才产生父母子女间的权利和义务。一般认为以下两种情况形成抚养关系：继子女与继父母长期共同生活，继父或继母负担继子女生活费和教育费的一部分或全部；继子女与继父母共同生活，继父或继母对继子女予以生活上的照顾、教育和保护。本案中，段女士的二女儿、三女儿与李先生共同生活了 9 年，虽然李先生没有负担她们的教育费用，但曾给予她们较长时间的生活照顾，由此可以认定，李先生与段女士的二女儿、三女儿之间形成了继父母子女间的抚养关系。法律权利的行使，必须伴随着法律义务的履行。义务法定，一方面是指义务的设定必须有法律依据；另一方面是指法定义务应当履行，否则会承担不利后果。

步骤四　思维启发

马克思主义法学研究了社会的经济基础与上层建筑的关系，认为法是统治阶级意志的体现，但这种意志并不是凭空产生的，归根结底是由统治阶级的物质生活条件决定的，是由这一社会的经济基础决定并反过来为经济基础服务的。马克思主义法学认为，法并不是超阶级的，它是由社会上居于统治地位的阶级通过国家制定或认可的行为规则，是为统治阶级的整体利益服务的。因此，在阶级社会里，法律体现的是上升为国家意志的统治阶级意志，即通过国家立法形式所体现的意志。它不是统治阶级意志的全部，更不是统治阶级内部个别人的意志。

步骤五　实践拓展

实践课题：我眼中“两会”的异同

实践步骤：

1. 教师讲解我国的国家制度。

2. 每组通过材料查找、小组讨论，找出人大与政协的异同。

3. 每组推选代表汇报所在小组的讨论与查找结果，不得与上组汇报的结果完全一样，否则视为无效。

4. 教师对每组的汇报结果予以梳理，汇总成图表。

【延伸阅读】

劝阻不当行为值得鼓励

1月23日，备受关注的“劝阻吸烟致死案”二审宣判。河南郑州市中级人民法院判决撤销原审判决，驳回田某某的诉讼请求。此前，在郑州某小区电梯里，医生杨某劝阻一位老人不要在公共场所抽烟，其后不久老人心脏病发不治身亡。杨某遂被老人家属田某某诉至法院，法院一审判杨某补偿老人家属1.5万元。而郑州中院此次的二审认为，杨某的行为不需要承担相应的法律责任。这个判决向舆论释放出一个信号：劝阻不当行为，应该得到法律的鼓励。

“劝阻吸烟致死案”之所以引起关注，是因为医生杨某的行为很容易引起大家的共鸣。生活中，因劝阻吸烟而遭受白眼甚至辱骂者，并不鲜见。劝阻公共场所抽烟者，本是理所应当，何以引来如此麻烦？此次的新闻事件，以极端案例的形式提出了一个与每个人息息相关的法律问题：公民是否可以劝阻他人在公共场所的吸烟行为？对此，司法机关不应沉默以对，也不宜用“赔点钱算了”的方式息事宁人。面对不当行为，应当鲜明地表达司法机关的态度：劝阻吸烟不仅有利于保护环境，有利于维护公共利益与公序良俗，也有利于维护社会主义核心价值观。

从公民的角度来看，面对公共场所的吸烟行为，是否有劝阻、制止的权利？事实上，公共场所禁止吸烟，是很多地方性法规或地方规章的明文规定。比如，案发地郑州市的《公共场所禁止吸烟条例》就规定，公民有权制止在禁止吸烟的公共场所的吸烟者吸烟。《北京市控制吸烟条例》也规定，在禁止吸烟场所内发现吸烟行为的，可以行使劝阻吸烟者停止吸烟的权利。在有明文规定的情况下，公共场所吸烟已经属于违法行为。不能因为这样的行为过于分散，或单个的吸烟行为造成的社会危害轻微，就不予“较真”。否则的话，法律法规就变得徒有其表。长此以往，在公共场所吸烟的人也心安理得，甚至振振有词：我不过就抽了一根烟，怎么啦？在这样的社会背景下，将很少有人对他人在公共场所的吸烟行为予以制止。

也要看到，在当前的社会环境下，控烟禁烟有一个过程，需要全社会的共同努力。然而无论如何，公民个体制止行为，应该得到鼓励。不仅控烟禁烟是这样，见义勇为也同样如此。当然，这里还有一个限度的问题：为了制止一个轻微的违法或违规行为，致人重伤或死亡，那就应当承担相应的法律责任。就本案而言，从郑州中级人民法院陈述的判决理由来看，杨某的行为没有超过必要的限度，因此其得到法律的保护也是理所应当的。

进一步看，劝阻吸烟等失当行为不仅是一项权利，也是一项义务。即使它不是一项具体的法律义务，也是一种道德义务。唯其如此，才能让人行为改善、人心向善，营造全民守法、和谐有序的社会氛围。

——喻中. 劝阻不当行为值得鼓励. 人民日报，2018-01-24，第5版

三、不断提升法治素养

【教学课堂】

步骤一　案例介绍

王斌余案的启示

2005年5月11日晚，28岁的打工者王斌余，这个来自甘肃省甘谷县盘安镇一个偏僻小山村的年轻人，激愤之下一连捅死4个人。这本是一起简单的凶杀案件，王斌余也只是一个普通的罪犯，和其他凶杀案一样，等待他的将是法律的严惩。然而，透过王斌余被贫富差距和社会不公所扭曲的心灵，我们看到这又不是一起简单的凶杀案件。它折射出，在王斌余的背后，许许多多的农民工有着相似的困惑与挣扎。只上到小学四年级的王斌余，没有什么文化与技能，只能靠出卖苦力维生。在外出打工的八九年里，他总是在屈辱中挣扎，最终因无法承受屈辱而成了杀人犯。

“我杀了他们，是被他们逼的。”那个夜晚王斌余并没有想杀人。5月11日晚，因为没有要来工资，他和弟弟王斌银又被拒绝住进宿舍，他们便到外面找住所。就在这时，王斌余又遇到了白天没有给自己工资的吴新国以及苏志刚、吴华等人。“我就是想问他们要点生活费。”据警方事后调查，王斌余兄弟两人来到吴新国位于惠农区河滨工业园区的住处后，再次索要工资，但吴新国没有开门，于是双方发生争执。之后，苏志刚、苏文才（苏志刚之父）、吴华、苏香兰（女）先后到来，也和王斌余兄弟争吵了起来。提起那天的事，王斌余有点激动，“苏志刚说我告他的状，可我从来没有。苏文才还打了我弟弟一个耳光。我告诉他们，我们只是来要工钱，并不是来打架的，可是他们父子俩又来打我。”也许正因苏文才打了王斌余弟弟一个耳光，让王斌余长期压抑在心中的愤怒爆发了，“为什么我们活着总是让人欺负？”

王斌余的愤怒变成了疯狂。他掏出身上的一把折叠刀，将苏志刚、苏文才、吴华、苏香兰相继捅倒在地，又见吴新国之妻汤晓琴扶着被捅伤的苏志刚蹲在墙根处，王斌余持刀又将汤晓琴捅伤，后又看到吴新国，王斌余追了上去，但没有追上。此时已由疯狂重新回到理智的王斌余又回到事发现场，对4个被害人再次进行捅刺，对于自己的所为，王斌余说，“反正我也不想活了，我这样活着太累了！”王斌余杀了人后没有逃跑，而是到惠农区公安分局自首，“我是被他们逼得没法活了。”

在王斌余一案的司法审判中，至关重要的是以事实为依据，以法律为准绳，正确履行司法职责，维护法律的权威。

案例来源：汪才明. “思想道德修养与法律基础”课典型教学案例解析. 北京：高等教育出版社，2015年

步骤二　问题聚焦

通过案例解读，了解我国法律权威是怎样体现在案例中的。作为当代大学生应该如何维护我国的法律权威?

步骤三　知识凝练

对王斌余杀人案的司法审判引发了社会各界的关注和讨论。应当注意的是，王斌余杀人前的遭遇与他杀人的行为虽有一定的关联，但我们没有理由得出王斌余除了杀人别无选择的结论。更值得注意的是，许多舆论把王斌余看作是全国上亿农民工处境的缩影，从改善所有农民工境遇的善良愿望出发谈论对王斌余如何定罪量刑，这显然隐含着情绪化的危险。如果以不恰当方式影响未决案件的司法裁判是不可取的，也是与法治原则相悖的。王斌余案件是一个惨痛的悲剧。国家通过司法审判有效地捍卫社会公平和正义，必须建立在维护法律权威的基础之上。无论何种原因和形式的有法不依、执法不严，都是现代社会管理的大忌。落实依法治国的基本方略，不仅包括司法、行政机关在实践中逐步改进工作，也包括全体国民对于法律权威的尊重和维护。我们在议论王斌余案件的审判时，应该有更高的觉悟来维护法律的权威，全体社会成员尊重社会主义法律权威，不仅是保证法律发挥作用的基本前提和要求，也是保障个人平安幸福的底线和红线。尊重和维护法律权威，对依法治国至关重要。

步骤四　思维启发

汉字“法”的古体字为“灋”。据我国第一部字书《说文解字》解释：“灋，刑也。平之如水，从水；灋，所以触不直者去之，从去。”灋是一种神兽，它“性知有罪，有罪触，无罪则不触”。汉字“律”据《说文解字》解释，“律，均布也”。“均布”是古代调音律的工具，把“律”解释为“均布”，说明律有规范人们行为的作用，是普遍的、人人遵守的规范。

步骤五　实践拓展

实践课题：法律权威，我维护

实践步骤：

1. 教师提问：维护社会主义法律权威的重要意义有哪些？如何维护社会主义法律权威？

2. 关于第一个问题，教师可要求学生立即回答，对回答内容不作点评，鼓励学生积极发言，并作简单记录。

3. 对于第二个问题，教师给出6分钟的小组讨论时间，要求小组推选代表回答维护社会主义法律权威的途径有哪些？同时，询问小组成员是否有补充。

4. 教师对学生的回答进行概括、总结，使学生更好地了解维护社会主义法律权威的重要意义，熟知维护社会主义法律权威的途径。

【延伸阅读】

强化新时代法律监督　维护宪法法律权威

习近平新时代中国特色社会主义思想，是人民检察事业创新发展的根本遵循。在新时代，必须坚持以习近平新时代中国特色社会主义思想为指引，切实履行好全面依法治国实践者、推动者的职责使命，保障宪法法律得以实施、法治得以践行。

习近平新时代中国特色社会主义思想，是人民检察事业创新发展的根本遵循。党的十九大作出中国特色社会主义进入新时代、我国社会主要矛盾已经转化的重大战略判断，人民群众对民主、法治、公平、正义、安全、环境等方面有了更丰富、更高水平的需求。可以说，新时代检察机关肩负全面依法治国更为艰巨、更加光荣的政治和社会使命、宪法和法律责任。

担当起新时代的使命和责任，最根本的就是以习近平新时代中国特色社会主义思想为指引，自觉研究把握新时代法治中国建设规律特点，切实履行好全面依法治国实践者、推动者的职责使命，保障宪法法律得以实施、法治得以践行，让全面依法治国在推进“五位一体”总体布局和“四个全面”战略布局中发挥规范保障作用。

维护宪法法律权威是法治中国建设的重点任务

习近平总书记指出，治理一个国家、一个社会，关键是要立规矩、讲规矩、守规矩。法律是治国理政最大最重要的规矩。有了法律不能有效实施，那再多的法律也是一纸空文，依法治国就会成为一句空话。这些重要论述深刻揭示了法治建设的一般规律。法治国家、法治社会，首先须有法律，更要严格实施。而权威性，就是保证法律得以运行和实施的基础。如果失去权威，那法律是什么呢？列宁形象地称之为“那不过是毫无意义的空气振动而已”。

我们国家是人民民主专政的社会主义国家，法律就是通过法定程序成为国家意志的党的主张，是人民根本意志的反映。维护宪法法律权威就是维护党和人民共同意志的权威，捍卫宪法法律尊严就是捍卫党和人民共同意志的尊严，保证宪法法律实施就是保证人民根本利益的实现。树立法律的权威，关键是各级领导干部要带头尊崇法律、学习法律、遵守法律、维护法律、运用法律，根本是要让人民充分相信法律、自觉运用法律，使人民认识到法律既是保障自身权利的有力武器，也是必须遵守的行为规范。政法机关承担着执法司法的重任，是确保宪法法律统一正确实施的中坚力量，在维护宪法法律权威中起着关键性作用。

党的十八大以来，以习近平同志为核心的党中央把全面依法治国纳入“四个全面”战略布局，社会主义法治建设取得历史性成就。但实践中，还存在一些有法不依、执法不严、违法不究的现象。尤其民生领域、社会治理领域、经济金融管理领域，人民群众的反映还比较集中。法治，有法还要有治。中国特色社会主义法律体系形成后，维护宪法法律权威、保证宪法法律实施已成为法治中国建设的重点任务。

法律监督是实现宪法法律权威的重要保障

法律制定出来了，怎么才能有效实施呢？关键还是要靠人、靠制度。

如果人和制度不灵了呢？那就要去监督，保证制度是刚性的、是真正的笼子，保证人在制度规范下行动。从这个意义上讲，法律监督是实现法律权威的重要保障。

我们党在设计法律监督制度时有一个创举，就是将检察机关确定为专门的国家法律监督机关。《中华人民共和国宪法》第一百三十四条明确规定：中华人民共和国人民检察院是国家的法律监督机关。这个定位，不仅仅是司法制度层面的，更重要的是国家制度层面的。检察权是与行政权、监察权、审判权并立的国家权力，具有独立的宪法地位。

以习近平同志为核心的党中央对检察机关法律监督工作高度重视。党的十九大报告提出，健全党和国家监督体系，把党内监督同国家机关监督、民主监督、司法监督、群众监督、舆论监督贯通起来。检察机关法律监督作为一种司法监督，是党和国家监督体系的重要组成部分。习近平总书记多次作出重要指示，要求加强检察监督、强化法律监督能力。2017 年 9 月，习近平总书记在致第二十二届国际检察官联合会年会暨会员代表大会的贺信中深刻指出，“中国检察机关是国家的法律监督机关，承担着惩治和预防犯罪、对诉讼活动进行监督等职责”。

世界上没有完全相同的政治制度，也没有完全相同的司法制度。一个国家的司法制度好不好，关键看是否适应本国经济、政治、社会和文化发展需要，是否适应国家民主法治进步，是否适应国家政治体制内在要求。宪法把人民检察院规定为国家的法律监督机关，这不仅仅是中国检察制度的特色，也是中国司法制度乃至中国政治制度的一个重要特色。中国特色社会主义政治制度和法治道路，其中就包含了中国特色社会主义检察制度，不仅要坚持，而且要作为政治和法治建设的重要内容去建设、去发展、去有效落实。在这个过程中，检察机关要树牢“四个意识”，坚定“四个自信”，保持政治定力和战略定力，坚定不移探索、创新、践行新时代中国特色社会主义检察道路、检察理论、检察制度和检察文化。

全面强化新时代法律监督，为法治中国建设提供优质检察产品

法律监督是统摄各项检察职能的“纲”。在新时代，各级检察机关要牢牢把握检察机关的宪法定位，从维护宪法法律权威的高度，把宪法法律赋予的法律监督职能做实、做强、做优，努力让人民群众在每一个司法案件

中感受到公平正义。

推动执法司法机关树立、养成共同的执法司法理念。 法律都是有一定弹性的，有自由裁量的空间。如果没有共同的理念，不同阶段、不同执法司法机关及其人员去执行，就会影响执法司法的政治效果、社会效果、法律效果。树立、养成共同的执法司法理念，检察机关责无旁贷。要围绕建设社会主义法治国家的共同目标，坚持以人民为中心的发展思想，从人民长远的、整体的、发展的利益来考虑，做到“三个效果”有机统一，通过办案彰显社会主义核心价值观、引领社会风尚。建设监督与被监督的良性、积极关系，努力实现双赢、多赢、共赢。监督和被监督只是法律上、工作中分工不同、职能不同，但目标是共同的，赢则共赢、败则同损。要树立双赢、多赢、共赢的监督理念，用创新、协调、绿色、开放、共享的新发展理念来引领检察工作，充分运用政治智慧和法律智慧开展法律监督工作，使法律监督在主观和客观双方面都发挥促进和保障执法司法机关更全面更深刻理解法律、共同履行好职责的作用，共同推进严格执法、公正司法。

推进新时代法律监督全面发展，使强项更优、把弱项补强。 国家监察体制改革后，检察机关内外都很关注检察工作如何创新发展。这是一个十分重大的课题。要牢牢把握检察机关的宪法定位，全面适应深化依法治国实践新要求，紧紧围绕法律监督这条主线，坚持检察业务、检察队伍、检务保障一体建设，坚持刑事检察、民事检察、行政检察、公益诉讼检察等各项法律监督工作并行，推动各项法律监督工作全面协调充分发展，相对薄弱环节明显加强，检察机关法律监督体系更加完备。

坚持以办案为中心的工作导向，实现监督与办案有机统一。 办案是硬道理。离开办案，法律监督就不能落地。要立足办案促改革、谋发展，严格规范公正文明司法，不断提升司法办案品质和层次。正确认识监督与办案的辩证统一关系，坚持在办案中监督、在监督中办案，把监督寓于办案中，把办案作为监督的基本手段，不断提升法律监督实效、维护法律监督权威。突出加强典型案例总结、指导和运用，通过办理有社会意义、法律意义的典型案件，教育影响社会面，促进社会发展进步。

准确把握改革创新的时代潮流，形成全方位深层次的检察改革新格局。 全面推进检察机关内设机构改革，以党和国家机构改革的原则为指导，真正体现以办案为中心，把法律监督进一步落到实处，综合考虑提高办案质量效率、强化内部监督制约、落实司法责任制以及与侦查、审判、纪检监察、司法行政机关工作衔接等各方面因素，构建优化、协同、高效的内设机构。深化司法体制综合配套改革，统筹党的十八大、十九大部署的改革任务，在“四梁八柱”已经落地基础上搞好“精装修”，增强改革的系统性、整体性、协同性。把“以审判为中心的本质是以庭审为中心，以庭审为中心的本质是以证据为中心”的要求理解深、落实好。

落实正规化专业化职业化要求，加强政治素质、业务素质和职业道德素质建设。 检察工作是政治性极强的业务工作，也是业务性极强的政治工作。要敏感于自己的不足、短板和弱项，只有“五个过硬”，业务能力更强、综合素质更高，才能有力、有效履行好法律监督职责。要坚持讲政治与抓业务有机统一，把讲政治落实到具体检察工作中。检察官不能只做司法办案的“工匠”，更要努力去做推进、实施社会主义法治的“大师”。要着力培养专业能力、专业精神，紧紧围绕提升办案质量和效率，推进检察队伍正规化专业化职业化建设。弘扬新时代检察职业精神，践行“忠诚、为民、担当、公正、廉洁”的检察官职业道德。要认真落实全面从严治党战略部署，抓紧抓实党风廉政建设和反腐败工作，推动党的检察事业持续健康不断发展。

——张军. 强化新时代法律监督　维护宪法法律权威. 人民网—学习时报，2019-01-02

专题结语

中华人民共和国成立70多年以来的实践证明，法治和德治是治国理政不可或缺的两种方式。社会主义法律和社会主义道德在性质、作用和目标上的一致性，决定了建设中国特色社会主义法治国家，必须一手抓法治，一手抓德治，坚持依法治国和以德治国相结合。法治思维是现代社会成员应当具备的一种思维、一种素养。法治思维是一种习惯性思维，与长期自觉养成的生活习惯有很大关系。因此，只有自觉遵守宪法及法律，坚持从我做起，从身边做起，从具体问题做起，才能养成守法的习惯和法治思维。

后　记

“万物得其本者生，百事得其道者成。”时至今日，新时代大学生的价值取向面临越来越多的选择，为解答好“树立什么样的志向、怀抱什么样的理想”这一时代试题，本书编者试图通过对“事”的讲解寻求“道”的真谛，让读者从中有所悟所感所思，最终找到属于自己的“道”，解决人生之“疑”。

本书编写者们都是在教学一线从事思想道德和法治教学的教师，他们力图使本书语言活泼，文字优美，案例丰富，方法具体，使之成为一部辅助教师教学和促进学生积极学习的工具书。在本书案例选编过程中，编者们参阅了各种报纸杂志、图书资料、网络信息等，引用了国内外有关文献与部分研究成果，在此向他们表示感谢。在本书即将付梓面世之际，谨向支持、指导、关心和协作参与编写的各位同志致以衷心的感谢！同时，由于初次尝试编写思想政治理论课程方面的著作，水平有限，书中难免有错误之处，诚望读者给予批评指正，以期改进和完善。

坚守初心，回归本源；道阻且长，行则将至。新时代、新起点，愿与诸君一同前行，回归育人初心，培育时代新人。